밝히 보이는

요 한 계 시 록

김 사무엘

도서출판 義齊堂

목 차

Maranatha!

주 예수여 오시옵소서!

머 리 말

요한 계시록은 마지막 때에 **"반드시 속히 될 일"**들을 예언해 주신 말씀입니다.

요한 계시록의 클라이맥스는 일곱 번째 나팔이 불리는 순간입니다. 그때가 예수님께서 공중에 재림하시는 때이며, 의인들이 첫째 부활과 휴거의 영광에 들어가는 순간입니다.

바다에서 나온 짐승과 땅에서 올라온 짐승의 혹독한 압제와 핍박을 **"이긴 자들"**은 **"마지막 나팔에 순식간에 홀연히 다 변화"(고전 15:51)** 되고 휴거 됩니다.

그러나 기독죄인(基督罪人)들을 포함해서 모든 죄인들은 이 땅에 남아서 일곱 대접의 진노를 받게 됩니다. 그 후에 천년 왕국과 죄인들의 둘째 부활과 영원한 심판이 있습니다.

하나님의 섭리는 우리 의인들이 위로부터 내려오는 **"새 예루살렘 성,"** 즉 천국 도성에 들어가는 것으로 끝납니다. 거기서 의인들은 영원한 안식과 복락을 누릴 것입니다.

마라나타! 주 예수여 오시옵소서!

2022년 11월 3일

제주 의제당(義齊堂)에서

김 정 수 사무엘 목사

교회들에게 말씀하시는 반드시 속히 될 일

"예수 그리스도의 계시라 이는 하나님이 그에게 주사 반드시 속히 될 일을 그 종들에게 보이시려고 그 천사를 그 종 요한에게 보내어 지시하신 것이라

요한은 하나님의 말씀과 예수 그리스도의 증거 곧 자기의 본 것을 다 증거하였느니라

이 예언의 말씀을 읽는 자와 듣는 자들과 그 가운데 기록한 것을 지키는 자들이 복이 있나니 때가 가까움이라

요한은 아시아에 있는 일곱 교회에 편지하노니 이제도 계시고 전에도 계시고 장차 오실 이와 그 보좌 앞에 일곱 영과

또 충성된 증인으로 죽은 자들 가운데서 먼저 나시고 땅의 임금들의 머리가 되신 예수 그리스도로 말미암아 은혜와 평강이 너희에게 있기를 원하노라 우리를 사랑하사 그의 피로 우리 죄에서 우리를 해방하시고

그 아버지 하나님을 위하여 우리를 나라와 제사장으로 삼으신 그에게 영광과 능력이 세세토록 있기를 원하노라 아멘

볼찌어다 구름을 타고 오시리라 각인의 눈이 그를 보겠고 그를 찌른 자들도 볼터이요 땅에 있는 모든 족속이 그를 인하여 애곡하리니 그러하리라 아멘

주 하나님이 가라사대 나는 알파와 오메가라 이제도 있고 전에도 있었고 장차 올 자요 전능한 자라 하시더라"(계 1:1-8).

요한 계시록의 말씀을 설교하는 사람들이 많습니다. 특별히 파탄적(破綻的) 이단에 속한 사람들이 요한 계시록의 말씀을 더 많이 언급합니다. 그런 자들은 거듭나지 못한 영적 소경들이기에, 그들은 계시록의 말씀을 억지로 풀어서 하나님의 말씀을 더욱더 혼잡스럽게 만듭니다. 소경이 엉긴 낚싯줄을 푼다고 생각해 보십시오. 소경이 손을 대면 댈수록 낚싯줄은 더 엉깁니다. 진리의 복음을 믿어서 거듭난 의인이라야 성령의 깨닫게 하심을 따라 하나님의 말씀을 올바로 이해하고 전할 수 있습니다.

요한 계시록은 하나님께서 당신의 종 요한을 통해서 기록해 준 예언의 말씀입니다. 사도 요한은 복음을 전파하다가 밧모(파트모스, Patmos) 섬에 유배되어 있었는데, 하나님께서 그에게 앞으로 속히 될 일들을 계시로 알려 주셨습니다. 하나님의 계시와 당부의 말씀들을 기록한 책이 요한 계시록입니다.

"예수 그리스도의 계시라 이는 하나님이 그에게 주사 반드시 속히 될 일을 그 종들에게 보이시려고 그 천사를 그 종 요한에게 보내어 지시하신 것이라"(계 1:1).

요한 계시록은 거의 2 천 년 전에 기록되었습니다. 그 당시에도 **"반드시 속히 될 일"**이라고 말씀하셨으니, 지금은 그 계시의 말씀들이 성취될 때가 더 가까워졌습니다. 우리에게는 2 천 년이 긴 세월이지만, 하나님 앞에는 백억 년의 시간도 밤의 한 경점(更點)에 불과합니다.

계시록에 기록된 **"반드시 속히 될 일"**들은 한 점 한 획도 떨어지지 않고 반드시 또 속히 이루어집니다. 주님은 계시록의 말씀을 통해서, "앞으로 극한 어려움이 닥쳐올 터인데, 그때 너희는 믿음으로 진리의 복음을 지켜서 생명을 잃어버리지 말아야 한다"라고 권고하십니다. 주님은 아시아의 일곱 교회로 상징된 말세의 성도들에게 재난과 환난의 시대에 **"이기는 자"**가 되라고 당부하십니다.

마지막 때에는 사단 마귀가 재난과 환난에 처한 하나님의 백성들을 멸망으로 끌고 가려고 할 것입니다. 그때에 믿음으로 마귀의 간계(奸計)를 능히 이기는 자들은 끝까지 믿음을 지켜서 영광의 면류관을 쓰고 하나님의 나라에 들어갑니다.

"너희 의인들아! 마지막 때에 닥쳐올 재난과 환난을 능히 이기는 자가 되어라." 이것이 계시록을 기록해 주신 하나님의 당부 말씀입니다.

종들을 통해서 교회들에게 말씀하시는 하나님

하나님께서는 소돔 땅을 멸하시기 전에, 당신께서 하실 일을 아브라함에게 미리 알려 주셨습니다. 하나님은 아무에게나 말씀하시지 않습니다. 하나님은 당신의 종들에게 말씀하십니다. 그런데 거듭나지 못한 소경 목자들, 즉 자칭(自稱) 하나님의 종들이 많습니다. 그런 자들은 자기가 하나님의 직통 계시를 받았다고 거짓말을 합니다.

"나 여호와가 말하노라 배역한 자식들아 돌아오라 나는 너희 남편임이니라 내가 너희를 성읍에서 하나와 족속 중에서 둘을 택하여 시온으로 데려오겠고 내가 또 내 마음에 합하는 목자를 너희에게 주리니 그들이 지식과 명철로 너희를 양육하리라"(렘 3:14-15).

하나님은 당신의 백성들을 인도할 당신의 종을 세우십니다. 하나님은 당신의 종을 **"내 마음에 합하는 목자"**라고 부르십니다. 하나님의 종은 주인인 하나님께 전적으로 순종하는 사람입니다. 하나님의 종은 자기의 욕망이나 뜻을 구하지 않고 오직 하나님의 기뻐하시는 뜻만을 추구합니다.

아브라함은 대표적인 하나님의 종입니다. 탈무드에 의하면, 그의 집안은 갈대아 지방의 우르(Ur)에서 우상(偶像) 장사를 했다고 합니다. 고대 중동의 도시에서는 우상을 만들어 파는 상업이 번창했습니다. 따라서 그의 집안은 부유했을 것입니다. 아브라함은 부유하고 안락하게 살 수 있었지만, 그는 본토, 친척, 아비 집을 떠나라는 하나님의 말씀을 듣고 그 말씀을 따라갔습니다. 그는 하나님의 의를 믿어서 거듭난 후에(롬 4:9) 전적으로 하나님의 뜻을 좇았습니다.

"여호와께서 가라사대 나의 하려는 것을 아브라함에게 숨기겠느냐"(창 18:17).

하나님께서는 당신의 마음과 연합한 종들에게 당신의 뜻을 알려 주십니다. 하나님의 마음에 연합한 종이 되려면, 먼저 죄 사함을 받고 거듭나야 합니다. 죄 사함을 받지 못한 기독죄인(基督罪人)들은 결코 하나님의 종이 될 수 없습니다.

그런데 오늘날의 기독교 안에는 거듭나지 못했으면서 목회자가 된 이들이 대부분입니다. 그들은 자칭(自稱) 하나님의 종들입니다. 하나님께서는 기름을 준비하지 못한 미련한 다섯 처녀에게, **"진실로 너희에게 이르노니 내가 너희를 알지 못하노라"**(마 25:12) 하고 단언하셨습니다. 거듭나지 못해서 마음에 죄가 있는 자들은 성령을 선물로 받을 수 없습니다(행 2:38). 자칭 하나님의 종들도 성령을 받았다고 주장하지만, 실상 그들은 악한 영을 받은 자들입니다. 따라서 그런 자들이 풀어서 가르쳐 주는 성경 말씀은 성령의 계시일 수가 없습니다.

우리는 하나님의 종과 자칭(自稱) 하나님의 종을 분별해야 합니다. 하나님의 종은 **"물과 피로 임하신"(요일 5:6)** 예수 그리스도를 믿어서 거듭난 의인입니다. 하나님께서 의인들 중에서 성령님의 충만함을 입고 당신의 마음에 연합한 종들에게 하나님의 뜻을 밝히 보이십니다. 그리고 그들을 세우셔서 당신의 교회를 인도하게 하십니다.

하나님의 교회

그러면 하나님의 종의 인도를 받는 하나님의 교회란 무엇입니까?

"고린도에 있는 하나님의 교회 곧 그리스도 예수 안에서 거룩하여지고 성도라 부르심을 입은 자들과 또 각처에서 우리의 주 곧 저희와 우리의 주 되신 예수 그리스도의 이름을 부르는 모든 자들에게"(고전 1:2).

하나님의 교회는 거듭난 의인들의 모임입니다. 이것이 교회에 대한 성경의 정의입니다. 예수님을 믿지만 죄 사함을 받지 못해서 마음에 죄가 있는 기독죄인들이 많습니다. 그들은 모이기만 하면 질질 짜면서 용서해 달라고 회개 기도를 드립니다. 거듭나지 못한 기독죄인(基督罪人)들의 모임은 하나님의 교회가 아닙니다. 요한계시록은 기독죄인들의 모임을 **"사단의 회(會)"**(the synagogue of Satan, **계** 3:9)라고 정의합니다.

그저 십자가를 걸어 놓은 건물에 모여 예배드리면 다 하나님의 교회로 인정할 수 있느냐? 그렇지 않습니다. 성자(聖子) 하나님께서 예수라는 이름으로 이 땅에 오셔서 당신의 몸으로 드려 주신 **"한 영원한 제사"**(히 10:12)를 믿음으로 마음에 할례를 받은 자들, 즉 마음의 죄가 뚝 끊어져 나간 의인들의 모임이 하나님의 교회입니다. 따라서 사단의 회(會)는 무수히 많지만, 하나님의 교회는 희귀합니다.

"좁은 문으로 들어가라 멸망으로 인도하는 문은 크고 그 길이 넓어 그리로 들어가는 자가 많고 생명으로 인도하는 문은 좁고 길이 협착하여 찾는 이가 적음이니라(마 7:13-14).

거듭나서 영원한 생명에 들어가는 자들은 아주 적습니다. 예수님을 믿고도 지옥에 떨어지는 기독죄인(基督罪人)들은 아주 많습니다. **"죄의 삯은 사망"**(롬 6:23)입니다. 죄가 있는 기독교인들은 지옥에 갑니다. 예수 그리스도 안에 있는 진리의 복음을 믿어서 흰 눈같이 죄 사함을 받은 의인들은 희귀합니다. 결코 정죄함이 없게 되려면 자기가 정말 지옥에 갈 수밖에 없는 비참한 자라는 실존을 인정하고, 예수님께서 자기의 모든 죄를 영원토록 없애 주신 진리의 원형복음을 믿어야만 합니다.

우리를 모든 죄에서 구원한 원형의 복음

"내가 받은 것을 먼저 너희에게 전하였노니 이는 성경대로 그리스도께서 우리 죄를 위하여 죽으시고 장사 지낸바 되었다가 성경대로 사흘 만에 다시 살아나사"(고전 15:3-4).

사도 바울이 주님에게서 받았고 고린도인들에게 전했던 복음이 **"성경대로의 복음"**입니다. 위의 말씀에서 바울이 언급한 **"성경"**은 구약 성경입니다. 그가 받았던 복음은 구약의 성경에 기록된 대로,

"예수 그리스도께서 인류의 죄를 대속하기 위해서 죽으셨다가 사흘 만에 부활하셨다"라는 복음입니다.

구약 성경은 속죄의 제사를 통해서 죄 사함의 은총을 계시합니다. 하나님께서는 이스라엘 백성과 제사로 언약을 세웠습니다. 당신의 백성인 이스라엘에게 세워 주신 구약의 속죄 제사법은 다음의 3가지 조건이 반드시 충족되어야 했습니다.

1) 흠 없는 제물,

2) 안수(按手, 죄를 제물에게 넘김),

3) 제물의 대속의 죽음(피)

모든 속죄 제사는 대속죄일(大贖罪日)의 제사로 귀결됩니다. 대속죄일에는 대제사장 아론이 성막(聖幕)에서 홀로 제사를 진행했습니다. 그는 성막 안에서의 모든 제사 절차를 마친 후에, 마지막 희생 염소를 끌고 성막 밖으로 나왔습니다. 그리고 아론은 모든 이스라엘 백성이 보는 가운데, 그 희생 염소의 머리에 손을 얹고 기도해서 백성 전체의 일 년 치 죄를 염소의 머리로 넘겼습니다.

"그 지성소와 회막과 단을 위하여 속죄하기를 마친 후에 산 염소를 드리되 아론은 두 손으로 산 염소의 머리에 안수하여 이스라엘 자손의 모든 불의와 그 범한 모든 죄를 고하고 그 죄를 염소의 머리에 두어 미리 정한 사람에게 맡겨 광야로 보낼지니 염소가 그들의 모든 불의를 지고 무인지경에 이르거든 그는 그 염소를 광야에 놓을찌니라"(레 16:20-22).

백성의 대표자인 대제사장이 속죄 제물인 염소의 머리에 대표(代表)로 안수(按手) 했는데, 이 안수로 백성들의 일 년 치 죄가 단번에 그 염소에게 넘어갔습니다. **"이와 같이 하여"** 즉 안수의 방법으로 이스라엘 백성 전체의 일 년 치 죄를 넘겨받은 숫염소는 미리 정한 사람에게 이끌려 광야에 버려졌습니다. 그 염소는 풀 한 포기 없는 사막을 헤매다가 백성들의 죄를 대신해서 죽었습니다. 이렇게 하나님은 이스라엘 백성들에게 구원의 법을 세워 주셨습니다.

그러한 대속죄일(大贖罪日)의 제사는 **"장차 오는 좋은 일의 그림자"(히 10:1)**였습니다. **"장차 오는 좋은 일"**이란, 이 땅에 오신 하나님의 아들, 예수 그리스도께서 드려 주신 **"한 영원한 제사"(히 10:12)**입니다. 예수님은 하나님의 아들이신 하나님입니다. 성자(聖子) 하나님이 흠 없는 어린양이 되기 위하여 육신을 입고 이 땅에 오셨습니다. 인류의 죄를 다 짊어지시려고 하나님의 어린양으로 오신 예수님은 아론의 후손이자 인류의 대표자인 세례 요한에게 요단강에서 안수의 형식으로 세례를 받으셨습니다.

예수님께서는 세례 요한에게 세례를 청하시면서, **"이제 허락하라 우리가 이와 같이 하여 모든 의를 이루는 것이 합당하니라"**(마 3:15)고 말씀하셨습니다. **"이와 같이 하여"** 즉 안수의 방법으로 받으신 예수님의 세례로 인류의 모든 죄가 예수님께 다 넘어가서, 이 세상에는 하나님의 의가 합당하게 이루어졌습니다.

예수님께서 세례를 받으신 이튿날, 세례 요한은 예수님을 가리키면서, **"보라 세상 죄를 지고 가는 하나님의 어린양이로다"(요 1:29)**라고 증거했습니다. 예수님은 받으신 세례로 세상 죄를 짊어지고 십자가로 가셨습니다. 예수님은 십자가에 못 박혀서 온몸의 피를 다 흘리신 후, "다 이루었다"(요 19:30)라고 외치시고 돌아가셨습니다. 예수님께서는 십자가에서 흘리신 보혈로 그 모든 죄의 값을 깨끗하게 지불해서 없애 주셨습니다.

예수님은 **"물과 피로 임하신"(요일 5:6)** 분입니다. 예수님께서 요단강 물에서 받으신 세례로 인류의 죄를 짊어지시고 십자가의 피로 인류의 모든 죄의 값을 지불하셨다는 복음이 성경대로의 복음이며 원형(原形)의 복음입니다.

그러나 사단 마귀는 오랫동안 작업을 해서, 진리의 복음에서 예수님께서 받으신 세례의 능력을 빼 버린 반쪽짜리의 복음을 온 세상에 뿌렸습니다. 그 결과 내 죄가 예수님께 넘어간 증거의 말씀이 없는 사이비 복음이 온 세상을 덮게 되었습니다. 그리고 기독교는 마음에 죄를 그대로 가지고 있는 기독죄인(基督罪人)들로 가득 찬 세상 종교로 전락했습니다. 기독죄인들은 성도(聖徒)도 아니고 하나님의 자녀도 아닙니다. 그들의 모임은 하나님의 교회가 아닙니다.

요한 계시록은 자칭 하나님의 종들을 통해서 기독죄인들에게 주신 말씀이 아닙니다. 요한 계시록은 하나님의 종을 통해서 거듭난 의인들의 모임인 하나님의 교회에 **"반드시 속히 될 일"**에 대해 예언하신 말씀입니다.

계시록 말씀의 클라이맥스

"볼찌어다 구름을 타고 오시리라 각인의 눈이 그를 보겠고 그를 찌른 자들도 볼 터이요 땅에 있는 모든 족속이 그를 인하여 애곡하리니 그러하리라 아멘"(계 1:7).

계시록 말씀의 클라이맥스는 "주님께서 구름을 타고 다시 오시는 재림의 사건"입니다. 일곱 번째 나팔이 울려 퍼지면서 예수님께서 공중에 재림하실 때에, 거듭난 성도들, 즉 의인들의 부활과 휴거(携擧, the Rapture)가 있습니다. 의인들에게는 그날이 공중 혼인 잔치에 들어가는 영광의 날입니다.

"볼찌어다 구름을 타고 오시리라."

주님께서는 구름을 타고 공중에 다시 오십니다. **"물과 피로 임하신"(요일 5:6)** 예수님께서 인류를 죄에서 온전히 구원하셨습니다. 예수님은 죽음에서 부활하시고 제자들에게 **"너희는 가서 모든 족속으로 제자를 삼아 아버지와 아들과 성령의 이름으로 세례를 주고 내가 너희에게 분부한 모든 것을 가르쳐 지키게 하라"(마 28:19-20)**는 대사명(the Great Commission)을 주신 후에, 구름을 타고 승천하셨습니다.

제자들은 점점 멀어지는 주님을 멍하니 바라보고 있었는데, 천사들이 나타나서 **"갈릴리 사람들아 어찌하여 서서 하늘을 쳐다보느냐 너희 가운데서 하늘로 올리우신 이 예수는 하늘로 가심을 본 그대로 오시리라"(행 1:11)**고 말했습니다. 재림의 주님은 올라가셨던 모습 그대로 구름을 타고 공중에 오십니다. 그때가 우리 거듭난 의인들의 잔칫날입니다.

약속대로 주님께서 재림하시는 순간이 계시록 말씀의 클라이맥스입니다. 일곱 번째 나팔이 울려 퍼지는 순간에, 먼저 돌아가신 선배 의인들이 먼저 부활의 몸을 입고 티끌 가운데서 일어납니다. 그리고 살아 있던 의인들도 신령한 몸으로 홀연히 변화되어서 공중으로 들려 올라갑니다.

이제 이 땅에는 하나님의 구원의 사랑을 거부한 죄인들만 남습니다. 그때부터 이 땅에는 일곱 대접의 진노가 시작됩니다. 주님께서 구름을 타고 오실 그 순간, 일곱 번째 나팔이 울려 퍼지는 그 순간이 의인들과 죄인들의 운명이 갈리는 순간입니다. 그날은 하나님의 구원의 사랑을 거부하고 대적한 모든 죄인들이 가슴을 치고 애곡하는 날입니다. 그날에 "왜 내가 진리의 원형복음을 믿지 않았던고" 하며 애곡하는 무리 중에는 기독죄인(基督罪人)들도 포함됩니다.

진리의 원형복음을 믿고 끝까지 견딘 이들은 홀연히 변화되어서 공중으로 들려 올라가서 예수 그리스도와 공중 혼인 잔치를 벌이며 영원한 축복의 세계로 들어갑니다. 그러나 거듭나지 못한 모든 죄인들, 즉 기독죄인들을 포함해서 하나님을 아예 믿지 않은 자들은 이 땅에 남아 있게 됩니다. 그때부터 죄인들은 감당할 수 없는 일곱 대접의 진노를 겪게 됩니다.

우리는 계시록의 말씀을 시작하면서 두 가지 사실을 기억해야 합니다.

첫째, 요한 계시록은 하나님께서 당신의 종들과 당신의 교회에 반드시 속히 될 일을 알려 주신 말씀입니다. 하나님의 말씀은 아무나 풀 수 있는 말씀이 아닙니다. 하나님은 당신의 마음에 합한 종을 통해서 거듭난 하나님의 백성들이 모인 하나님의 교회에 진리의 말씀을 밝히 알려 주십니다.

둘째로 요한 계시록의 클라이맥스는 예수님의 공중 재림입니다. **"볼찌어다 구름을 타고 오시리라"**라는 말씀이 성취되는 그 순간을 우리는 인내하며 기다립니다. 우리는 그날을 기다리면서 아직 평안할 때에 견고해서 흔들리지 않는 믿음을 준비해야 합니다.

아직 거듭나지 못한 기독죄인(基督罪人)들은 자기가 얼마나 비참한 자인지를 인식하고, 속히 진리의 원형복음을 믿어서 거듭나야 합니다. 또한 거듭난 성도들은 하나님의 교회를 통해서 지식과 명철로 양육을 받아서 믿음의 장성한 자들이 되어야 합니다.

요한 계시록의 말씀은 "우리는 장차 닥쳐올 재난과 환난을 믿음으로 이기는 자들이 되어야 한다"라고 권면합니다.

에베소 교회가 잃어버린 "처음 사랑"이란?

"에베소 교회의 사자에게 편지하기를 오른손에 일곱 별을 붙잡고 일곱 금 촛대 사이에 다니시는 이가 가라사대

내가 네 행위와 수고와 네 인내를 알고 또 악한 자들을 용납지 아니한 것과 자칭 사도라 하되 아닌 자들을 시험하여 그 거짓된 것을 네가 드러낸 것과

또 네가 참고 내 이름을 위하여 견디고 게으르지 아니한 것을 아노라

그러나 너를 책망할 것이 있나니 너의 처음 사랑을 버렸느니라

그러므로 어디서 떨어진 것을 생각하고 회개하여 처음 행위를 가지라 만일 그리하지 아니하고 회개치 아니하면 내가 네게 임하여 네 촛대를 그 자리에서 옮기리라

오직 네게 이것이 있으니 네가 니골라당의 행위를 미워하는도다 나도 이것을 미워하노라

귀 있는 자는 성령이 교회들에게 하시는 말씀을 들을찌어다 이기는 그에게는 내가 하나님의 낙원에 있는 생명나무의 과실을 주어 먹게 하리라"(계 2:1-7).

예수님께서 에베소 교회에 해 주신 경고의 말씀입니다. 이 말씀에서 에베소 교회가 잃어버린 **"처음 사랑"**이란 과연 무엇인가를 살펴보고자 합니다.

에베소 교회는 소아시아 지방에서 가장 융성했던 교회입니다.

사도 바울은 제 2 차 선교 여행 중에 고린도를 떠나 에베소에 복음을 전했습니다(행 18:19). 바울은 제 3 차 선교 여행 중에 다시 에베소를 방문하여, 여러 해 동안 머물면서 말씀을 전하고 그곳에 하나님의 교회를 세웠습니다. 그는 두란노(Tyrannus)라는 에베소 시(市)의 공공건물을 임대해서, 두 해 동안 하나님의 말씀을 가르치며 주님의 제자들을 양육했습니다. 초대 교회 시대에는, 에베소 교회가 소아시아 지방의 중심적인 교회였습니다.

에베소 교회의 미덕

"내가 네 행위와 수고와 네 인내를 알고 또 악한 자들을 용납지 아니한 것과 자칭 사도라 하되 아닌 자들을 시험하여 그 거짓된 것을 네가 드러낸 것과 또 네가 참고 내 이름을 위하여 견디고 게으르지 아니한 것을 아노라"(계 2:2-3).

에베소 교회는 외견상 칭찬을 받을 만한 교회였습니다. 부지런해서 게으르지 않고, 선행도 많이 베풀었습니다. 에베소 교회는 영적으로도 깨어 있어서, **"자칭 사도라 하되 아닌 자들을"** 분별해 내고 물리쳤습니다. 또한 **"네가 니골라당의 행위를 미워하는도다"**(계 2:6)라는 말씀을 볼 때, 에베소 교회는 교회에 들어오려던 세속주의의 누룩을 경계했습니다. 에베소 교회는 외견상 흠잡을 데 없는 것 같았습니다.

그러나 에베소 교회는 결정적인 잘못을 행했습니다. 그들은 **"처음 사랑"**을 버렸습니다. 그 잘못으로 인해 주님께서도 에베소 교회를 버리시겠다고 경고하셨습니다. **"그러므로 어디서 떨어진 것을 생각하고 회개하여 처음 행위를 가지라 만일 그리하지 아니하고**

회개치 아니하면 내가 네게 임하여 네 촛대를 그 자리에서 옮기리라"(계 2:5).

"촛대를 옮기겠다"라는 말씀은 에베소 교회가 누렸던 하나님의 교회로서의 권세를 거두시겠다는 뜻입니다. 하나님의 교회가 아니면 구원의 권세가 없습니다.

"또 내가 네게 이르노니 너는 베드로라 내가 이 반석 위에 내 교회를 세우리니 음부의 권세가 이기지 못하리라 내가 천국 열쇠를 네게 주리니 네가 땅에서 무엇이든지 매면 하늘에서도 매일 것이요 네가 땅에서 무엇이든지 풀면 하늘에서도 풀리리라"(마 16:18-19).

베드로의 신앙 고백 위에 세워진 하나님의 교회는 죄를 사하는 권세를 가집니다. 하나님의 교회는 진리의 복음을 전파해서, 복음을 듣고 믿는 자들이 죄 사함을 받고 천국의 영생을 얻게 합니다

"처음 사랑"과 "처음 행위"란 무엇인가?

"그러나 너를 책망할 것이 있나니 너의 처음 사랑을 버렸느니라"(계 2:4).

에베소 교회가 잃어버린 **"처음 사랑"**이란 무엇이고, 다시 회복해야 할 **"처음 행위"**란 무엇입니까?

우리가 **"처음 사랑"**이라는 말씀을 육신적인 차원에서 상고해보면, "에베소 교회의 성도들은 처음 예수님을 믿었을 때에 뜨겁게 형제 자매들과 이웃을 사랑했었나 보다"라고 오해할 수 있습니다. 성경이 말씀하는 **"사랑"**은 육신적인 사랑이 아닙니다. 그것은 영적인 사랑이며 진리의 사랑입니다.

"악한 자의 임함은 사단의 역사를 따라 모든 능력과 표적과 거짓 기적과 불의의 모든 속임으로 멸망하는 자들에게 임하리니 이는 저희가 진리의 사랑을 받지 아니하여 구원함을 얻지 못함이니라"(살후 2:9-10).

악한 자, 즉 사단 마귀는 이 세상의 거짓 선지자들을 통해서 **"모든 능력과 표적과 거짓 기적과 불의의 모든 속임으로 멸망하는 자들에게"** 역사합니다. 요즘에도 희한한 이단들이 나타나서 예수님의 이름을 팔면서 무당 짓을 합니다. 그들은 개구리 울음소리와 같은 가짜 방언을 하면서, 안수 기도를 해서 마귀를 쫓는다고 주장합니다. 그러면 안수를 받는 사람은 거품을 물고 쓰러져서 한참 동안 경련을 일으키다가 일어나서는, 자신이 성령을 받고 입신(入神)을 했었다고 간증합니다.

그런 수작들은 성령의 역사가 아니라 모두 거짓 기적입니다. 많은 사람들이 그런 거짓 기적에 속아서 결국 멸망을 받습니다. 사단 마귀는 온갖 거짓말과 거짓 기적을 행해서, 거짓말을 곧이듣는 사람들을 사로잡고 자기의 종으로 만듭니다. 성령님은 거룩하신 하나님이기 때문에, 죄 사함을 받지 못한 죄인은 결코 성령님을 선물로 받지 못합니다.

"내가 사람의 방언과 천사의 말을 할찌라도 사랑이 없으면 소리나는 구리와 울리는 꽹과리가 되고

내가 예언하는 능이 있어 모든 비밀과 모든 지식을 알고 또 산을 옮길 만한 모든 믿음이 있을찌라도 사랑이 없으면 내가 아무것도 아니요

내가 내게 있는 모든 것으로 구제하고 또 내 몸을 불사르게 내어 줄찌라도 사랑이 없으면 내게 아무 유익이 없느니라"(고전

13:1-3).

성경이 말씀하는 사랑은 **"진리의 사랑"(살후 2:10)**이며, 영적인 사랑, 즉 복음의 사랑입니다. 누가 방언이나 예언을 하고 온갖 성경 지식을 꿰어 맞춰서 유창하게 설교를 해도, 원형의 복음을 전해 주어서 구원을 받게 하는 **"진리의 사랑"**에 비하면 그런 일들은 아무것도 아닙니다.

심지어 남을 위해 불속에 뛰어들지라도 진리의 사랑이 없으면, 그것은 육신적인 희생에 불과합니다. 성경이 말씀하는 사랑은 죄인에게 진리의 복음을 전해 주어서 죄 사함을 받게 하는 영적인 사랑입니다. 복음으로 영혼들을 구원하는 사랑이 아니라면 육신적으로만 희생하고 봉사하는 것은 아무 의미가 없습니다. **"진리의 사랑"**이 하나님께서 지키라고 명하신 **"처음 사랑"**입니다.

"처음 사랑"은 예수님께서 처음부터 제자들에게 주셨던 복음의 사랑입니다. 그 구원의 사랑은 하나님께서 창세전부터 계획하셨고, 아담과 하와가 범죄했을 때에 그들에게 입혀 주셨던 **"가죽옷 복음"**의 사랑입니다. 가죽옷이 완성되려면, 반드시 하나님의 어린양이 희생되어야 했습니다. 어린양으로 오신 예수님이 희생되어서 완성하신 사랑이 **"처음 사랑"**입니다. **"처음 사랑"**의 복음은 한 번도 변개된 적이 없는 원형의 복음입니다.

"너희는 처음부터 들은 것을 너희 안에 거하게 하라 처음부터 들은 것이 너희 안에 거하면 너희가 아들의 안과 아버지의 안에 거하리라"(요일 2:24).

사도 요한은 성도들에게 **"너희는 처음부터 들은 것을 너희 안에 거하게 하라"**라고 권고했습니다. 당시의 성도들이 사도 요한에게서 **"처음부터 들은 것"**은 원형의 복음입니다. **"물과 피로 임하신**

자"(요일 5:6) 예수 그리스도께서 인류의 대표자인 세례 요한에게 안수의 형식으로 세례를 받아서 세상 죄를 담당하셨습니다. 받으신 세례로 **"세상 죄를 지고 가는 하나님의 어린양"**(요 1:29)이 되신 예수님은 십자가에서 흘리신 피로 인류의 모든 죄를 완벽하게 대속하셨습니다. 이 진리의 복음이 우리가 처음부터 들었던 원형의 복음입니다.

하나님의 교회는 **"처음 사랑,"** 즉 원형의 복음 안에 담긴 **"진리의 사랑"**을 간직하고 있습니다. 원형의 복음을 믿어서 거듭난 성도들이 모여 있는 곳이 하나님의 교회입니다. 그런데 에베소 교회는 **"처음 사랑"**을 잃어버리게 되었습니다. 주님의 사도들과 제자들이 **"처음 사랑"**으로 세운 하나님의 교회가 몇십 년 지나기도 전에 이렇게 변질되었다는 사실이 의아합니다.

순수한 것은 더 쉽게 변질됩니다. 사단 마귀가 계략을 짜고 유혹하면 순수한 사람들은 쉽게 오염됩니다. 바리새인의 누룩이나 사두개인의 누룩이 조금이라도 들어오면 거룩한 성도들의 믿음은 타락하기 쉽습니다.

진리의 복음을 잃으면 모든 것을 잃은 것입니다

에베소 교회는 외견상 훌륭했습니다. 그러나 에베소 교회는 **"처음 사랑"**을 잃어버렸습니다. 그 결과, 에베소 교회는 모든 것을 잃어버렸습니다. 에베소 교회가 원형의 복음을 잃어버렸다는 사실은, 그들이 아무리 외견상 선행을 많이 하고 거룩한 삶을 살아서 믿지 않는 이들에게 칭송을 받았어도, 그들은 하나님의 심판을 받는다는 뜻입니다.

"그러므로 어디서 떨어진 것을 생각하고 회개하여 처음 행위를 가지라"(계 2:5).

오늘날의 기독교회들은 이 말씀을 귀담아들어야 합니다. 대부분의 교회들이 **"처음 사랑"**인 진리의 복음을 잃어버리지 않았습니까? 그래서 기독교인들은 예수님을 믿으면서도, "주여 나는 죄인입니다. 어제도 이런저런 죄를 지었는데, 그 죄들을 용서해 주세요" 하고 **"눈물과 울음과 탄식으로 여호와의 단을 가리우게"**(말 2:13) 하고 있지 않습니까?

예수님을 믿는다고 고백하면서도 죄가 있는 무리를 성경은 이단(異端)이라고 정의합니다. **"이단에 속한 사람을 한두 번 훈계한 후에 멀리 하라 이러한 사람은 네가 아는 바와 같이 부패하여서 스스로 정죄한 자로서 죄를 짓느니라"**(딛 3:10-11). 성경적 정의에 의하면, 오늘날의 대부분의 기독교인들은 이단에 속한 자들입니다. 그러므로 기독죄인(基督罪人)들은 **"어디서 떨어진 것을 생각하고 회개하여 처음 행위"**를 가져야 합니다.

그들이 기독죄인(基督罪人)으로 남게 된 것은 진리의 복음, 즉 **"처음 사랑"**을 잃어버리고 그 대신 반쪽짜리의 복음을 믿었기 때문입니다. **"처음 사랑"**이 담긴 진리의 복음은 **"물과 피의 복음"**입니다. 진리의 원형복음에서 예수님께서 받으신 세례의 능력을 제거한 십자가의 피만의 복음을 믿는 이들은, 자기의 죄가 예수님께 넘어간 증거의 말씀을 모르기 때문에 마음에 죄가 있을 수밖에 없습니다.

하나님 아버지께서는 당신의 외아들을 전 인류의 어린양으로 보내 주셨습니다. 육신을 입고 오신 성자 하나님은 인류의 대표자이며 대제사장 아론의 직계 후손인 세례 요한에게 안수의 형식으로 세례를 받으셔서 인류의 모든 죄를 단번에 짊어지셨습니다.

“그 세례”(**행** 10:37)로 예수님은 **“세상 죄를 지고 가는 하나님의 어린양”**이 되셨습니다. 예수님께서는 십자가에 못 박혀서, **“다 이루었다”**(**요** 19:30)라고 외치시고 돌아가시기까지 흘리신 피로 인류의 모든 죗값을 지불하여서 전 인류를 죄에서 완전하게 구원해 주셨습니다.

“물과 피의 복음”이 하나님의 **“처음 사랑”**인 원형의 복음입니다. **“처음 사랑”**의 복음을 믿어서 의인으로 거듭난 이들은 복음의 은혜가 너무 감사해서 처음 사랑을 전파하는 일에 자기의 삶을 온전히 드립니다. 자원함과 기쁨으로 **“처음 사랑”**을 전파하는 삶이 **“처음 행위”**입니다.

“진리의 사랑”(**살후** 2:10)을 베푸는 일이 가장 선하고 가장 아름다운 행위입니다. 그것이 **“처음 행위”**이며, 의인들에게 위임하신 **“화목하게 하는 직책”**(**고후** 5:18)입니다. 화목하게 하는 직책을 순종하기 위해서 우리는 모든 것들을 기쁨으로 드립니다. 따라서 **“처음 사랑”**을 잃어버리면 **“처음 행위”**도 잃어버립니다.

어디에서 떨어졌는가?

그러므로 기독죄인들은 이제 회개해서 자신이 어디서 떨어졌는지를 돌아보아야 합니다. **“물과 피로 임하신 자”**(**요일** 5:)인 예수 그리스도의 복음이 **“처음 사랑”**인데, 진리의 복음에서 **“물”**(**예수님의 세례**)을 빼 버린 반쪽짜리의 복음, 즉 “십자가의 피만의 복음”을 믿은 데서 기독교인들은 기독죄인(基督罪人)으로 전락했습니다.

이것도 마귀의 계략이었습니다. 사도들이 교회를 인도했던 초대 교회 시대에는 **"처음 사랑"**이 살아 있었습니다. 그런데 얼마 지나지 않아서 여러 이단의 누룩들이 하나님의 교회 안에 독버섯처럼 퍼지기 시작했습니다. 새하얀 옷은 더 빨리 때가 타듯이, 순수한 것은 더 빨리 변질되고 오염됩니다.

그 결과, 사단 마귀가 변질시킨 "십자가의 피만의 복음"이 온 땅을 덮게 되었습니다. 교회들은 에베소 교회가 책망을 받은 것처럼, **"처음 사랑"**을 잃어버렸습니다. 그리고 **"처음 행위"**도 사라지게 되었습니다. 진리의 복음으로 영혼들을 구원해서 하나님의 자녀로 삼는 구원의 **"처음 행위"**는 사라졌고, 그 대신 기독죄인(基督罪人)들을 양산(量産) 하는 거대한 종교 집단이 등장하게 되었습니다.

오늘날의 기독교도 에베소 교회처럼 **"처음 사랑"**을 잃어버렸기 때문에, **"처음 행위"**도 가질 수 없습니다. 그러므로 기독교는 다시 **"처음 사랑"**을 회복해야 합니다. 오늘날의 모든 기독교는 이 권고의 말씀을 중히 들어야 됩니다. 십자가의 피만의 복음으로는 절대로 기독죄인(基督罪人)의 처지를 벗어날 수 없습니다. 그렇기 때문에 기독교인들은 스스로를 "구원받은 죄인"이라고 고백하고, 칭의(稱義) 교리를 믿습니다.

"예수님을 믿으면 죄는 있지만 의롭다고 불러 주신다"라는 칭의 교리가 진리인 줄 아십니까? 칭의 교리는 마귀가 만든 거짓말입니다. **"만일 우리가 그리스도 안에서 의롭게 되려 하다가 죄인으로 나타나면 그리스도께서 죄를 짓게 하는 자냐 결코 그럴 수 없느니라"**(갈 2:17). 예수 그리스도의 온전한 복음, 즉 **"처음 사랑"**을 믿는 자들은 모든 죄의 사함을 받고 거룩하게 된 의인들입니다.

"처음 사랑"을 잃어버리면, 하늘에 속한 영적인 축복들을 다 잃어버립니다. 오늘날 기독교인들은 마음에 죄가 있습니다. 기독죄인들은 구원을 받지 못한 이들입니다. 주님께서 에베소 교회에게 **"내가 네 행위와 수고와 네 인내를 알고"**(계 2:2)라고 말씀하셨듯이, 오늘날의 기독교인들도 나름대로 자기는 바르게 믿는 줄 알고, 희생과 봉사와 전도와 헌금에 헌신적으로 자신을 드립니다. 그러나 그런 종교적인 행위는 하나님 앞에서 무효입니다. 그들은 **"처음 사랑"**을 잃어버렸기 때문에, 촛대는 이미 그들에게서 옮겨졌습니다.

거듭나지 못한 기독죄인들의 모임은 하나님의 교회가 아닙니다. **"처음 사랑"**을 잃어버린 자들은 조속히 돌이켜야 합니다. 그들은 거듭나지 못한 죄인의 길에서 돌이켜서 **"처음 사랑"**을 찾아와야 합니다. **"처음 사랑"의 복음은 "성령과 물과 피가 합하여 하나"**(요일 5:8)인 복음이며, 사도들이 전했던 **"성경대로의 복음"**(고전 15:3-4)입니다.

여러분은 아직까지 **"처음 사랑"**이 무엇인지 제대로 몰랐다면, 이제 어디서 떨어졌는지를 분별하고 **"처음 사랑"**을 가져야 합니다. **"처음 사랑"**을 간직한 자만이 **"처음 행위"**를 할 수 있습니다.

"귀 있는 자는 성령이 교회들에게 하시는 말씀을 들을찌어다 이기는 그에게는 내가 하나님의 낙원에 있는 생명나무의 과실을 주어 먹게 하리라"(계 2:7).

우리는 성령님께서 말씀하시는 권면의 말씀을 귀담아듣고 순종해야 합니다. 그래야만 사단 마귀의 계략을 분별하고 그놈의 모든 음모를 이겨서, 천국의 낙원에서 영생하는 축복을 누리게 됩니다.

타락한 교회들아 돌이켜라

"버가모 교회의 사자에게 편지하기를 좌우에 날선 검을 가진 이가 가라사대

네가 어디 사는 것을 내가 아노니 거기는 사단의 위가 있는 데라 네가 내 이름을 굳게 잡아서 내 충성된 증인 안디바가 너희 가운데 곧 사단의 거하는 곳에서 죽임을 당할 때에도 나를 믿는 믿음을 저버리지 아니하였도다

그러나 네게 두어가지 책망할 것이 있나니 거기 네게 발람의 교훈을 지키는 자들이 있도다 발람이 발락을 가르쳐 이스라엘 앞에 올무를 놓아 우상의 제물을 먹게 하였고 또 행음하게 하였느니라

이와 같이 네게도 니골라당의 교훈을 지키는 자들이 있도다

그러므로 회개하라 그리하지 아니하면 내가 네게 속히 임하여 내 입의 검으로 그들과 싸우리라

귀 있는 자는 성령이 교회들에게 하시는 말씀을 들을찌어다 이기는 그에게는 내가 감추었던 만나를 주고 또 흰 돌을 줄터인데 그 돌 위에 새 이름을 기록한 것이 있나니 받는 자 밖에는 그 이름을 알 사람이 없느니라

두아디라 교회의 사자에게 편지하기를 그 눈이 불꽃 같고 그 발이 빛난 주석과 같은 하나님의 아들이 가라사대

내가 네 사업과 사랑과 믿음과 섬김과 인내를 아노니 네 나중 행위가 처음것보다 많도다

그러나 네게 책망할 일이 있노라 자칭 선지자라 하는 여자 이세벨을 네가 용납함이니 그가 내 종들을 가르쳐 꾀어 행음하게 하

고 우상의 제물을 먹게 하는도다

또 내가 그에게 회개할 기회를 주었으되 그 음행을 회개하고자 아니하는도다

볼찌어다 내가 그를 침상에 던질 터이요 또 그로 더불어 간음하는 자들도 만일 그의 행위를 회개치 아니하면 큰 환난 가운데 던지고

또 내가 사망으로 그의 자녀를 죽이리니 모든 교회가 나는 사람의 뜻과 마음을 살피는 자인줄 알찌라 내가 너희 각 사람의 행위대로 갚아 주리라"(계 2:12-23).

예수님께서 버가모 교회와 두아디라 교회에 주신 책망의 말씀입니다.

두 교회는 칭찬의 말씀도 받았습니다. 버가모 교회에는 **"네가 내 이름을 굳게 잡아서 내 충성된 증인 안디바가 너희 가운데 곧 사단의 거하는 곳에서 죽임을 당할 때에도 나를 믿는 믿음을 저버리지 아니하였도다"**라고 칭찬하셨습니다. 버가모 교회의 성도들이 하나님께 대한 믿음을 배반하지 않았고, 그중에는 아디바라는 순교자도 있었습니다.

두아디라 교회에게는, 예수님께서 **"내가 네 사업과 사랑과 믿음과 섬김과 인내를 아노니 네 나중 행위가 처음 것보다 많도다"**라고 칭찬하셨습니다. **"처음 것(행위)"**이 진리의 복음을 전파하는 영적인 사역이라면, **"나중 행위"**는 육신적인 사랑을 의미합니다. 오늘날의 사역으로 말하자면, **"나중 행위"**는 빵 나눠 주기 운동, 연탄 날라 주기 운동, 낙후된 지역에 학교나 병원을 세워 주는 선교 사역 등을 말합니다. 두아디라 교회는 육신적으로 선한 행위들을 많이 베풀었습니다.

버가모 교회와 두아디라 교회의 큰 잘못

그런데 두 교회는 그런 귀한 믿음과 사역들을 모두 무효화시키는 결정적인 잘못을 행했습니다. 버가모 교회는 발람의 교훈을 좇아서 우상의 제물을 먹었습니다. 두아디라 교회는 거짓 선지자 이세벨을 용납해서 다른 신(神)을 좇고 우상의 제물을 먹었습니다. 그것은 두 교회가 똑같이 세상의 누룩들을 받아들여서 복음의 진리에서 떠났다는 뜻입니다.

예수님께서는 **"삼가 바리새인의 누룩과 사두개인의 누룩을 주의하라"**(마 16:6)고 경고하셨습니다. 누룩은 사단 마귀가 만든 거짓말인데, 아주 적은 누룩이라도 순수한 말씀의 덩어리 안에 들어오면 그것이 서서히 작용해서 온 덩이를 부풀립니다.

버가모 교회와 두아디라 교회의 잘못은 바리새인의 누룩과 사두개인의 누룩을 용납한 것입니다. 바리새인은 율법의 행위로 자기의 의를 드러내려는 자들입니다. 그들은 **"경건의 모양"**(딤후 3:5)을 내는 일을 지향(志向) 했습니다. 그들은 사람들에게 인정을 받고자, 거룩한 척, 선한 척, 온유한 척, 유식한 척을 했습니다. 오늘날의 기독교 안에도 외식하는 자들, 즉 현대판 바리새인들이 많습니다.

사두개인들은 세상을 사랑하는 자들입니다. 그들은 부활이 없다고 믿었습니다. 그들은 내세(來世)에 관심이 없었기에, 현세에서 잘 먹고 잘 사는 것을 하나님의 축복으로 여겼습니다. 사두개인들은 하나님보다 이 세상 것들을 더 사랑했습니다.

그래서 돈이 많고 권력이 있는 사람들이 교회 안에서도 존경과 인정을 받았습니다. 금가락지를 끼고 좋은 옷을 입은 사람이 교회에 들어오면, "여기 높은 자리에 앉으십시오" 하고 귀하게 대접하고, 남루한 옷을 입은 가난한 사람들은 거들떠보지도 않았습니다. 야고보 사도는 이런 모습을 책망했습니다: **"내 형제들아 영광의 주 곧 우리 주 예수 그리스도를 믿는 믿음을 너희가 받았으니 사람을 외모로 취하지 말라"**(약 2:1).

"성령과 물과 피가 합하여 하나"(요일 5:8)인 성경대로의 복음을 믿어서 거듭난 하나님의 성도들은 사람을 외모로 차별하지 않습니다. 모든 사람은 하나님 앞에서 다 존귀한 영혼들입니다. 진리의 복음 안에서는, 부자나 가난뱅이나, 종이나 자유인이나, 남자나 여자나, 아무 차별이 없습니다.

그런데 사두개인의 누룩이 교회 안에 들어오면 교회는 세속화(世俗化) 되고, 돈과 권력과 명예를 추구하게 됩니다. 그리고 진리의 복음인 **"물과 피의 복음"**을 경홀히 여기게 됩니다.

초대 교회 시대의 버가모 교회나 두아디라 교회는 타락하고 변질된 오늘날의 기독교회의 실상을 그대로 보여 줍니다. 바리새인의 누룩과 사두개인의 누룩이 들어오면 교인들의 마음이 하나님의 말씀에서 떠나게 되고 결국 진리의 복음은 변질된 복음, 사이비(似而非) 복음으로 대체됩니다. 그런 현상은 고린도 교회에서도 나타났습니다.

"만일 누가 가서 우리의 전파하지 아니한 다른 예수를 전파하거나 혹 너희의 받지 아니한 다른 영을 받게 하거나 혹 너희의 받지 아니한 다른 복음을 받게 할 때에는 너희가 잘 용납하는구나"(고후 11:4).

오늘날의 기독교인들은 **"다른 복음"**을 믿습니다. 진리의 복음은 **"성령과 물과 피가 합하여 하나"(요일 5:8)**인 복음인데, 기독교인들은 진리의 복음에서 **"물"(예수님의 세례)**의 증거를 빼 버리고 십자가의 피만의 복음을 믿고 있습니다. 사단 마귀는 오랫동안 누룩을 뿌려서 진리의 복음을 **"다른 복음"**으로 변질시켰습니다.

성경대로의 복음이 아닌 **"다른 복음"**을 믿어서는 결코 죄 사함을 받고 거듭날 수가 없습니다. 그 결과 기독교인들은 하나님의 의를 옷 입지 못한 기독죄인(基督罪人)들로 남아 있습니다.

다른 복음을 믿어서 죄 사함을 받지 못한 죄인들의 모임은 하나님의 교회가 아닙니다. 하나님의 교회는 **"그리스도 예수 안에서 거룩하여지고 성도라 부르심을 입은 자들"**(고전 1:2)의 모임입니다. **"그리스도 예수 안에서"**라는 말씀은 **"물과 피로 임하신(요일 5:6)** 예수님의 **한 영원한 제사**를 믿어서"라는 뜻입니다.

진리의 복음을 믿어서 예수 그리스도 안에 들어간 자는 죄가 없습니다. 하지만 대부분의 기독교인들의 마음에는 여전히 죄가 있습니다. 그들은 **성경대로의 복음(고전 15:3)**을 잃어버리고 그 대신 사이비(似而非) 복음을 믿기 때문에 결코 죄에서 벗어날 수 없습니다. 성경은 **"이제 그리스도 예수 안에 있는 자에게는 결코 정죄함이 없나니"(롬 8:1)**라고 말씀하시지만, 그들의 마음에는 결코 정죄함이 있습니다.

기독죄인들은 자기들의 실존이 하나님의 말씀과 큰 차이가 있다는 것을 잘 압니다. 그래서 어떻게든 그 간극을 좁혀 보려고 소위 교리들(Christian doctrines)을 만들게 되었습니다.

기독교의 대표적인 교리가 칭의 교리(Doctrine of Justification)입니다. 칭의(稱義) 교리는 "우리에게 비록 죄는 있지만 우리가 예수님의 보혈이 나의 죄를 대속했다고 믿으면, 하나님께서는 우리를 의롭다고 불러 주신다"라는 주장입니다. 이러한 칭의 교리에는 필연적으로 성화(聖化) 교리가 필요했습니다. 기독교인들의 마음에 죄가 있으니. 그들이 "하나님의 영광에 이르려면 날마다 성화의 노력을 기울여야 한다"라는 주장이 보완되어야 했습니다.

세속화의 누룩

그리스도 예수 안에 있는 자에게는 결코 정죄함이 없습니다. 따라서 다른 복음을 믿어서 마음에 죄가 있는 자는 그리스도 예수 안에 있는 자가 아닙니다. 그런 기독죄인들의 모임은 더 이상 하나님의 교회가 아닙니다. 그들은 불교나 모슬렘과 마찬가지로 하나의 종교 집단에 불과합니다.

종교 집단은 세월이 흘러가면서 두 가지 두드러진 경향을 나타냅니다. 첫째는 세속화(世俗化) 현상입니다. 주님께서 버가모 교회에게, **"네게 발람의 교훈을 지키는 자들이 있도다"**라고 책망하셨는데, 발람의 교훈이란 재물을 신(神)으로 섬기는 가르침입니다. 발락이 발람에게 많은 재물을 보내며 부귀영화를 약속하면서, 하나님의 백성들을 저주하라고 요청했습니다. 발람은 여호와의 이름을 부르는 자였지만, 재물의 유혹을 뿌리치지 못했던 거짓 선지자의 표본입니다.

"이와 같이 네게도 니골라당의 교훈을 지키는 자들이 있도다"(계 2:15).

니골라 당(the Nicolaitanes)이 어떤 사람들인지에 대해서는 많은 추측들이 있습니다. 그러나 **"이와 같이"**라는 말씀을 통해서 볼

때, 니골라 당(黨)은 발람의 교훈을 좇는 자들입니다. 그들은 세상을 사랑하는 사두개인의 누룩을 가지고 교회에 들어온 이단이며, 돈의 신(Mammon)을 섬기는 세속주의 이단입니다.

오늘날 기독교회도 대형 교회의 목회자를 성공한 목사로 추앙하는 경향이 있습니다. 한 주간의 교회 헌금이 수십억 원에 달하고, 신축 예배당에 수천억 원의 건축 비용을 쏟아붓는 대형 교회도 많습니다. 어떤 목사는 그런 대형 교회의 예배당을 자기 아들에게 상속시켜서 사회적인 물의를 크게 일으키기도 했습니다. 그런 자들은 니골라 당(the Nicolaitanes)의 교훈을 좇는 자들입니다.

돈과 명예와 권력 등 세상의 가치가 교회 안에서 존경받고 성공한 것으로 인정되는 기독교회는 타락한 종교 집단에 불과합니다. 세속화된 기독교는 말로만 하나님을 경외하고, 하나님의 말씀은 우습게 여깁니다. 그들은 회사를 경영하듯이 교회를 운영합니다. 그들은 경쟁적으로 헌금과 전도를 부추기고 목회자에게 맹목적인 충성을 강요합니다. 그들은 교회의 직분을 남발하는데, 웬만한 교인들은 모두 장로, 권사, 집사로 세워 줍니다. 그래서 교인들이 교회와 목회자의 삼중 그물에서 벗어나지 못하게 묶어 놓습니다.

제도화의 누룩

진리의 복음을 잃어버린 기독교회는 또한 제도화(制度化)의 노선을 걷게 됩니다. 생명을 잃어버린 그들은 이제 제도로 권위를 삼으려고 합니다. 껍데기와 알맹이는 반비례합니다. 생명을 가진 알맹이가 없어지면, 껍데기를 두껍고 화려하게 해서 허세를 부리게 됩니다.

그리스도를 믿는다고 고백하는 무리 중에서 제도화(制度化)가 가장 두드러지게 진행된 곳이 가톨릭교회입니다. 그들은 예배(미사) 순서도, 성직자의 복식(服飾)도 전 세계적으로 제도화되고 통일되어 있습니다. 가톨릭교회는 성직자가 되는 과정도 철저하게 제도화되어 있습니다.

개신교회(Protestant churches)도 지금 가톨릭과 같은 제도화의 노선을 따라가고 있습니다. 상당수의 목사들이 천주교의 성직자들을 흉내 내서 로만 칼라의 상의를 입습니다. 상당수의 개신교 목사들은 영대(領帶, 가톨릭의 사제들이 성사를 집행할 때에, 사제가 목에 걸쳐 무릎까지 늘어뜨리는 헝겊 띠)를 걸치고 설교를 합니다. 그런 제도화의 현상은 생명을 잃어버린 모든 교회에 공통적으로 나타나는 특징입니다.

거듭나지 못한 자칭 하나님의 종들

"그러나 네게 책망할 일이 있노라 자칭 선지자라 하는 여자 이세벨을 네가 용납함이니 그가 내 종들을 가르쳐 꾀어 행음하게 하고 우상의 제물을 먹게 하는도다"(계 2:20).

여자 이세벨은 거짓 선지자를 지칭합니다. 오늘날에도 진리의 복음을 알지 못해서 거듭나지 못했으면서도 "나는 하나님의 종이다"라고 자칭하는 자들이 많습니다. 그런 자들이 **"자칭 선지자라 하는 여자 이세벨"**입니다. 진리의 복음을 믿어서 흰 눈같이 죄 사함을 받은 의인(義人)이라야 하나님의 종이 될 자격이 있습니다. 그런데, 기독교인들은 신학교에서 세상 지식과 철학으로 짜 맞춘 커리큘럼을 이수하고 목사 고시를 통과하면, 안수를 받고 목사가 됩니다.

"화 있을찐저 외식하는 서기관들과 바리새인들이여 너희는 교인 하나를 얻기 위하여 바다와 육지를 두루 다니다가 생기면 너희보다 배나 더 지옥 자식이 되게 하는도다"(마 23:15).

여자 이세벨, 즉 거짓 선지자를 용납하면, 그들이 교회에 온갖 거짓말을 들여와서 교회를 타락시킵니다. "배운 게 도둑질"이라는 속담대로, 거짓 선지자들은 자기들의 세를 불리기 위해서 제자들을 모집하고 그들에게 온갖 거짓말을 가르칩니다. 그래서 그들은 점점 더 지옥의 자식들이 됩니다.

거듭나지 못한 기독죄인들이 제도화된 기독교회 안에서 왕 노릇을 하면서 기독교회는 세상의 가치를 하나님보다 더 사랑하는 우상 숭배에 빠지게 되었습니다. 그러한 모든 적폐(積弊)의 근본적인 원인은 그들이 **"처음 사랑"**인 진리의 복음을 잃어버렸기 때문입니다. 그들은 **"여자 이세벨"**을 통해서 사단 마귀가 가르쳐 준 유사(類似) 복음을 믿습니다.

그러므로 기독교인들은 성경대로의 복음, 즉 원형의 복음으로 돌아와야 합니다. 하나님을 경외하고 영생을 사모하는 이들은 거듭나지 못한 기독죄인(基督罪人)들의 무리를 떠나야 됩니다. 그래야만 거듭날 수 있고, 그래야만 하나님의 교회에 속할 수 있습니다. 그리고 마지막 환난의 날에도 사단 마귀의 핍박과 계략을 이기고 영생의 면류관을 받아 쓰게 됩니다.

다른 하나님을 믿는 무리에서 떠나야 합니다

"아브라함의 하나님, 나홀의 하나님, 그들의 조상의 하나님은

우리 사이에 판단하옵소서 하매 야곱이 그 아비 이삭의 경외하는 이를 가리켜 맹세하고"(창 31:53).

에서에게서 장자의 축복을 가로챈 야곱은 형 에서의 진노를 피해서 외갓집이 있는 밧단아람(Padanaram)으로 피신했습니다. 그곳의 외삼촌 라반의 집에서 20 년 동안 데릴사위로 살면서, 야곱은 두 아내인 레아와 라헬, 그리고 두 여종을 아내로 얻어서 자식들을 낳았고 적잖은 가축 떼를 얻었습니다. 그러나 야곱의 가축이 크게 불어난 것을 시기한 외삼촌과 그의 아들들이 야곱의 재산을 강탈할 조짐이 보였습니다. 야곱은 외삼촌 몰래 자기의 가축 떼를 몰고 식솔들과 함께 고향으로 돌아갈 결심을 했습니다.

마침 양떼의 털 깎는 때가 되어서 자기 장인이자 외삼촌인 라반도 그의 아들들과 함께 양떼들이 있는 먼 곳으로 갔습니다. 그렇게 집이 비었을 때에 야곱은 자기의 가족들과 종들, 그리고 모든 가축 떼를 이끌고 야반 도주를 했습니다. 외삼촌과 그의 아들들은 양떼의 털을 깎고 집으로 돌아와서 야곱의 무리가 도망한 것을 알았습니다. 그들은 분노하여 종들과 함께 칼을 차고 쫓아왔습니다. 그런데 라반의 꿈에 하나님께서 나타나셔서, 그가 야곱을 치지 못하도록 경고하셨습니다.

라반은 화를 삭이고 다른 것을 핑계 삼아 야곱을 추궁했습니다. 누군가 라반의 가족 신(神)인 드라빔을 훔쳐 갔다는 것이었습니다. 라반은 야곱의 식솔 중 어떤 자의 짐에서 드라빔이 나오면 그것을 가져간 자는 죽음을 당하리라고 겁박했습니다. 드라빔을 훔친 자는 라헬이었습니다. 그녀가 기지를 발휘해서 드라빔을 낙타 안장에 숨겨서 위기에서 벗어났습니다. 그러자 야곱은 외삼촌 라반을 책망하고 둘 사이에 약조를 맺었습니다.

그 약조에서 야곱은 **"아브라함의 하나님"**이라고, 라반은 **"나홀의 하나님"**이라고 각기 하나님의 이름을 달리 불렀습니다. 나홀은 아브라함의 형제였습니다. 아브라함의 아버지 데라는 세 아들을 낳았는데, 아브라함과 나홀과 하란입니다. 하란은 갈데아 우르에서 죽었습니다.

믿음의 사람 아브라함은 **"네 본토 친척 아비의 집을 떠나서 내가 네게 지시하는 땅으로 가라"**라는 하나님의 말씀을 믿고 고향 땅 우르를 떠나 말씀을 따라갔습니다. 그때에 아버지 데라와 동생 나홀도 같이 동행했습니다. 그런데 유브라데 강이 끝나는 지점인 하란에 이르러서 데라와 나홀은 거기에 주저앉았습니다. 아브라함은 그들을 설득했으나 요지부동이었습니다. 그래서 아브라함은 아내 사래와 조카 롯을 데리고 하나님께서 지시하신 땅으로 나아갔습니다.

그때에 두 무리의 믿음이 갈라졌습니다. 나홀의 하나님은 아브라함의 하나님과 다른 하나님입니다. 데라와 나홀도 아브라함과 함께 있었을 때에는 순수하게 하나님 말씀만을 믿고 좇았는데, 아브라함이 떠나고 나니까 그들에게 사두개인의 누룩이 들어갔습니다. 나홀은 하나님과 우상을 겸해서 섬겼던 자였습니다. 그래서 나홀의 후손들은 나홀의 하나님을 믿게 되었습니다.

오늘날에도 예수님을 믿는다고 고백하는 기독교인 중에는 하나님과 우상을 겸하여 섬기는 자들이 많습니다. 그들이 믿는 하나님은 **"나홀의 하나님"**입니다. 오늘날의 교회는 버가모 교회와 두아디라 교회에 말씀하신 주님의 책망을 엄중하게 받아야 합니다. 이기는 자가 되려면, 타락한 무리를 떠나야 합니다. 세속화(世俗化) 되고 제도화(制度化) 된 기독죄인들의 무리 안에서는 결코 하나님의 구원의 은총을 입을 수 없습니다. 영생을 사모하는 사람이라면 속히 회개하고 그들을 떠나야 합니다.

“벳새다에 이르매 사람들이 소경 하나를 데리고 예수께 나아와 손 대시기를 구하거늘 예수께서 소경의 손을 붙드시고 마을 밖으로 데리고 나가사 눈에 침을 뱉으시며 그에게 안수하시고 무엇이 보이느냐 물으시니”(막 8:22-23).

예수님께서 벳새다에서 소경 한 사람을 만나셨습니다. 주님은 그를 마을 밖으로 데리고 나가셔서 눈을 뜨게 하셨습니다. 종교의 마을 안에서는 예수님도 그 소경을 낫게 해 주실 수가 없었습니다. 죄인들이 종교의 마을에서 벗어나야만, 주님의 생명의 말씀이 그들에게 역사합니다.

그 소경이 눈을 뜬 후에도, 주님은 그에게 마을로 들어가지 말라고 당부하셨습니다. 거듭난 후에는 기독죄인들의 마을로 돌아가지 말아야만, 자기가 얻은 영원한 생명을 지킬 수 있습니다.

우리는 아시아의 일곱 교회 중에서 버가모 교회와 두아디라 교회가 왜 그렇게 타락하게 되었는지를 살펴보았습니다. 두 교회는 바리새인의 누룩과 사두개인의 누룩을 용납함으로써 진리의 복음을 잃어버렸고, 세속화와 제도화의 나락으로 떨어졌습니다. 이는 오늘날의 기독교회의 실상이 어떠한지를 깨닫게 하는 말씀입니다.

여러분이 주님께서 버가모 교회와 두아디라 교회에 해 주신 책망의 말씀을 중히 듣는다면, 타락한 무리에게서 속히 떠나서 거듭난 의인들의 모임인 하나님의 교회에 속해야 합니다.

이기는 자들은 진리의 복음을 굳게 붙들고 사단 마귀의 거짓말에서 비롯된 혼잡한 교리들과 교훈들을 물리칩니다. 그런 자라야 마지막 환난의 때를 인내로 견디고 생명의 면류관을 받습니다.

의인들의 이름만 생명책에 기록된다

"사데 교회의 사자에게 편지하기를 하나님의 일곱 영과 일곱 별을 가진 이가 가라사대 내가 네 행위를 아노니 네가 살았다 하는 이름은 가졌으나 죽은 자로다

너는 일깨워 그 남은 바 죽게 된 것을 굳게 하라 내 하나님 앞에 네 행위의 온전한 것을 찾지 못하였노니

그러므로 네가 어떻게 받았으며 어떻게 들었는지 생각하고 지키어 회개하라 만일 일깨지 아니하면 내가 도적 같이 이르리니 어느 시에 네게 임할는지 네가 알지 못하리라

그러나 사데에 그 옷을 더럽히지 아니한 자 몇명이 네게 있어 흰 옷을 입고 나와 함께 다니리니 그들은 합당한 자인 연고라

이기는 자는 이와 같이 흰 옷을 입을 것이요 내가 그 이름을 생명책에서 반드시 흐리지 아니하고 그 이름을 내 아버지 앞과 그 천사들 앞에서 시인하리라

귀 있는 자는 성령이 교회들에게 하시는 말씀을 들을찌어다"(계 3:1-6).

제가 사는 제주도의 양봉업자들에게 최근에 경악할 만한 일이 벌어졌습니다. 봄이 되어서 꽃이 피기 시작하자, 그분들은 겨우내 보호해 두었던 벌통을 열었습니다. 그런데 꿀벌의 5분의 4가 사라졌답니다. 더 심각한 것은 제주도만 그런 것이 아니고, 전국적으로 벌이 사라지고 있답니다.

아인슈타인은 꿀벌이 다 사라지고 나면 인류는 4년 안에 멸망한다고 주장했습니다. 꿀벌들이 과일과 곡식류의 70%를 수분(受粉)

시키기 때문입니다. 현재의 세계 인구는 거의 80 억 명에 육박합니다. 그런 일이 일어나면, 전 세계적인 식량 부족으로 전쟁과 갈등이 극대화될 것입니다.

열왕기하 6 장에는 선지자 엘리사의 시대의 비참한 사건이 기록되어 있습니다. 아람 군대가 쳐들어와서 오랫동안 사마리아 성을 포위하자, 성내에는 먹을 것이 없었습니다. 오래 굶어서 제정신이 아닌 두 어미가 자기 자식들을 잡아먹는 비극이 벌어졌습니다. 사람이 굶어서 미칠 지경이 되면 자기 자식도 염소 새끼로 보입니다. 그런 지경에 이르면 힘센 남자들은 다른 사람을 죽여서 그 인육을 먹지 않겠습니까?

지구 온난화로 인한 기상 이변은 돌이킬 수 없는 지경입니다. 게다가 과학과 기술의 발달로 이제는 유전자를 조작하고 합성해서 복제 인간까지 만든다고 합니다. 생명의 주인인 하나님의 영역에 도전하는 인간들을 하나님께서 더 이상 용납하지 않으실 것입니다. 이제는 언제라도 전 세계가 계시록에 예언된 극심한 자연 재난에 들어가도 이상할 것이 없는 시대입니다. 그러므로 우리는 요한 계시록의 경고를 중하게 받아서 영적으로 깨어 있어야 합니다.

사데 교회, 살았다고 하나 죽은 자들의 모임

"내가 네 행위를 아노니 네가 살았다 하는 이름은 가졌으나 죽은 자로다"(계 3:1).

아시아의 일곱 교회 중에서, 사데 교회는 살았다고 하나 죽은 자들의 모임이었습니다. **"산 자"**는 거듭나서 영생을 얻은 의인들을, **"죽은 자"**는 죄 사함을 받지 못해서 영원한 지옥에 떨어질 자를 의미합니다. 산 자들의 이름은 **생명책**(계 20:12)에 기록되어 있습니다. 죽은 자들의 이름은 하나님의 보좌 앞에 있는 **심판책**(the books of judgement, 계 20:12)에 기록되어 있습니다. 죄인들은 심판책에 기록된 자기의 이름 밑에 금강석 끝 철필로 빼곡하게 기록된 악한 행실을 따라, 하나님의 준엄한 심판을 받을 것입니다. 죽은 자들은 영원한 지옥 불에, 즉 둘째 사망에 들어갈 자들입니다.

하나님 말씀은 어제나 오늘이나 동일합니다. 오늘날에도 대부분의 교회들은 사데 교회와 같이 죽은 자들의 모임입니다. 대부분의 기독교인들은 자기들이 구원을 받았다고 생각하지만, 사실은 죄가 있어서 지옥 갈 자들입니다. 따라서 기독죄인(基督罪人)들은 자기들의 신앙이 어디서부터 잘못되었는지를 정직하게 되돌아보고, 자기의 잘못된 신앙 노선에서 돌아서야 합니다.

"너는 일깨워 그 남은 바 죽게 된 것을 굳게 하라 내 하나님 앞에 네 행위의 온전한 것을 찾지 못하였노니"(계 3:2).

사데 교회를 책망하시면서, 주님께서 **"내가 네 행위를 아노니"**(계 3:1) 또 **"네 행위의 온전한 것을 찾지 못하였노니"**(계 3:2)라고 말씀하셨습니다. 여기에서 **"행위"**라는 말을 잘못 이해하면, 율법적 신앙에 묶입니다. "아! 그러니까 우리는 선한 행위를 많이 해야 하는구나! 주님께서는 우리의 선행이 부족한 것을 책망하시고 우리에게 지옥의 심판을 내리시는구나!" 하고 기독교인들은 생각합니다. 그러나 "행위"는 믿음의 결과입니다.

율법의 행위에 묶인 기독교인들

"이와 같이 행함이 없는 믿음은 그 자체가 죽은 것이라....네가

보거니와 믿음이 그의 행함과 함께 일하고 행함으로 믿음이 온전케 되었느니라.....이로 보건대 사람이 행함으로 의롭다 하심을 받고 믿음으로만 아니니라"(약 2: 17, 22, 24).

"행함이 없는 믿음은 그 자체가 죽은 것이라"라는 말씀은 **"온전한 믿음에는 행함이 수반(隨伴) 된다"**라는 뜻입니다. 천국과 지옥은 확실히 있으며 의인들만 천국에 들어간다는 진리를 우리는 믿습니다. 우리는 물과 피로, 즉 세례와 십자가로 임하신 예수님께서 우리의 모든 죄와 허물을 깨끗하게 없애 주신 진리의 복음을 믿습니다. 우리는 이 세상이나 세상에 있는 것들은 다 지나가는 것이라고 믿습니다.

"물과 피의 복음"을 믿어서 거룩해진 우리들은 이 땅의 것들에 마음을 쏟지 않습니다. 거듭난 우리는 천국에 대한 온전한 믿음이 있기 때문에 이 땅의 것들에는 마음을 두지 않고 오직 하늘에 보화를 쌓습니다.

이와 같이 **온전한 믿음에는 행함이 수반(隨伴) 됩니다.** 믿음의 행위는 각오를 하고 애를 써서 억지로 되는 것이 아닙니다. 의인들은 하나님의 말씀을 온전히 믿기 때문에, 하나님께서 기뻐하시는 복음 전파에 자원함과 기쁨으로 자신을 드립니다.

기독교인들이 하나님의 말씀을 온전히 믿지 않으니까, 그들은 율법적인 선행에 묶이고 마지못해서 외식하는 종교적 행위를 추구합니다. 온전한 믿음이 있으면 온전한 행위가 수반되게 되어 있습니다. **"네 행위의 온전한 것을 찾지 못하였노니"**(계 3:2)라는 말씀은, "너의 믿음이 온전하지 않다"라는 책망의 말씀입니다.

완전한 의의 길

"아브람의 구십 구세 때에 여호와께서 아브람에게 나타나서 그에게 이르시되 나는 전능한 하나님이라 너는 내 앞에서 행하여 완전하라"(창 17:1).

"행위 완전하여 여호와의 법에 행하는 자가 복이 있음이여"(시 119:1).

우리가 거듭나기 전에는, 이런 말씀들 앞에 서면, "아! 하나님은 우리에게 완전하라고 하시는데, 나는 부족한 부분이 너무 많지 않은가?" 하고 자기의 실존 앞에서 한탄하고 주눅이 들기 일쑤였습니다.

"너는 내 앞에서 행하여 완전하라"라는 말씀이 과연 우리 인간에게 가능한 일입니까? 아브라함인들 행위가 완전했습니까? 아브라함도 행위로는 완전하지 못했습니다. 그는 자기의 목숨을 부지하고자, 자기의 아내 사라를 두 번이나 팔아먹었습니다. 아브라함이 늙어서는 첩도 들였습니다. 사람은 결코 완전할 수 없습니다. 아브라함에게도 연약하고 부족한 부분이 많았습니다.

"너는 내 앞에서 행하여 완전하라"(창 17:1)는 말씀은 우리가 육신적으로 전혀 죄를 짓지 말고 완벽하게 살라는 말씀이 아닙니다. 그렇게 살 수 있는 자는 아무도 없습니다. 하나님께서는 우리가 새 계명을 지킬 때에 **"행위 완전하다"**라고 인정하십니다.

"그의 계명은 이것이니 곧 그 아들 예수 그리스도의 이름을 믿고 그가 우리에게 주신 계명대로 서로 사랑할 것이니라"(요일 3:23).

하나님 앞에서 완전한 행위는 첫째, 죄 사함을 받고 의인으로 거듭나는 것을 의미합니다. **"그 아들 예수 그리스도의 이름"**은 물과 피로 임하신 예수님께서 완성하신 진리의 복음을 지칭합니다. 죄인이 자기의 비참한 실존을 고백하고, **"물과 피의 복음"**을 믿으면 죄 사함을 받고 의인으로 거듭납니다. 하나님 앞에서 새 계명을 준행하려면 먼저 거듭나야 합니다.

성경에서 **"이름"**이라는 단어는 "본질" 또는 "실체"를 의미합니다. 예수님은 **"물과 피로 임하신"(요일 5:6)** 분입니다. 예수님은 하나님의 아들인데, 육신을 입고 이 땅에 오셨습니다. 주님은 서른 살이 되셨을 때에, 갈릴리 나사렛 마을을 떠나 요단강 물에 오셔서 인류의 대표자인 세례 요한에게 안수의 형식으로 세례를 받으셨습니다.

예수님은 그 세례로 **"세상 죄를 지고 가는 하나님의 어린양"(요 1:29)**이 되셨습니다. 예수님은 세상 죄를 지시고 십자가에 못 박혀서 **"다 이루었다"(요 19:30)** 하시기까지 피를 흘리심으로, 대속(代贖)의 심판을 온전히 받아 주셨습니다.

하나님의 아들께서 세례와 십자가로 세상의 모든 죄를 완벽하게 없애 주셨습니다. 이 진리의 말씀이 **"예수 그리스도의 이름"**입니다. **"예수 그리스도의 이름"**인 진리의 원형복음을 믿으면 모든 죄와 허물의 사함을 받고 결코 정죄함이 없는 의인으로 거듭납니다.

진리의 복음을 믿어서 죄 사함을 받은 사람은 다른 이들의 구원을 위해서 자기의 남은 생애를 기쁨으로 주님께 드립니다. 거듭난 의인은 자기를 사랑하셔서 아낌없이 외아들을 내어 주신 하나님 아버지의 뜻을 좇아서 복음 전파에 자신을 드립니다. 의인들은 천국 영생을 얻게 하신 하나님의 사랑에 감사해서, 자원함으로 **"진**

리의 사랑"(살후 2:10)을 하게 됩니다. 그래서 믿음으로 굳게 선 의인들은 **"그의 계명은 이것이니 곧 그 아들 예수 그리스도의 이름을 믿고 그가 우리에게 주신 계명대로 서로 사랑할 것이니라"**(요일 3:23)는 새 계명을 준행하게 됩니다.

온전한 믿음에는 행함이 따르게 되어 있습니다. 주님은 새 계명을 준행하는 의인들을 **"행위 완전하다"**라고 인정하십니다. 주님께서 사데 교회에게, **"네 행위의 온전한 것을 찾지 못했다"**라고 책망하신 것은 "너희들 가운데 진리의 복음으로 구원받은 의인들도 없고, 혹 거듭난 자가 있어도 그가 자기의 삶을 다른 영혼들의 구원을 위해서 드리지 않았다"라는 뜻입니다.

오늘날 기독교인들의 실상

오늘날의 기독교인들도 **"네 행위의 온전한 것을 찾지 못했다"** 라는 주님의 책망을 받아 마땅합니다. 대부분의 기독교인들은 죄 사함을 받지 못한 기독죄인(基督罪人)들입니다. 그들은 진리의 원형복음(原形福音)인 예수님의 세례와 십자가의 피의 복음이 아니라 십자가의 피만의 복음을 믿습니다. 자기의 모든 죄와 허물이 예수님께 넘어갔다는 증거의 말씀이 없는 반쪽짜리 복음으로는 아무도 결코 정죄함이 없는 의인이 될 수 없습니다.

"그러므로 네가 어떻게 받았으며 어떻게 들었는지 생각하고 지키어 회개하라"(계 3:3).

기독죄인들은 먼저 자기가 지옥에 가야 마땅한 자라고 인정하고 하나님의 아들 예수 그리스도의 이름을 믿어야 합니다. 그래서 죄 사함을 받고, 그 후에는 하나님께서 우리들에게 주신 진리의 사랑을 위해서 자기 삶을 자원해서 드려야 합니다. 그것이 예수님께서 우리에게 주신 새 계명입니다. 주님은 새 계명을 지키는 자를 **"행위 완전하여 여호와의 법에 거하는 자"**(시 119:1)라고 칭찬하십니다. 행위 완전한 자들만이 재난과 환난을 당할 때에 믿음으로 이깁니다. 지금 진리의 복음을 믿고 거듭났더라도 자기만을 사랑하는 자들은 환난이 오면 믿음을 배반합니다.

소수의 의인들에게 두신 소망

"그러나 사데에 그 옷을 더럽히지 아니한 자 몇 명이 네게 있어 흰 옷을 입고 나와 함께 다니리니 그들은 합당한 자인 연고라"(계 3:4).

"흰 옷을 입었다"라는 말씀은 하나님의 의를 옷 입고 죄가 전혀 없는 거룩한 자가 되었다는 뜻입니다. **"이 뜻을 좇아 예수 그리스도의 몸을 단번에 드리심으로 말미암아 우리가 거룩함을 얻었노라.….저가 한 제물로 거룩하게 된 자들을 영원히 온전케 하셨느니라"**(히 10:10, 14). 물과 피로 임하신 예수 그리스도께서 자기 몸을 제물로 삼아서 드려 주신 **"한 영원한 제사"**(히 10:12)를 믿는 자는 영원히 거룩하고 온전하게 되었습니다.

"누구든지 그리스도와 합하여 세례를 받은 자는 그리스도로 옷 입었느니라"(갈 3:27). 흰 옷은 하나님의 의입니다. **"그리스도와 합하여 세례를 받은 자"**(As many of you as have been baptized into Christ, KJV)라는 말씀은 "예수님이 받으신 세례를 믿음으로 자기의 옛사람이 예수님 안으로 들어간 자"를 의미합니다. 예수님께서 받으신 세례는 우리의 죄의 몸이 예수님 안으로 들어간 세례입니다. 그렇기 때문에 **"우리가 알거니와 우리 옛 사람이 예수와 함께 십자가에 못 박힌 것은 죄의 몸이 멸하여 다시는 우리가 죄에게 종노릇 하지 아니하려 함이니"**(롬 6:6)라는 말씀이 우리에게 성취되었습니다.

사도 바울은 **"내가 그리스도와 함께 십자가에 못 박혔나니 이제는 내가 산 것 아니요 오직 그리스도께서 내 안에 사신 것이라"**(갈 2:20)고 선언했습니다. 예수님께서 세례를 받으실 때에, 우리의 옛사람이 예수님 안으로 들어가서 예수님과 합체가 되었습니다. 그래서 예수님께서 십자가에 못 박혀 돌아가셨을 때에 우리의 옛사람도 죽었습니다. 이제 우리가 사는 것은 예수 그리스도 안에서 부활한 우리의 영이 흰 옷을 입고 새로운 삶을 사는 것입니다. 죄가 전혀 없는 우리는 의인이 되어서 천국 영생의 소망 중에 살아갑니다. 이것이 사실(fact)입니다.

가인과 그의 제물을 받지 않으시는 하나님

기독교인들은 **"내 하나님 앞에 네 행위의 온전한 것을 찾지 못하였노니"**(계 3:2)라는 말씀을 오해하고, 선한 행위에 몰두합니다. 선행과 공로를 쌓아서 하나님께 나아가려는 노선이 종교(宗教)입니다. 모든 종교는 인간의 선한 행동을 최고의 목표로 여기고 그것을 지향(志向) 합니다. 그것은 가인(Cain)의 노선입니다.

가인(Cain)은 땅의 소산으로 예물을 삼아 하나님께 예배를 드렸습니다. 그런데 하나님께서 가인과 그의 제물을 받지 않으셨습니다. **"땅의 소산(所産)"**이란 인간의 육신적인 노력, 공로, 선행, 즉 인간의 의(義)를 의미합니다.

여러분은 자신의 의가 깨끗하고 훌륭한 줄 압니까? **"대저 우리는 다 부정한 자 같아서 우리의 의는 다 더러운 옷 같으며 우리는 다 쇠패함이 잎사귀 같으므로 우리의 죄악이 바람 같이 우리를 몰아 가나이다"**(사 64:6)라고 기록되어 있습니다. 하나님의 눈에는 인간의 의는 더러운 옷과 같습니다. 그 속에는 더러운 동기(動機)들이 숨어 있습니다.

인간의 선행이나 율법의 행위, 그 자체가 나쁘다는 말은 아닙니다. 가난한 자들을 구제하고 고아와 과부를 돌보며 나병환자들을 치료해 주는 일은 아름답고 선한 일입니다. 문제는 인간의 선한 행위로는 수치스러운 자기의 죄를 가릴 수 없다는 사실입니다.

우리는 "나의 선행으로 구원을 받을 수 있는가?"라는 질문 앞에 정직하게 서 보아야 합니다. 그럴 수 없습니다. **"그러므로 율법의 행위로 그의 앞에 의롭다 하심을 얻을 육체가 없나니 율법으로는 죄를 깨달음이니라"**(롬 3:20)고 말씀하셨습니다. 율법은 선하고 의롭고 거룩한 것입니다. 율법을 지키려고 노력하는 마음 자세는 귀합니다.

그러나 율법의 행위로는, 즉 율법을 지켜서 구원을 받을 자는 절대 없습니다. 구원 또는 구속(救贖)은 곧 **"죄 사함"**(엡 1:7, 골 1:14)입니다. 죄가 흰 눈같이 씻어진 자만이 영생의 천국에 들어갑니다. 죄가 있으면 지옥에 갑니다.

우리가 율법을 지키고자 노력하며 선한 척하지만, 우리의 근본 체질은 진토(塵土, 흙)입니다. 우리의 육체는 매우 더럽고 연약하고 천박합니다. 하나님께서는 **"우리의 체질을 아시며 우리가 진토임을 기억"**(시 103:14) 하셔서 당신 편에서 우리의 죄를 다 없애 주시고, 우리가 오직 복음을 믿음으로 흰 옷을 입게 하셨습니다.

하나님께서는 자기의 선행으로는 도저히 의롭게 될 수 없는 우리들의 죄를 없애 주시려고 당신의 외아들을 사람으로 보내 주셨습니다. 육신을 입고 오신 성자(聖子) 하나님이 예수님입니다. 그 예수님은 세례 요한이라는 인류의 대표자에게 안수의 방식으로 세례를 받으셔서 세상의 모든 죄를 담당하셨습니다. 예수님께서는 받으신 세례로 **"세상 죄를 지고 가는 하나님의 어린양"**이 되셨고, 십자가에 못 박혀 피를 흘리시고 돌아가셨습니다. **"물과 피로 임하신"** 어린양 예수님께서 드려 주신 **한 영원한 제사**를 믿는 자는 값없이 의롭다 함을 얻고 그리스도의 의를 옷 입습니다.

그것이 바로 아벨의 제사입니다. 아벨은 **"땅의 소산,"** 즉 자기의 공로를 들고 나가서는 구원을 받지 못한다는 사실을 잘 알았습니다. 그래서 아벨은 양의 첫 새끼와 그 기름으로 하나님께 제사를 드렸습니다. 양의 첫 새끼는 하나님의 어린양인 예수님을 의미합니다. 어린양이 드리신 영원한 속죄의 제사를 믿어서 아벨은 흰 옷을 입게 되었습니다. 아벨의 믿음을 본받은 우리도, **"너희 죄가 주홍 같을찌라도 눈과 같이 희어질 것이요 진홍 같이 붉을찌라도 양털 같이 되리라"**(사 1:18)는 하나님의 약속을 따라 흰 옷을 입었습니다.

주님께서는 사데 교회에게, "내가 너희 가운데서 행위가 온전한 자를 찾지 못했다"라고 책망하셨습니다. 사데 교회의 교인들은 대부분 거듭나지 못했고, 거듭난 소수의 교인들은 진리의 사랑을 위해서 자신을 드리지 않았습니다. 사데 교회에 주신 책망을 통해서, 아직도 마음에 죄가 있는 기독죄인들은 속히 반쪽짜리의 복음을 버리고 온전한 진리의 복음으로 돌아와야 합니다. 그래서 **"물과 피로 임하신"(요일 5:6)** 예수 그리스도의 이름을 믿고 거듭나야 합니다.

그리고 거듭난 후에는 자기의 남은 생애를 진리의 사랑을 위해서 드려야 합니다. 거듭난 의인들은 진리의 복음을 전파하는 일이 가장 값지고 복된 일인 줄 믿고 행해야 합니다. 하나님께서는 그런 자를 **"행위가 완전하다"**라고 칭찬하십니다.

사데 교회에 주신 교훈의 말씀을 통해서, 거듭난 의인들은 진리의 사랑을 베푸는 사역에 더욱 힘써야 합니다. **"물과 피의 복음"**을 믿어서 거듭난 분들은 복음 전파를 위해서 자기의 남은 생애를 온전히 드려서 머지않아서 덮어 올 재난과 환난을 믿음으로 이기고 주님 앞에 서게 되기를 바랍니다.

진리의 복음을 지킨 이들의 축복

"빌라델비아 교회의 사자에게 편지하기를 거룩하고 진실하사 다윗의 열쇠를 가지신 이 곧 열면 닫을 사람이 없고 닫으면 열 사람이 없는 그이가 가라사대

볼찌어다 내가 네 앞에 열린 문을 두었으되 능히 닫을 사람이 없으리라 내가 네 행위를 아노니 네가 적은 능력을 가지고도 내 말을 지키며 내 이름을 배반치 아니하였도다

보라 사단의 회 곧 자칭 유대인이라 하나 그렇지 않고 거짓말 하는 자들 중에서 몇을 네게 주어 저희로 와서 네 발앞에 절하게 하고 내가 너를 사랑하는 줄을 알게 하리라

네가 나의 인내의 말씀을 지켰은즉 내가 또한 너를 지키어 시험의 때를 면하게 하리니 이는 장차 온 세상에 임하여 땅에 거하는 자들을 시험할 때라

내가 속히 임하리니 네가 가진 것을 굳게 잡아 아무나 네 면류관을 빼앗지 못하게 하라

이기는 자는 내 하나님 성전에 기둥이 되게 하리니 그가 결코 다시 나가지 아니하리라 내가 하나님의 이름과 하나님의 성 곧 하늘에서 내 하나님께로부터 내려 오는 새 예루살렘의 이름과 나의 새 이름을 그이 위에 기록하리라

귀 있는 자는 성령이 교회들에게 하시는 말씀을 들을찌어다"(계 3:7-13).

주님께서는 아시아의 일곱 교회에 책망과 교훈의 말씀을 주셨는데, 그중에서 빌라델피아 교회만은 책망을 듣지 않았고 칭찬만 받았습니다. 주님은 충성된 빌라델비아 교회에게 귀한 상급을 약속하셨습니다. 우리는 빌라델피아 교회의 믿음의 본을 따르기 원합니다.

하나님의 교회는 진리의 복음으로 거듭나서 죄가 전혀 없는 성도들의 모임입니다. 따라서 기독죄인들의 모임은 하나님의 교회라고 부를 수 없습니다. 요한 계시록은 기독죄인들의 모임을 **"사단의 회(會)"**(the synagogue of Satan, **계** 3:9)라고 기록하고 있습니다. 그들은 **"자칭 유대인이라 하나 그렇지 않고 거짓말하는 자들"**(**계** 3:9)입니다. 입술로는 "우리도 하나님의 백성이다"라고 고백하면서 실제로는 진리를 좇지 않고 사단의 거짓말을 좇는 자들의 모임이 바로 **"사단의 회(會)"**입니다.

하나님의 교회는 **"그리스도 예수 안에서 거룩하여지고 성도라 부르심을 입은 자들"**(**고전** 1:2)의 모임입니다. 물과 피로 임하신 예수님께서 당신의 몸으로 드려 주신 **"한 영원한 제사"**(**히** 10:12)를 믿어서 흰 눈같이 죄 사함 받은 의인들의 모임이 하나님의 교회입니다.

하나님의 교회는 참 희귀합니다. 반면에 이 세상에는 **"자칭 유대인이라 하나 그렇지 않고 거짓말하는 자들"**(**계** 3:9)의 모임이 절대적으로 많습니다. 그들은 왕궁 같은 예배당에 모여서 예배를 드리면서, 자기들이 제일 정통한 하나님의 교회라고 자부합니다. 그러나 천만의 말씀입니다. 마음에 죄가 있는 기독죄인(基督罪人)들의 모임은 하나님의 교회가 아닙니다. 그들은 **"사단의 회(會)"**입니다.

요한 계시록의 2장과 3장에 열거된 다른 교회들은 이미 하나님의 교회의 영광과 권세를 거의 잃어버렸습니다. **"네가 살았다 하는**

이름은 가졌으나 죽은 자로다"(계 3:1)라는 주님의 말씀이 그들에게 공통된 책망이었습니다. 이미 사망의 그늘이 아시아의 교회들을 덮고 있었습니다. 그들은 진리의 복음을 잃어버렸고 다른 복음을 믿었기 때문입니다.

"만일 누가 가서 우리의 전파하지 아니한 다른 예수를 전파하거나 혹 너희의 받지 아니한 다른 영을 받게 하거나 혹 너희의 받지 아니한 다른 복음을 받게 할 때에는 너희가 잘 용납하는구나"(고후 11:4).

"물과 피의 복음"이 아닌 다른 복음을 믿는 자들은 다른 예수를 믿는 것이며, 그 결과 그들은 다른 영을 받았습니다. 사도 요한은 **"이는 물과 피로 임하신 자니 곧 예수 그리스도시라"**(요일 5:6)고 선포했습니다. 예수님은 요단강 물에서 받으신 세례로 세상 죄를 짊어지시고, 십자가의 피로 세상 죄를 온전히 대속하셨습니다. 예수 그리스도는 물과 피로 임하셨지, 피로만 임하신 분이 아닙니다. 피로만 임하신 예수를 믿는 이들은 **"다른 예수"**를 믿는 것입니다. 그래서 기독죄인(基督罪人)들의 마음에는 거룩한 성령께서 임하시지 못하고, 대신 악한 영이 성령인 척하고 자리를 잡습니다.

예수님께서 니고데모에게, **"사람이 물과 성령으로 나지 아니하면 하나님 나라에 들어갈 수 없느니라"**(요 3:5)고 말씀하셨습니다. 여기에서도 **"물"**은 예수님께서 요단강 물에서 받으신 세례입니다. 예수님께서 받으신 세례를 빼놓고는 아무도 죄 사함을 받지 못합니다.

예수님의 세례 안에는 복음의 모든 내용이 다 함축되어 있습니다. 예수님께서 안수(按手)의 형식으로 세례 받으실 때에 인류의 모든 죄가 예수님의 육체로 다 넘어갔고, 물에 푹 잠기신 것은 장차 십자가에 돌아가실 것을 계시하며, 물에서 다시 올라오신 것은 장차 죽음에서 부활하실 것을 계시합니다.

예수님께서 세례 받으시고 물에서 올라오실 때에, 성령이 비둘기처럼 예수님의 머리 위에 임하셨고, 하늘에서는 **"이는 내 사랑하는 아들이요 내 기뻐하는 자라 하시니라"**(마 3:17) 하는 아버지 하나님의 음성이 들렸습니다. 성부, 성자, 성령, 즉 삼위(三位)의 하나님께서 예수님의 세례에 모두 등장하셨습니다. 따라서 양태론적 단일신론(Modalistic Monarchianism)은 성경의 진리와 다른 거짓말입니다.

"땅에서 증거하는 이가 세 분이신데 성령과 물과 피라 또한 이 셋이 합하여 하나니라"(요일 5:8, And there are three that bear witness in earth, the Spirit, and the water, and the blood: and these three agree in one, 1 John 5:8, KJV).

"이와 같이 너희 죄를 깨끗이 없애 놓았다"라고 땅에서 증거하는 이는 성령과 물과 피의 셋입니다.

성령님은 "예수님은 육신을 입고 오신 하나님의 아들이다"라고 증거하십니다. 성령님은 예수님을 흠 없는 제물(하나님의 어린양)이라고 증거하십니다.

"물"은 예수님께서 인류의 대표자인 세례 요한에게 안수의 형식으로 받으신 요단강의 세례입니다. **"그 세례"**(**행** 10:37)가 세상 죄를 예수님께 넘긴 세례이며 **"우리의 구원의 표"**(**벧전** 3:21)입니다.

예수님께서 흘리신 십자가의 **"피"**는 **"다 이루었다"**(**요** 19:30)라고 외치시고 돌아가시기까지 흘리신 예수님의 보혈입니다. 예수님은 그 피로 우리의 모든 죄를 흰 눈처럼 씻어 주셨습니다.

이 세 증거를 다 포함하고 있는 복음이 **성경대로의 복음**(고전 15:3-4)이며 진리의 원형복음(原形福音)입니다. **"물과 피의 복음"**에서 **"물"**의 증거를 빼 버린 복음, 즉 십자가의 피만의 복음은 반쪽짜리의 복음입니다. 그런 **"다른 복음"**을 믿어서는 결코 죄 사함을 받지 못합니다. 그러나 대부분의 기독교인들은 사단이 속여서 날조한 반쪽짜리의 복음을 믿습니다. 이것이 오늘날의 기독교인들이 기독죄인(基督罪人)으로 남게 된 이유입니다.

오늘날의 기독교인들도 진심으로 예수님을 자기의 구주로 믿는다고 고백합니다. 그들도 나름대로 자기의 모든 것을 하나님께 드린다고 자부하지만, 그들의 마음에는 죄가 있습니다. 성경은 **"그러므로 이제 그리스도 예수 안에 있는 자들에게는 결코 정죄함이 없나니"**(롬 8:1)라고 말씀하시는데, 그들의 마음에는 죄가 있습니다.

그러므로 그들은 그리스도 예수 안에 있는 자들이 아닙니다. 마음에 죄가 있는 사람은, "당신이 해 준 일이 뭐가 있어?" 하며 예수님을 발로 짓밟는 자들입니다. **"만일 우리가 그리스도 안에서 의롭게 되려 하다가 죄인으로 나타나면 그리스도께서 죄를 짓게 하는 자냐 결코 그럴 수 없느니라"**(갈 2:17)고 기록되어 있습니다. 그들은 예수 그리스도를 **"죄를 짓게 하는 자"**로 믿는 셈입니다.

기독죄인들은 사단이 속여 놓은 거짓 교리들을 철석같이 믿습니다. 자기들의 마음에는 죄가 있는데, 성경은 **"그리스도 예수 안에 있는 자들에게는 결코 정죄함이 없다"**라고 선언하시니, 그 간극을 메울 거짓말이 필요했습니다.

그래서 "우리 마음에 비록 죄는 있지만, 하나님께서는 예수 보혈의 능력을 믿는 자를 의롭다고 불러 주신다"라고 주장합니다. 그런 주장이 칭의(稱義) 교리(doctrine of justification)입니다. 하나님은 결코 죄인을 의롭다고 인정하지 않습니다. 하나님은 물과 피의 복음을 믿어서 죄 사함을 받고 실제로 거룩하게 된 자들만을 "의롭다"라고 부르십니다.

그들은 또 예정론, 즉 "무조건적 선택설"을 믿습니다. 하나님께서 어떤 자는 구원하기로, 어떤 자는 지옥에 처넣기로 미리 정하셨다는 교리가 "무조건적 선택설"(Doctrine of Unconditional Election)입니다. 만일 예정론(豫定論)이 진리라면, 하나님은 불의(不義) 한 분입니다.

"하나님의 은사와 부르심에는 후회하심이 없느니라"(롬 11:29)고 말씀하셨습니다. 하나님은 그리스도 예수 안에서 모든 이들의 죄를 다 없애 놓으시고, 누구든지 믿는 자는 구원의 축복을 누리도록 모든 사람을 공의하게 부르셨습니다. 다만 각자가 하나님의 부르심에 응답하지 않았기 때문에 심판을 받는 것입니다. 칭의(稱義) 교리, 성화(聖化) 교리, 회개 교리, 예정설 등은 성경과는 반대되는 거짓말들입니다.

빌라델비아 교회의 모범

"볼찌어다 내가 네 앞에 열린 문을 두었으되 능히 닫을 사람이 없으리라 내가 네 행위를 아노니 네가 적은 능력을 가지고도 내 말을 지키며 내 이름을 배반치 아니하였도다"(계 3:8).

요한 계시록에는 **"행위"**라는 말씀이 많이 나오는데, **"행위"**는 믿음과 동의어(同義語)입니다. 진정으로 믿는 사람은 그 믿는 바를 행하게 됩니다. 온전한 믿음에는 순종의 행위가 수반됩니다.

선지자 사무엘은 사울 왕에게, **"여호와께서 번제와 다른 제사를**

그 목소리 순종하는 것을 좋아하심 같이 좋아하시겠나이까 순종이 제사보다 낫고 듣는 것이 수양의 기름보다 나으니 이는 거역하는 것은 사술의 죄와 같고 완고한 것은 사신 우상에게 절하는 죄와 같음이라"(삼상 15:22-23) 하고 책망했습니다. 말씀을 믿기에 말씀대로 행하는 것을 성경은 순종이라고 말합니다. 사울 왕은 하나님의 말씀을 믿지 못해서 순종으로 행하지 못했습니다.

아브라함은 믿음으로 행했습니다. 아브라함은 갈 바를 알지 못했지만 말씀을 따라갔습니다. 말씀을 믿는 사람은 말씀을 준행합니다. 그래서 **"내가 네 행위를 아노니"**라는 말씀은 "내가 네 믿음을 아노니"라는 뜻입니다.

빌리델비아 교회는 적은 능력을 가지고도 하나님 말씀을 지키고 또 전파했습니다. 그들은 적은 무리였습니다. 유력한 자들도 없었고, 재물이나 능력도 부족했습니다. 그러나 빌라델비아 교회의 성도들은 하나님을 믿고 복음의 진리를 감사하며 적은 능력을 가지고도 복음을 전파하는 일에 충성하였습니다.

자기의 의를 사람에게 보이려는 종교인들

거듭나지 못한 기독교인들은 "큰 것"을 지향합니다. 그들은 사람들에게 보이려고 신앙생활을 합니다. 목회를 성공해서 신도 수가 늘어나면 예배당을 크게 짓습니다. 교인의 수가 또는 예배당의 규모가 목회의 성공을 가늠하는 지표(指標)가 됩니다. 그들의 신앙의 동기와 목적은 사람들에게 인정을 받는 것입니다. 그들은 하나님의 이름을 빙자해서 자기의 욕망을 충족시키는 자들입니다. 그런 모습이 거듭나지 못한 기독교인들의 본질이고 실존입니다.

참된 신앙인은 은밀한 중에 보시는 하나님 앞에서 하나님의 뜻만을 좇아 행합니다. 빌라델피아 교회는 적은 능력으로도 하나님의 뜻을 준행했습니다. 자기가 얼마나 부족하고 쓸모없는 자인지를 아는 자들이 오직 하나님의 의만 자랑하고 높입니다. 하나님의 종들은 자기를 드러내거나 세상의 존경을 받는 일을 매우 경계합니다. 저는 누가 저를 칭찬하거나 높이면 제 마음이 몹시 불편합니다.

예수님께서는, **"모든 사람이 너희를 칭찬하면 화가 있도다 저희 조상들이 거짓 선지자들에게 이와 같이 하였느니라"**(눅 6:26)고 말씀하셨습니다. 하나님의 종이 거듭나지 못한 자들의 칭찬과 인정을 받으면 그것은 화(禍)입니다. 의인이 기독죄인에게 칭찬을 받는 것은 "당신도 우리와 동류(同類)입니다"라는 인정을 받는 셈입니다. 의인들은 기독죄인(基督罪人)들에게서 "당신은 우리와 믿음이 다르네요. 당신은 이단입니다"라는 공격과 배척을 받아야 마땅합니다.

"적은 무리여 무서워 말라 너희 아버지께서 그 나라를 너희에게 주시기를 기뻐하시느니라"(눅 12:32).

하나님께서 수천수만의 기독죄인(基督罪人)들이 대궐 같은 예배당에 모여서 장엄하고 화려하게 드리는 예배를 기뻐하실 것 같습니까? 하나님은 기독죄인들의 무리를 당신의 교회로 여기시지 않습니다. 그들은 **"사단의 회(會) 곧 자칭 유대인이라 하나 그렇지 않고 거짓말하는 자들"**(계 3:9)입니다.

비록 성도의 수가 얼마 되지 않고 능력도 별로 없지만, 오직 하나님의 말씀을 믿고 좇는 자들이 하나님의 눈에는 가장 귀합니다. 하나님께서 진정으로 기뻐하시는 교회는 적은 능력을 가지고도 진리의 복음을 끝까지 믿고 전파했던 빌라델피아 교회였습니다.

빌라델비아 교회에 주신 첫 번째 상급

"보라 사단의 회 곧 자칭 유대인이라 하나 그렇지 않고 거짓말하는 자들 중에서 몇을 네게 주어 저희로 와서 네 발 앞에 절하게 하고 내가 너를 사랑하는 줄을 알게 하리라"(계 3:9).

주님은 빌리델비아 교회에 두 가지 상급을 약속하셨습니다.

첫 번째 상급은 사단의 회(the Synagogue of Satan)에 속한 자들 즉, **"자칭 유대인이라 하나 그렇지 않고 거짓말하는 자들"** 중에서 몇을 보내 주셔서 그들이 구원을 받게 하시겠다는 약속입니다. 의인들은 영혼 하나를 천하보다 귀하게 여깁니다. 의인들에게는 죄인 하나가 죄 사함을 받고 거듭나서 자기들의 형제 자매가 되고 하나님의 자녀가 되는 것을 가장 기뻐합니다.

"먼 땅에서 오는 좋은 기별은 목마른 사람에게 냉수 같으니라"(잠 25:25).

하나님과 마음을 합한 종들은 영혼들이 죄 사함을 받고 하나님께 영광을 돌릴 때에 가장 기뻐합니다. 사단의 회에 속한 자들 중에서 몇 사람이라도 진리의 복음을 믿고 거듭나서 함께 예수 그리스도의 이름을 찬양하면 우리는 참으로 행복합니다.

그래서 주님께서 저들 중에서 몇 명을 내어 주시겠다는 약속은 매우 큰 상급입니다. 마음에 죄가 있던 기독죄인들이 하나하나 돌아와서 진리의 말씀을 듣고 거듭난다면, 우리에게 그보다 더 큰 기쁨과 보상은 없습니다.

빌라델비아 교회에 주신 두 번째 상급

"네가 나의 인내의 말씀을 지켰은즉 내가 또한 너를 지키어 시험의 때를 면하게 하리니 이는 장차 온 세상에 임하여 땅에 거하는 자들을 시험할 때라"(계 3:10).

이것이 의인들에게 큰 위로와 안심이 되는 두 번째 약속이며 큰 상급입니다. 빌라델피아 교회같이 끝까지 충성한 하나님의 교회들은 하나님께서 마지막 환난의 때에 그 시험의 기간을 감해 주십니다. 아무리 환난이 극심해도 하나님의 전능하신 두 손으로 충성된 성도들을 덮어 주셔서 능히 견디게 해 주십니다. 그러니 새 계명을 지키는 성도들은 염려하지 마십시오. 아무리 재난과 환난이 극심할지라도, 끝까지 충성되게 믿음을 지킨 의인들은 환난을 넉넉히 이겨서 첫째 부활과 휴거에 들어가도록 하나님께서 도우십니다.

술람미 여인 같은 빌라델비아 교회

"내가 비록 검으나 아름다우니 게달의 장막 같을찌라도 솔로몬의 휘장과도 같구나"(아 1:5).

빌라델피아 교회는 아가서의 술람미 여인을 연상하게 합니다. 술람미 여인은 포도원을 지키다가 햇볕에 그슬러서 용모가 검고 볼품이 없었습니다. 겉보기에는 게달의 장막같이 허접했지만, 주님의 눈에는 그녀의 영혼이 매우 아름다웠습니다. 하나님은 의의 복음을 전파하느라고 자기는 돌보지 않아서 외견상 볼품이 없는 자를 가장 아름답게 보십니다.

"왕후가 육십이요 비빈이 팔십이요 시녀가 무수하되

나의 비둘기, 나의 완전한 자는 하나뿐이로구나"(아 6:8-9).

세상에는 자기들도 하나님의 교회라고 주장하는 무리들이 무수하지만, 하나님께서 인정하시고 사랑하시는 교회는 하나입니다. 하나님의 교회는 술람미 여인의 **"목의 구슬 한 꿰미"**(아 4:9)처럼 온전한 진리의 복음을 믿고 자랑합니다. 하나님의 교회 안에 거하는 성도들은 **"물과 피로 임하신"** 주님께서 베푸신 사랑을 마음에 품고 주님을 사랑합니다.

술람미 여인의 목에 걸린 **"네 목의 구슬 한 꿰미"**는 진리의 원형복음입니다. 원형의 복음을 구성하고 있는 진리의 교훈들이 온전히 연결되어 **"구슬 한 꿰미"**를 이루고 있습니다. 진리의 복음에는 죄 사함을 받게 하는 능력이 있습니다.

원형의 복음에서 예수님께서 받으신 세례의 진리를 빼 버린 십자가의 피만의 복음을 목에 걸고 있는 이들이 많습니다. 그것은 구슬 한 꿰미의 온전한 복음이 아닙니다. **"구슬 한 꿰미"**에서 구슬이 듬성듬성 빠진 복음은 **"다른 복음"**입니다. **"다른 복음"**을 목에 걸고는 예수님의 사랑을 받을 수 없습니다.

우리는 빌라델피아 교회와 같이 주님의 총애를 받는 하나님의 교회입니다. 진리의 원형복음을 생명처럼 믿고 끝까지 지켜서, 환난의 때를 이기고 부활과 휴거에 들어가는 축복이 우리에게 임할 것입니다.

문화적 기독교인들에게 주신 경고

“라오디게아 교회의 사자에게 편지하기를 아멘이시요 충성되고 참된 증인이시요 하나님의 창조의 근본이신 이가 가라사대

내가 네 행위를 아노니 네가 차지도 아니하고 더웁지도 아니하도다 네가 차든지 더웁든지 하기를 원하노라

네가 이같이 미지근하여 더웁지도 아니하고 차지도 아니하니 내 입에서 너를 토하여 내치리라

네가 말하기를 나는 부자라 부요하여 부족한 것이 없다 하나 네 곤고한 것과 가련한 것과 가난한 것과 눈먼 것과 벌거벗은 것을 알지 못하도다

내가 너를 권하노니 내게서 불로 연단한 금을 사서 부요하게 하고 흰 옷을 사서 입어 벌거벗은 수치를 보이지 않게 하고 안약을 사서 눈에 발라 보게 하라

무릇 내가 사랑하는 자를 책망하여 징계하노니 그러므로 네가 열심을 내라 회개하라

볼찌어다 내가 문밖에 서서 두드리노니 누구든지 내 음성을 듣고 문을 열면 내가 그에게로 들어가 그로 더불어 먹고 그는 나로 더불어 먹으리라

이기는 그에게는 내가 내 보좌에 함께 앉게 하여 주기를 내가 이기고 아버지 보좌에 함께 앉은 것과 같이 하리라

귀 있는 자는 성령이 교회들에게 하시는 말씀을 들을찌어다“(계 3:14-22).

요한 계시록은 장차 속히 될 일들을 기록하기에 앞서서, 아시아의 일곱 교회에 주신 주님의 책망과 교훈을 기록하고 있습니다. 이 부분이 요한 계시록을 써 주신 목적입니다. 주님은 이 시대의 기독교인들이 아시아의 일곱 교회가 받았던 책망과 교훈을 경계로 삼아, 올바른 믿음 위에 굳게 서서 환난의 때에 이기는 자들이 되기를 원하십니다. 요한 계시록은 하나님의 자녀들이 진리의 복음을 끝까지 지켜서 사단 마귀의 어떤 유혹과 핍박이라도 이겨 내도록 권고합니다.

오늘날 기독교회의 전형(典型)인 라오디게아 교회

라오디게아 교회는 아시아의 일곱 교회 중에서 마지막에 기록된 것처럼, 마치 오늘날의 기독교를 떠올리게 하는 교회입니다. 오늘날의 기독교는 라오디게아 교회처럼 문화적 기독교가 되어 버렸습니다.

사회학자들은 문화(culture)를 "어떤 사회의 정형화된 삶의 유형"(typical life style of a society)이라고 정의(定義) 합니다. 어떤 개인의 행동 유형을 문화라고 말하지 않습니다. 그것은 개성 또는 습관이라고 말합니다. 그러나 어떤 사회의 대다수 구성원들이 공통의 관념이나 가치관을 가지고 정형화된 행동을 할 때 그것을 문화라고 부릅니다. 예를 들자면, "한국의 문화"란 한국 사람의 언어, 음식, 풍습, 예절 등의 공통적 삶의 유형을 일컫는 총체적 개념입니다.

"네가 말하기를 나는 부자라 부요하여 부족한 것이 없다"(계 3:17).

그런데 오늘날의 기독교는 하나의 문화로 자리 잡았습니다. 신앙이 삶의 전부가 되지 못하고, 자신의 삶의 "정형화"된 일부가 되었습니다. 기독교인들은 수준 높은 기독교 문화 속에서 자부심과 만족을 누리고 있습니다. 그들은 문화로서의 기독교를 즐기면서 자기가 올바른 삶을 살고 있다고 만족하고 있습니다.

현대판 바리새인들의 모임

예수님 시대의 바리새인들은 자기들의 의로움, 고상함, 정통성 등에 대한 자부심으로 매우 교만하고 당당했습니다. 현대판 바리새인들이 주류를 이루고 있는 오늘날의 기독교인들도 자기들이 고상하게 발전된 기독교 문화에 속해 있다는 점을 대단히 자랑스럽게 생각합니다. 특별히 대형 교회에 속한 사람들은 자기 교회가 형성한 기독교 문화에 매우 만족합니다.

그들은 거대한 예배당에 모여서 장엄한 예식의 예배를 드립니다. 그들은 4 단 80 스톱의 파이프 오르간에서 울려 퍼지는 반주와 수백 명의 찬양단이 부르는 오케스트라급 찬양을 듣습니다. 성가대의 지휘자들은 독일, 미국, 오스트리아 등 음악 선진국에서 학위를 받은 이들이며, 그들의 연봉은 어마어마합니다. 대형 교회의 교인들은 엄청난 재력을 바탕으로 구제나 자선 사업도 훌륭하게 펼칩니다. 그들은 선교 사역도 조직적으로 추진하고, 선교사들의 성공적인 사역 보고도 자주 듣습니다. 그들은 자기들이 누리는 기독교 문화에 흠뻑 취해 있습니다.

"네가 말하기를 나는 부자라 부요하여 부족한 것이 없다 하나 네 곤고한 것과 가련한 것과 가난한 것과 눈먼 것과 벌거벗은 것

을 알지 못하도다"(계 3:17).

문화적 기독교인들은 경건한 마음으로 모든 예배 모임에 참석하고, 기독교인의 윤리에 충실하며, 사회적으로도 모범적인 생활을 합니다. 그들은 자기들이 정통한 기독교인이라는 자부심으로 충만합니다. 그런데 과연 문화적 기독교인의 삶이 하나님 앞에서 올바른 것일까요?

아닙니다. 그들은 "신앙생활을 나만큼만 해 봐라"라는 자부심에 가득 차 있지만, 주님은 "너희는 거듭나지 못했으며 지옥의 판결을 받을 대상이다"라고 말씀하십니다. 자기들을 아주 훌륭한 기독교인이라고 자부하고 만족스러워하는 자들에게, 주님은 찬물을 확 끼얹습니다.

"네 곤고한 것과 가련한 것과 가난한 것과 눈먼 것과 벌거벗은 것을 알지 못하도다"라는 말씀은, 문화적 기독교인들은 죄 사함을 받지 못해서 지옥에 갈 가련한 자들이라는 뜻입니다. 그들의 영혼은 죄 짐을 지고 허덕이며 참된 안식을 누리지 못하고 있습니다. 그들은 진리의 복음을 알지 못하기에, 하나님의 의를 옷 입지 못하고 벌거벗은 채로 죄의 수치가 다 드러나 있습니다. 그런데도 그들은 자기의 꼬락서니를 깨닫지 못하고 착각과 허상에 도취되어서, **"나는 부자라 부요하여 부족한 것이 없다"**라고 헛소리를 하고 있습니다.

문화적 기독교인들의 영적 상태

"내가 네 행위를 아노니 네가 차지도 아니하고 더웁지도 아니하도다 네가 차든지 더웁든지 하기를 원하노라"(계 3:15).

문화적 기독교인들은 차지도 않고 덥지도 않습니다. 사람이 죄 사함을 받고 거듭나서 하나님의 자녀가 되려면, 차야 할 때에는 차갑고 뜨거워야 할 부분에는 뜨거워야 합니다. 이 말씀은 구원의 은혜를 입는데 굉장히 중요한 말씀입니다.

먼저 우리는 하나님의 율법 앞에서 자신에 대해 냉철할 정도로 매우 차가워야 됩니다. **"내가 거룩하니 너희도 거룩할찌어다"**(레 11:45)라고 선포한 율법은 우리에게 절대적으로 거룩할 것을 요구합니다.

그런데 과연 우리가 율법을 온전히 지켜서 거룩함에 이를 수 있습니까? 주님은, **"형제를 미워하는 자는 살인하는 자며, 탐심은 우상 숭배이며, 여자를 보고 음욕을 품는 자는 간음을 한 자"**라고 말씀하십니다. 절대적인 거룩함을 요구하는 율법 앞에서, 자신에게 정직하고 차가운 사람은 자기의 추악한 모습을 깨닫고, **"오호라 나는 곤고한 사람이로다 이 사망의 몸에서 누가 나를 건져 내랴"**(롬 7:24) 하고 탄식하게 됩니다.

그런데 문화적 기독교인들은 자기를 타인들보다 의롭다고 여기며 자신을 두둔합니다. 그들은 자기에게 기본 점수로 60 점을 주고서 자신을 평가합니다. 그래서 조금만 열심을 내면, 자기 스스로 90 점이 넘는다고 확신합니다. "너희도 나만큼만 신앙생활을 해 봐라"라는 자부심이 문화적 기독교인들의 특징입니다. 그러나 다른 사람들에 대한 평가는 0 점에서 시작합니다. 다른 사람을 판단하고 비난하는 데에는 아주 야박한데, 자기 자신에 대해서 평가할 때에는 아주 푸근하고 넉넉합니다.

하나님 앞에 죄 사함의 은총을 입고 거듭나서 하나님의 자녀가 되려면, 먼저 자기 자신에 대해서 차갑고 냉정해야 합니다. 그래야만 주님의 진리의 복음이 자기 앞에 왔을 때에 뜨겁게 그리고 결사적으로 복음을 붙들게 됩니다. 자기 자신에 대해서 차가운 사람만이 우리 주님의 구원의 사랑을 뜨겁게 붙잡습니다.

그러나 자기 자신에 대해서 관대한 사람은 자기가 죄인이어서 지옥에 갈 운명이라는 사실을 받아들이지 않습니다. 그런 사람은 주님께서 진리의 복음으로 자기를 만나 주시려고 해도 주님의 사랑을 거절합니다. "에이 뭐 그러실 필요는 없어요! 내 스스로도 95점은 되는데, 조금만 노력하면 100 점이 될 수 있어요!" 자기 자신에 대해서 미지근한 자는 진리의 복음에 대해서도 미지근합니다. 문화적 기독교인들은 죄사함의 축복을 간절히 구하지도 않고, 혹시 진리의 원형복음을 만나더라도 그것을 믿음으로 붙들려고 하지 않습니다.

"이 세대를 무엇으로 비유할꼬 비유컨대 아이들이 장터에 앉아 제 동무를 불러 가로되 우리가 너희를 향하여 피리를 불어도 너희가 춤추지 않고 우리가 애곡하여도 너희가 가슴을 치지 아니하였다 함과 같도다 요한이 와서 먹지도 않고 마시지도 아니하매 저희가 말하기를 귀신이 들렸다 하더니 인자는 와서 먹고 마시매 말하기를 보라 먹기를 탐하고 포도주를 즐기는 사람이요 세리와 죄인의 친구로다 하니 지혜는 그 행한 일로 인하여 옳다 함을 얻느니라"(마 11:16-19).

예수님께서 오셨을 때에, 많은 사람들이 무리를 지어 예수님을 따라다녔지만, 그들의 마음밭은 차지도 뜨겁지도 않았고 미지근했습니다. 그들은 하나님 앞에서 자기의 비참한 모습을 정직하게 인정하지 않았습니다. 예수님 앞에 많은 사람들이 모였지만, 그들은 영적인 일에 관심이 없거나 자기의 의에 배불렀습니다. 심령이 가난한 자는 죄 사함을 받고 영생을 누리지만, 심령이 부유한 자는 결코 죄 사함을 받지 못합니다.

예수님께서는 그런 자들에게 **"약대가 바늘귀로 들어가는 것이 부자가 하나님의 나라에 들어가는 것보다 쉬우니라"**(눅 18:25)고 말씀하셨습니다. 자기 의의 부자들은 죄 사함을 받지 못합니다. 자기 의에 배부른 자들에게는 주님께서 **"물과 피의 복음"**으로 완성하신 하나님의 의를 입혀 주려 해도 도무지 입으려 하지 않습니다. 자신에 대해서 차갑지 않은 자는 하나님의 구원의 사랑을 뜨겁게 감사하며 받아들이지 않습니다.

세례 요한은 사람들의 마음에 예수님께서 들어가실 수 있도록 그 길을 준비하러 예수님보다 먼저 왔습니다. 그는 **"켜서 비취는 등불"(요 5:35)**, 즉 율법의 화신(化身)이었습니다. 그는 경건한 삶을 살기로 서약한 나실인(Nazarite)이었습니다. 그는 낙타 털옷을 입고 광야에 거하면서 메뚜기와 석청으로 연명했습니다. 그는 하나님 앞에서 오직 경건하고 신실한 삶을 살려고 노력했습니다.

많은 사람들이 그런 세례 요한의 모습에 자기를 비춰 보고, 자기의 악한 행실을 인정했습니다. 그리고 세례 요한에게 나와서 회개한 표로서 물로 세례를 받았습니다. 세례 요한은 자신의 모습을 차갑게 인정한 자들에게 물로 세례를 베풀면서, "내 뒤에 한 분이 와 계신데 나도 아직 그분이 누구인지 알지 못한다. 그런데 나를 보내서 물로 세례를 주라 하신 하나님께서 내가 누구에게 너희와 똑같은 방식으로, 즉 머리에 안수해서 물에 잠갔다가 일으키는 방식으로 세례를 베풀 때에 성령이 비둘기같이 그분 위에 임하시거든 그가 바로 메시아인 줄 알라고 말씀하셨다"라고 가르쳤습니다.

그가 베푼 물세례는 회개의 표로 베푼 세례입니다. 세례 요한은 진정으로 돌이켜서 예수 그리스도를 만날 준비가 다 된 이들에게 **"회개의 표"**로 세례를 주었습니다. 세리나 바리새인들 중에서 일부가 세례 요한에게 세례를 받으려고 나오자 세례 요한은 **"독사의 새끼들아 누가 너희더러 임박한 진노에서 피하라 하더냐"** 하며 그들을 내쫓았습니다. 자기 자신의 악한 근본 모습을 차갑게 인정하지 않은 자들은 예수님을 만날 자격이 없습니다.

저도 문화적 기독교인이었습니다. 저는 공동체 교회를 인도하면서 기독교의 선한 운동들에 동참했었습니다. 길거리에서 방황하는 고아를 데려다가 양자를 삼고 거지를 데려다가 목욕을 시키고 밥을 같이 먹었습니다. 저는 다른 기독교인들이 칭찬할 만한 삶을 살았습니다. 그때는 제 마음이 부유했습니다.

그런데 하나님의 율법을 철저하게 따르려고 노력할수록 점점 더 저의 악한 모습이 드러나기 시작했습니다. 저의 헐벗은 것과 곤고한 것과 눈먼 것이 더욱 심하게 드러났고, 끝내 **"오호라 나는 곤고한 사람이로다 이 사망의 몸에서 누가 나를 건져 내랴"(롬 7:24)** 하고 탄식을 하게 되었습니다.

하나님의 율법이 요구하는 절대적인 수준의 거룩함 앞에 서면, 자기에 대해서 차갑고 정직한 자는 "아! 나는 지옥에 가야 마땅한 자로구나!" 하고 자백하게 됩니다. 자기가 지옥 가야 할 자라고 고백을 하는 자라야 주님께서 베푸신 구원의 사랑을 뜨겁게 받아들이게 됩니다.

"나 같은 죄인 살리신 주 은혜 놀라워~~" 하는 찬송처럼, 지옥에 갈 수밖에 없는 자신을 위해서 육신을 입고 오신 성자(聖子) 하나님께서 **"한 영원한 제사"(히 10:12)**를 드려 주셨습니다. 예수님은 요단강에 오셔서, 인류의 대표자인 세례 요한에게 안수의 형식으로 세례를 받으셨습니다. 안수(按手)는 희생 제물에게 죄를 넘기는 공의한 법입니다. 따라서 예수님께서는 안수의 형식으로 받으신 세례로 인류의 모든 죄를 단번에 짊어지시고 **"세상 죄를 지고 가는 하나님의 어린양"**(요 1:29)이 되셨습니다.

받으신 세례로 세상 죄를 짊어지신 예수님은 십자가에 못 박혀서 여섯 시간 동안 절규하시면서 피를 쏟으시고, 마지막에 **"다 이루었다"**(요 19:30)라고 외치신 후에 돌아가셨습니다. **"물(세례)과 피로 임하신"**(요일 5:6) 예수님께서는 우리를 모든 죄에서 구원하셨고, 예수님께서 드리신 **"한 영원한 제사"**(히 10:12)를 믿는 우리를 죄와 상관없는 의인들로 거듭나게 해 주셨습니다.

예수님은 모든 사람에게 **"차든지 더웁든지 하라"**라고 말씀하셨습니다. 자기 자신에 대해서 차가운 자만이 주님의 구원의 사랑을 뜨겁게 붙잡습니다. 그런데 라오디게아 교회의 교인들과 같은 문화적 기독교인들은 그렇지가 않습니다. 그들은 자기들이 부유하며 부족함이 없다고 여깁니다. 그들은 "나만큼만 신앙생활을 해 봐라"라는 자만심으로 충만합니다. 자기 의에 배부른 현대판 바리새인들은 구원을 받지 못합니다.

그들을 향해서 주님은 간절히 권고하십니다: "회개하라! 너희들이 가고 있는 문화적 기독교인의 길은 멸망의 길이다. 그 길은 미지근한 길이다. 그런 길로 가서는 너희가 결코 죄 사함으로 말미암은 구원을 받지 못한다. 그러니까 회개하고 돌이켜서 불로 연단한 믿음을 사라."

정금 같은 믿음이라야 흰 옷을 입습니다

"내가 너를 권하노니 내게서 불로 연단한 금을 사서 부요하게 하고 흰 옷을 사서 입어 벌거벗은 수치를 보이지 않게 하고 안약을 사서 눈에 발라 보게 하라"(계 3:18).

"불로 연단한 금"은 마음의 찌꺼기가 다 제거된 순수한 믿음입니다. 그러한 믿음은 진리의 복음으로 얻을 수 있습니다. 반쪽짜리의 복음, 즉 십자가의 피만의 복음은 진리가 아닙니다. 그것은 "비슷하지만 아닌" 사이비(似而非) 복음입니다. 문화적 기독교인들이 십자가의 피만의 복음을 믿으면서 자신이 부유하다고 느끼지만, 그들의 마음에는 죄가 있어서 지옥에 갑니다.

"누구든지 그리스도와 합하여 세례를 받은 자는 그리스도로 옷 입었느니라"(갈 3:27).

흰 옷은 예수 그리스도의 의를 의미합니다. 예수님은 **"물과 피로 임하신 자"(요일 5:6)**입니다. 예수님께서 받으신 세례와 십자가의 피의 능력을 믿는 사람은 예수 그리스도의 의를 옷 입습니다. 예수님께서 물과 피의 사역으로 완성한 가죽옷, 즉 하나님의 의의 옷을 입으면 모든 수치(죄)가 씻어져서 있는 모습 그대로 하나님 앞에 서도 부끄러울 것이 없습니다.

주님은 또 **"안약을 사서 눈에 발라 보게 하라"**라고 말씀하셨습니다. 안약은 진리의 복음입니다. 진리의 복음을 믿어서 죄 사함을 받으면, 우리의 눈에서 비늘 같은 것이 떨어지며 영의 눈이 열려서 밝히 보게 됩니다. 죄 사함을 받으면, 성령을 선물로 받게 되고 성령께서 지혜와 계시의 정신을 주셔서 하나님의 말씀과 뜻을 잘 깨닫게 됩니다.

라오디게아 교회는 오늘날 기독교회의 실상을 투영(投影) 합니다. 오늘날의 기독교인들 중에는 육신의 욕망을 좇아 살면서 신앙생활을 고상한 장식품 정도로 여기는 문화적 기독교인들이 많습니다. 그들은 십자가의 피만의 복음, 즉 반쪽짜리의 복음을 믿기 때문에 마음에는 죄가 있으면서도, 자기 교회의 문화에 대한 자부심은 대단합니다.

그러나 기독죄인(基督罪人)들은 지옥에 갑니다. 그들은 차지도 뜨겁지도 않기 때문에 죄 사함을 받지 못합니다. 자기 자신에 대해서는 냉철하고 정직해야만 자기의 근본 모습을 깨닫게 됩니다. 그런 사람이라야 성경대로의 복음이 자기에게 왔을 때에, 생명을 걸고 뜨겁게 믿게 됩니다. 그러나 자기의 악한 실존에 대해서 미지근한 심령은 이미 자기의 의에 배가 불렀기 때문에 진리의 복음 말씀이 와도 시큰둥합니다. **"우리가 곡을 하여도 울지 아니하고 피리를 불어도 춤추지 않았다"**라는 주님의 말씀이 현대판 라오디게아 교회에 주신 경고의 말씀입니다.

"차든지 더웁든지 하라"라는 경고의 말씀을 우리는 명심해야 합니다. 우리는 **"만물보다 거짓되고 심히 부패한"**(렘 17:9) 존재들입니다. 우리 마음에서는 **"악한 생각 곧 음란과 도적질과 살인과 간음과 탐욕과 악독과 속임과 음탕과 흘기는 눈과 훼방과 교만과 광패"**(막 7:21-22)라는 죄악들이 항상 쏟아집니다.

그래서 자기 자신에 대해서 냉철하고 차가운 사람은 "하나님, 저는 지옥 가야 마땅한 자입니다. 저를 불쌍히 여겨 주세요"라고 주님께 간청합니다. 그렇게 심령이 가난한 자들에게 하나님께서는 당신의 외아들이 물과 피로 임하셔서 우리를 모든 죄와 허물에서 온전히 구원해 주셨다는 원형의 복음을 들려주십니다. 심령이 가난한 자들, 즉 자기 의의 꼴찌들은 진리의 복음을 뜨겁고도 굳게 믿어서 **"죄 사함으로 말미암는 구원"**(눅 1:77)을 받습니다.

마음에 죄가 있으면서도 믿음을 고상한 장식품으로 여기는 문화적 기독교인들은 "내가 이만하면 신앙생활을 잘하고 있지!" 하고 착각하지만, 천만의 말씀입니다. 기독죄인(基督罪人)들은 지옥에 갑니다. 문화적 기독교인들은 속히 회개해야 합니다.

"차든지 더웁든지 하라."

자기에 대해서 냉정하고 차가운 자들은 진리의 복음을 들을 때에, 그것을 생명처럼 뜨겁게 붙들고 믿어서 구원을 받습니다.

하나님의 섭리를 집행하시는 예수님

"내가 보매 보좌에 앉으신 이의 오른손에 책이 있으니 안팎으로 썼고 일곱 인으로 봉하였더라

또 보매 힘 있는 천사가 큰 음성으로 외치기를 누가 책을 펴며 그 인을 떼기에 합당하냐 하니

하늘 위에나 땅 위에나 땅 아래에 능히 책을 펴거나 보거나 할 이가 없더라

이 책을 펴거나 보거나 하기에 합당한 자가 보이지 않기로 내가 크게 울었더니

장로 중에 하나가 내게 말하되 울지 말라 유대 지파의 사자 다윗의 뿌리가 이기었으니 이 책과 그 일곱 인을 떼시리라 하더라

내가 또 보니 보좌와 네 생물과 장로들 사이에 어린 양이 섰는데 일찍 죽임을 당한것 같더라 일곱 뿔과 일곱 눈이 있으니 이 눈은 온 땅에 보내심을 입은 하나님의 일곱 영이더라

어린 양이 나아와서 보좌에 앉으신 이의 오른손에서 책을 취하시니라

책을 취하시매 네 생물과 이십 사 장로들이 어린 양 앞에 엎드려 각각 거문고와 향이 가득한 금 대접을 가졌으니 이 향은 성도의 기도들이라

새 노래를 노래하여 가로되 책을 가지시고 그 인봉을 떼기에 합당하시도다 일찍 죽임을 당하사 각 족속과 방언과 백성과 나라 가운데서 사람들을 피로 사서 하나님께 드리시고

저희로 우리 하나님 앞에서 나라와 제사장을 삼으셨으니 저희가 땅에서 왕노릇하리로다 하더라

내가 또 보고 들으매 보좌와 생물들과 장로들을 둘러 선 많은 천사의 음성이 있으니 그 수가 만만이요 천천이라

큰 음성으로 가로되 죽임을 당하신 어린 양이 능력과 부와 지혜와 힘과 존귀와 영광과 찬송을 받으시기에 합당하도다 하더라

내가 또 들으니 하늘 위에와 땅 위에와 땅 아래와 바다 위에와 또 그 가운데 모든 만물이 가로되 보좌에 앉으신 이와 어린 양에게 찬송과 존귀와 영광과 능력을 세세토록 돌릴찌어다 하니

네 생물이 가로되 아멘 하고 장로들은 엎드려 경배하더라"(계 5:1-14).

하나님의 섭리를 집행하시는 예수님

하나님의 종 사도 요한은 성령의 감동을 받고 하나님의 보좌 앞으로 들려 올라가서, 장차 속히 될 일에 관해서 보고 들은 바를 말씀으로 기록해 주었습니다. 요한 계시록의 2 장과 3 장을 통해서, 주님은 장차 교회들이 어떠한 믿음으로 마지막 때를 인내하며 이겨 내야 하는가를 말씀해 주셨습니다. 아시아의 일곱 교회에게 해 주신 말씀이 주님께서 요한 계시록을 주신 목적입니다.

지금은 마지막 때입니다. 요한 계시록의 4 장부터는 장차 마지막 때에 "**반드시 속히 될 일**"(계 1:1)들을 자세히 풀어 준 말씀입니다. 예수님은 육신을 입고 이 땅에 오신 성자 하나님입니다. 예수님께서는 하나님의 어린양으로 오셔서 안수(按手)의 형식으로 받으신 세례로 인류의 모든 죄를 당신의 몸에 짊어지셨습니다. 예수님은 "**이와 같이 하여**"(마 3:15), 즉 안수의 방법으로 세상 죄를 담당하여서 "**세상 죄를 지고 가는 하나님의 어린양**"(요 1:29)이 되셨습니다.

예수님은 십자가에 못 박혀 **"다 이루었다"(요 19:30)**라고 외치신 후 돌아가셨습니다. 그리고 우리의 모든 죄와 허물을 대속하신 확증으로, 예수님은 돌아가신 후 제삼 일에 부활하셨습니다. 부활하신 예수님은 40 일 동안 제자들에게 당신의 부활을 증거하시고, 제자들이 보는 앞에서 승천하셔서 하나님 아버지께로 올라가셨습니다.

예수님께서 당신의 몸으로 **"한 영원한 제사"(히 10:12)**를 드려 주셔서 우리의 죄를 온전히 없애 주셨습니다. 이제는 누구든지 **"물과 피로 임하신 자"(요일 5:6)** 예수 그리스도를 믿으면 하나님의 의를 옷 입고 결코 정죄함이 없는 의인으로 거듭납니다.

이 진리의 복음이 완성되고 전파된 때부터 마지막 때는 시작되었습니다. 그리고 약 2,000 년이 지난 지금은 주님의 재림의 날이 매우 가까워졌습니다. 지구 온난화가 상상외로 빨리 진행되고 있습니다.

지구 과학자들은 앞으로 10 년 정도 후면 해안에 위치한 도시들이 점차 물에 잠길 것이라고 예측합니다. 우리나라의 경우에도 부산 앞바다에 있던 나지막한 섬이 이미 없어졌습니다. 과학자들은 지구의 평균 기온이 1.5 도 올라가면 돌이킬 수 없는 정도로 해수면이 상승할 것이라고 예측했는데, 그렇게 될 것이라고 예상했던 시점이 13 년이나 앞당겨졌다고 합니다.

근시안적인 사람들은 "세상은 여전히 안전하게 돌아가고 있는데 무슨 소리냐?" 하고 태평하게 생각합니다. 그러나 이미 전 세계적인 기상 이변들이 속출하고 있습니다. 머지않아 엄청난 자연 재난이 덮어 올 것입니다. 영적으로 깨어 있는 우리는 하나님께서 말씀해 주신대로 **"반드시 속히 될 일"**(계 1:1)들이 전개될 것을 믿고, 마지막 때를 믿음으로 이겨 내야 합니다. 도적이 어느 시점에 올는지 알면 그것을 대비하리라고 주님께서 말씀하셨습니다. 우리는 깨어서 믿음으로 대비해서, 재난과 환난의 때를 이기고 승리의 면류관을 써야 합니다.

장차 속히 될 일들의 정점인 일곱째 나팔

주님은 요한 계시록 6 장부터, **"반드시 속히 될 일"**들을 자세하게 기록해 주셨습니다. 성도의 부활과 휴거는 **"반드시 속히 될 일"**들의 절정입니다. **"일곱째 천사가 소리 내는 날 그 나팔을 불게 될 때에 하나님의 비밀이 그 종 선지자들에게 전하신 복음과 같이 이루리라"**(계 10:7) 하신 예언의 말씀이 구체적으로 시행되는 말씀이 계시록 14장에 기록되어 있습니다. 일곱째 나팔이 불려질 때에, 성도들의 부활과 휴거가 있고 그 후로는 이제 일곱 대접의 진노가 이 땅에 남게 된 죄인들에게 부어집니다.

"내가 보매 보좌에 앉으신 이의 오른손에 책이 있으니 안팎으로 썼고 일곱 인으로 봉하였더라"(계 5:1).

하늘로 들려 올라간 사도 요한은, 하나님의 보좌를 바라보았습니다. 하나님 아버지께서 보좌에 앉아 계신데, 하나님 아버지의 오른손에 두루마리 책이 있었습니다. 그 책은 안팎으로 아주 자세히 기록되어 있었습니다.

"하늘 위에나 땅 위에나 땅 아래에 능히 책을 펴거나 보거나 할 이가 없더라 이 책을 펴거나 보거나 하기에 합당한 자가 보이지 않기로 내가 크게 울었더니 장로 중에 하나가 내게 말하되 울

지 말라 유대 지파의 사자 다윗의 뿌리가 이기었으니 이 책과 그 일곱 인을 떼시리라 하더라"(계 5:3-5).

"유대 지파의 사자(Lion) 다윗의 뿌리"는 예수님입니다. 마지막 때에 대한 하나님의 섭리를 시행하실 이는 성자(聖子) 하나님이신 예수님뿐입니다. 예수님은 외견상 다윗의 후손인 요셉과 정혼한 마리아의 아들로 이 세상에 오셨지만, 실제로 예수님은 모든 인생들의 뿌리인 아담을 지으신 창조주 하나님입니다. 예수님은 찰나의 순간에 말씀 한마디로 우주를 지으시고 **"없는 것을 있는 것 같이 부르시는"**(롬 4:17) 전능하신 창조주입니다.

전능하신 창조주 하나님

우주 과학자들은 우주가 큰 폭발로 생겨났다고 추론합니다. 그런 가설을 입증하려고 하바드 스미소니언 천체 물리학 연구소(CFA Institute, Center for Astrophysics | Harvard & Smithsonian)는 중력파의 잔상을 측정했습니다. CFA Institute 는 우주 대폭발(Big Bang)이 있었다면, 그때에 발생한 엄청난 중력파(重力波)의 잔상을 발견할 수 있으리라는 가설(假說)을 세우고, 그 가설을 입증하기 위해서 남극을 비롯한 여러 장소에서 중력파를 측정했습니다. 그리고 실제로 대폭발 파동의 잔상을 발견했습니다. 이 연구소는 발견한 중력파의 잔상으로 역산(逆算) 해 본 결과, 물론 우주가 조금씩은 팽창하지만, "우주는 거의 지금의 크기로 한순간에 생겨났다"라는 결론을 얻었습니다.

CFA Institute 는 어마어마한 크기의 우주가 생성되는데 걸린 시간이 10 의 마이너스 32 승 초(秒)라고 발표했습니다. 그런 일이 있을 수 있겠습니까? 그것은 전능하신 하나님만 행하실 수 있는 일입니다. 예수님은 없는 것을 있는 것 같이 부르십니다. 시간과 공간이 존재하기 전에, 아무것도 없을 때에, "있으라" 하시면 우주와 그 안에 있는 모든 것들이 찰나에 생겼습니다. **"빛이 있으라"** 하시자, 우주에 빛이 생겨났습니다. **"땅 위 하늘의 궁창에는 새가 날으라"**(창 1:20) 하시면 각기 종류대로 온갖 새들이 창공을 날았습니다.

"이는 하나님의 영광의 광채시요 그 본체의 형상이시라 그의 능력의 말씀으로 만물을 붙드시며 죄를 정결케 하는 일을 하시고 높은 곳에 계신 위엄의 우편에 앉으셨느니라"(히 1:3).

예수님은 능력의 말씀으로 만물을 지으셨고 또 만물을 붙들고 질서 정연하게 운행하십니다. 태양과 지구 사이의 거리가 굉장히 멉니다. 태양에서 출발한 빛이 1초에 300,000km의 속도로 달려서도 8분 19초 정도 걸려야 지구에 도착합니다. 우리가 보고 있는 태양은 실제로 8분 19초 전의 태양입니다. 실제의 태양은 현재 보이는 태양보다 훨씬 앞에 가 있습니다. 태양과 그토록 먼 거리를 두고 자전과 공전을 하는 지구가 한 치의 오차도 없이 태양 주위를 운행합니다. 전능하신 하나님이 붙들고 운행하시지 않으면 그런 일은 불가능한 일입니다.

태양계는 우리가 속한 은하계에 비하면 아주 작습니다. 우리 은하계만 하더라도 폭(span)이 10만 광년(光年)입니다. 지구는 우리 은하계의 가까운 쪽 끝에서 약 25,000 광년 떨어진 곳에 있으니, 우리가 우리 은하계의 가장 먼 쪽의 별을 보고 있다면, 우리는 7만 5천 년 전의 그 별을 보고 있는 셈입니다.

이렇게 광대한 것이 하나의 은하계(galaxy)인데, 우주 과학자들은 우리가 알고 있는 우주(the known universe), 즉 "관측 가능한 우주"(the observable universe)에만 약 1 천 7 백억(1.7×10^{11}) 개의 은하계가 존재한다고 합니다. 그렇게 상상을 초월할 정도로 광대한 우주를 "있으라"라는 한마디 말씀으로 창조하신 하나님이 바로 **"유대 지파의 사자 다윗의 뿌리"**인 예수님입니다.

하나님의 섭리를 열어 보여 주시는 예수님

하나님 아버지의 오른손에 있는 마지막 때에 관한 섭리와 계시의 책을 받아서 그 봉인(封印)들을 떼실 수 있는 분은 예수님뿐입니다. 마지막 때에 관한 하나님의 계획을 그대로 시행하실 분도 예수님입니다. 예수님은 하나님의 섭리를 그대로 시행하도록 전권(全權)을 가진 집행자(執行者)입니다. 예수님은 약속하신 대로 믿음에 서 있는 우리들을 지키시고 능히 이기게 하십니다.

"어린 양이 나아와서 보좌에 앉으신 이의 오른손에서 책을 취하시니라 책을 취하시매 네 생물과 이십사 장로들이 어린 양 앞에 엎드려 각각 거문고와 향이 가득한 금 대접을 가졌으니 이 향은 성도의 기도들이라"(계 5:7-8).

예수님께서 책을 취하실 때에, 네 생물과 24 장로들이 예수님 앞에 엎드려 거문고를 울리며 찬양하고, 또 **"향이 가득한 금 대접"**을 드렸습니다. **"이 향은 성도의 기도들"**입니다. 하나님께서는 당신의 뜻을 성취하시면서도, 끊임없이 우리의 기도를 들으십니다. 우리는 하나님의 뜻이 하늘에서와 같이 땅에서도 이루어지기를 기도하는데, 우리의 기도는 허공을 치는 것처럼 헛된 것이 아닙니다. 하나님은 당신의 계획대로 장래 일들을 시행하시면서도, 성도들의 간구를 들으시고 응답하십니다.

“새 노래를 노래하여 가로되 책을 가지시고 그 인봉을 떼기에 합당하시도다 일찍 죽임을 당하사 각 족속과 방언과 백성과 나라 가운데서 사람들을 피로 사서 하나님께 드리시고”(계 5:9).

이는 장로들이 어린양을 찬양하는 노래입니다. 예수님은 이 땅에 오셔서 일찍 죽임을 당하셨지만, **“물과 피”**(**요일** 5:6)의 사역, 즉 인류의 대표자인 세례 요한에게 안수의 형식으로 받으신 세례와 십자가에서 흘리신 피로 아담에서부터 세상 종말까지의 전 인류를 죄에서 완벽하게 구원하셨습니다.

“각 족속과 방언과 백성과 나라 가운데서 사람들을 피로 사서 하나님께 드리시고”(계 5:9)라고 기록되었다고, 우리의 구원이 십자가의 피만으로 완성된 것입니까? 여기 **“사람들을 피로 사서 하나님께 드리시고”**(계 5:9)라는 말씀에 사로잡혀서, “아! 십자가의 피만 믿어도 되는구나!”라고 주장하십니까? 아닙니다. 절대 그렇지 않습니다. 십자가의 피는 복음의 전체 내용 중에서 결론 부분에 해당됩니다. 온전한 복음, 즉 원형의 복음은 성령의 증거와 물의 증거와 피의 증거를 다 가지고 있는 성경대로의 복음입니다.

“이는 물과 피로 임하신 자니 곧 예수 그리스도시라 물로만 아니요 물과 피로 임하셨고 증거하는 이는 성령이시니 성령은 진리니라 증거하는 이가 셋이니 성령과 물과 피라 또한 이 셋이 합하여 하나이니라”(요일 5:6-8).

구약 성경에서 속죄 제사를 드리려면 반드시 다음의 세 가지 요건이 충족되어야 했습니다.

1. 흠 없는 희생 제물,
2. 희생 제물의 머리에 안수(죄를 넘김)

3. 희생 제물의 피(대속의 죽음)

"이 뜻을 좇아 예수 그리스도의 몸을 단번에 드리심으로 말미암아 우리가 거룩함을 얻었노라"(히 10:10). 이 말씀대로 어린양으로 오신 예수님은 당신의 몸을 제물로 삼아서 **"한 영원한 제사"**(히 10:12)를 드려 주셨습니다.

1. 예수님은 육신을 입고 오신 성자 하나님이기에, 흠 없는 어린양입니다. 이 진리가 성령께서 증거하시는 말씀입니다.

2. 예수님은 인류의 대표자인 세례 요한에게 안수의 형식으로 세례를 받으셔서 **"세상 죄를 지고 가는 하나님의 어린양"**(요 1:29)이 되셨습니다. 이 진리가 물의 증거입니다.

3. 예수님은 십자가에 못 박혀서 온몸의 피를 흘리시고 마지막에 **"다 이루었다"**(요 1:29)라고 외치신 후 돌아가셨습니다. 이 진리가 피의 증거입니다.

성령의 증거, 물의 증거, 피의 증거—이 세 가지 증거를 다 가지고 있는 복음만이 온전한 원형의 복음입니다. 원형의 복음을 믿을 때에만, 우리는 마음의 모든 죄가 흰 눈같이 씻어져서 의인으로 거듭날 수 있습니다.

"그러므로 이제 그리스도 예수 안에 있는 자에게는 결코 정죄함이 없나니 이는 그리스도 예수 안에 있는 생명의 성령의 법이 죄와 사망의 법에서 너를 해방하였음이라"(롬 8:1-2).

그런데 기독교인들은 예수님을 믿으면서도, 결코 정죄함이 있는 기독죄인(基督罪人)으로 살아가고 있지 않습니까? 왜 그렇게 되었습니까? 그들은 **"생명의 성령의 법"**인 물과 피의 복음에서 물의 증거를 빼 버리고 피의 증거만을 믿기 때문입니다. 피의 증거만으로 된 복음은 반쪽짜리의 복음이며 다른 복음입니다.

"그러나 우리나 혹 하늘로부터 온 천사라도 우리가 너희에게 전한 복음 외에 다른 복음을 전하면 저주를 받을찌어다"(갈 1:8).

바울은 **"성경대로 그리스도께서 우리 죄를 위하여 죽으시고 장사 지낸바 되었다가 성경대로 사흘만에 다시 살아나사"**(고전 15:3-4)라고 선포했습니다. 사도 바울이 받았고 전했던 복음은 성경대로의 복음입니다. 여기에서 **"성경대로"**라는 말씀은 "구약의 규례대로"라는 뜻입니다. 사도들이 전한 복음은 구약의 속죄 제사에서 ①흠 없는 제물, ②안수, ③피 흘림의 규례를 의미합니다. 성경대로의 복음은 성령의 증거, 물의 증거, 피의 증거를 다 가지고 있는 복음입니다.

환난을 이긴 자들에게 임할 하늘의 영광

"저희로 우리 하나님 앞에서 나라와 제사장을 삼으셨으니 저희가 땅에서 왕노릇하리로다 하더라"(계 5:10).

"물과 피로 임하신" 예수님께서 우리를 모든 죄에서 온전히 구원하셨습니다. 하나님께서는 진리의 복음을 믿어서 거듭난 우리들을 당신의 **"나라(백성)와 제사장"**으로 삼으셨습니다. 우리는 하나님의 제사장이 되어, 죄인들이 죄 사함을 받도록 주의 날까지 진리의 말씀으로 그들을 인도할 것입니다. 그리고 장차 천년 왕국에서 주님과 더불어 왕 노릇 할 것입니다.

일곱째 나팔이 울려 퍼질 때에, 의인들은 부활해서 공중으로 들려 올라갑니다. 휴거(携擧) 된 의인들이 공중에 재림하신 예수님과 혼인 잔치를 벌이는 동안, 이 땅에 남은 죄인들에게는 일곱 대접의 진노가 무자비하게 부어집니다.

그 후에 예수님께서는 만물을 새롭게 하셔서, 천 년 동안 왕 노릇 하십니다. 그때에 우리들은 분봉왕(分封王)이 되어서 각각 열 고을, 다섯 고을, 두 고을을 다스립니다. 이때가 천년 왕국이며, 의인들이 복음을 위하여 자신을 희생한 부분에 대한 상급의 기간입니다.

예수님은 보좌에 앉으신 하나님 아버지의 손에서 받은 책, 즉 안팎으로 썼고 일곱 인으로 봉해진 두루마리 책의 인을 하나하나 떼시면서, 앞으로 전개하실 하나님의 섭리를 자세하게 알려 주실 것입니다.

우리는 주님께서 알려 주시는 **"반드시 속히 될 일"**들을 마음에 담고 믿음을 준비해서 앞으로 닥칠 재난과 환난의 때를 넉넉히 이길 것입니다. 그리고 우리도 주님의 보좌 앞에서 보좌에 앉으신 이와 그 어린양께 세세토록 찬양을 드릴 것입니다.

"보좌에 앉으신 이와 어린 양에게 찬송과 존귀와 영광과 능력을 세세토록 돌릴찌어다"(계 5:13).

할렐루야!

인류를 향한 섭리의 큰 그림

"내가 보매 어린 양이 일곱 인 중에 하나를 떼시는 그때에 내가 들으니 네 생물 중에 하나가 우뢰소리 같이 말하되 오라 하기로

내가 이에 보니 흰 말이 있는데 그 탄 자가 활을 가졌고 면류관을 받고 나가서 이기고 또 이기려고 하더라

둘째 인을 떼실 때에 내가 들으니 둘째 생물이 말하되 오라 하더니

이에 붉은 다른 말이 나오더라 그 탄 자가 허락을 받아 땅에서 화평을 제하여 버리며 서로 죽이게 하고 또 큰 칼을 받았더라

세째 인을 떼실 때에 내가 들으니 세째 생물이 말하되 오라 하기로 내가 보니 검은 말이 나오는데 그 탄 자가 손에 저울을 가졌더라

내가 네 생물 사이로서 나는 듯하는 음성을 들으니 가로되 한 데나리온에 밀 한되요 한 데나리온에 보리 석 되로다 또 감람유와 포도주는 해치 말라 하더라

네째 인을 떼실 때에 내가 네째 생물의 음성을 들으니 가로되 오라 하기로

내가 보매 청황색 말이 나오는데 그 탄 자의 이름은 사망이니 음부가 그 뒤를 따르더라 저희가 땅 사분 일의 권세를 얻어 검과 흉년과 사망과 땅의 짐승으로써 죽이더라

다섯째 인을 떼실 때에 내가 보니 하나님의 말씀과 저희의 가진 증거를 인하여 죽임을 당한 영혼들이 제단 아래 있어

큰 소리로 불러 가로되 거룩하고 참되신 대주재여 땅에 거하는

자들을 심판하여 우리 피를 신원하여 주지 아니하시기를 어느 때까지 하시려나이까 하니

각각 저희에게 흰 두루마기를 주시며 가라사대 아직 잠시 동안 쉬되 저희 동무 종들과 형제들도 자기처럼 죽임을 받아 그 수가 차기까지 하라 하시더라

내가 보니 여섯째 인을 떼실 때에 큰 지진이 나며 해가 총담 같이 검어지고 온 달이 피 같이 되며

하늘의 별들이 무화과나무가 대풍에 흔들려 선 과실이 떨어지는 것 같이 땅에 떨어지며

하늘은 종이 축이 말리는 것 같이 떠나가고 각 산과 섬이 제 자리에서 옮기우매

땅의 임금들과 왕족들과 장군들과 부자들과 강한 자들과 각 종과 자주자가 굴과 산 바위틈에 숨어

산과 바위에게 이르되 우리 위에 떨어져 보좌에 앉으신 이의 낯에서와 어린 양의 진노에서 우리를 가리우라

그들의 진노의 큰 날이 이르렀으니 누가 능히 서리요 하더라"(계 6:1-17).

일곱 인을 떼시기에 합당한 분은 예수님입니다. 하나님께서는 우주를 창조하시기 전에, 인류를 지으시기 전에, 인류를 향한 당신의 섭리를 미리 다 정하셨습니다. 하나님께서는 당신의 형상을 따라 우리 인류를 만드셨습니다. 하나님께서는 피조물인 우리 인류를 당신의 자녀로 삼기 위해서 우주를 창조하셨습니다.

하나님은 우리 인류가 죄에 떨어지게 허락하셨다가, 우리에게 당신의 외아들 예수 그리스도의 구속의 은혜를 입혀서 우리를 당신의 자녀로 삼으려 하셨습니다. 그래서 구원받은 우리가 하나님과 더불어서 사랑을 나누며 천국의 영생의 복락을 누리게 할 목적으로, 하나님께서는 우주와 그 안에 있는 모든 것들을 지으시고 당신의 섭리대로 역사를 전개하십니다.

하나님의 섭리(the Providence of God)는 일곱 인의 계시 안에 요약되어 있습니다. 그중에서 첫째 인에서 넷째 인까지는 하나님의 섭리의 골자를 계시합니다. 다섯 번째에서 일곱 번째 인의 역사는, 재난과 환난의 시대에 관해 좀 더 자세하게 풀어서 계시해 준 말씀입니다.

흰 말을 타신 분이 펼치는 생명의 역사

"내가 이에 보니 흰 말이 있는데 그 탄 자가 활을 가졌고 면류관을 받고 나가서 이기고 또 이기려고 하더라"(계 6:2)

어린양이 첫째 인을 떼실 때에 흰 말을 탄 분이 등장했습니다. 흰 말을 타고 면류관을 받은 분은 예수님을 가리킵니다. 흰 말은 하나님의 의(the righteousness of God)를 상징합니다. 하나님의 의는 창세전부터 준비된 것입니다. 하나님께서 우주를 창조하시고 지극히 아름다운 청록색의 별, 지구에 하나님의 형상을 닮은 인간을 살게 하셨습니다.

"곧 창세 전에 그리스도 안에서 우리를 택하사 우리로 사랑 안에서 그 앞에 거룩하고 흠이 없게 하시려고 그 기쁘신 뜻대로 우리를 예정하사 예수 그리스도로 말미암아 자기의 아들들이 되게 하셨으니"(엡 1:4-5).

하나님은 예수 그리스도께서 완성하실 하나님의 의로 인류를 죄에서 구원하셔서, 사단 마귀의 모든 거짓말과 계략과 핍박을 이기도록 **"창세전에"** 계획하셨습니다. 예수님이 타신 흰 말은 하나님의 의를 상징하는데, 하나님의 구원의 역사는 창세전에 계획하신 것입니다.

이 말씀이 육신의 논리로는 이해하기가 조금 어려운 말씀입니다. 어떤 이는 "예수님은 지금부터 약 2,000 년 전에 오셔서 하나님의 의를 완성하지 않았느냐?" 하며 반문할 수도 있습니다. 예, 맞습니다. 물론 약 2,000 년 전에 육신을 입고 이 땅에 오신 주님은 물과 피의 사역으로 하나님의 의를 성취하셨지만, 하나님의 의는 창세전에, 즉 우주를 만들기 전에 하나님의 섭리 안에 계획되었습니다.

"이미 믿는 우리들은 저 안식에 들어가는도다 그 말씀하신 바와 같으니 내가 노하여 맹세한 바와 같이 저희가 내 안식에 들어오지 못하리라 하셨다 하였으나 세상을 창조할 때부터 그 일이 이루었느니라"(히 4:3).

진리의 복음을 믿는 자는 누구든지 천국의 영원한 안식에 들어가게 하신 하나님의 뜻은, 하나님께서 세상을 창조할 때에 이미 이루었습니다. 따라서 하나님의 의를 믿어서 구원을 얻게 하신 하나님의 뜻은 창세전부터 우리 인류에게 베푸신 은총입니다. 흰 말의 역사는 하나님께서 창세전부터 세상 종말까지 변함 없이 전개하시는 사랑의 섭리입니다.

아담은 어린양이 희생되어서 마련된 가죽옷을 입고 구원을 받았습니다. 하나님은 아담에게서 인간의 의를 상징하는 무화과 나뭇잎 옷을 벗기시고, 영원히 모든 수치를 가려 주는 가죽옷(하나님의 의)을 입혀 주셔서 죄 사함을 받게 하셨습니다.

아벨도 **"양의 첫 새끼와 그 기름으로"**(창 4:4) 제사를 드림으로, 장차 당신의 몸으로 **"한 영원한 제사"**(히 10:12)를 드려서 자기의 죄를 온전히 대속할 메시아를 멀리서 바라보고 믿었습니다. 구약의 모든 믿음의 사람들은 하나님께서 섭리하신 흰 말의 역사를 믿고 구원을 받았습니다.

붉은 말을 탄 자가 펼치는 사망의 역사

"둘째 인을 떼실 때에 내가 들으니 둘째 생물이 말하되 오라 하더니

이에 붉은 다른 말이 나오더라 그 탄 자가 허락을 받아 땅에서 화평을 제하여 버리며 서로 죽이게 하고 또 큰 칼을 받았더라"(계 6:3-4).

흰 말의 역사가 전개되자 곧 붉은 말의 역사도 전개됩니다. 붉은 말을 탄 자는 사단 마귀입니다. 사단 마귀는 사람의 마음에 죄를 불어넣고 서로 반목하고 싸워서 죽이게 합니다. 흰 말을 타신 분은 사랑과 평강과 생명을 주시는데, 붉은 말을 탄 자는 갈등과 전쟁과 사망을 퍼뜨립니다.

인류 역사에는 이와 같이 두 큰 강이 흐릅니다. 누구든지 하나님을 경외하는 자는 하나님의 의를 옷 입고 흰 말을 탄 분의 백성이 되고 그의 군사가 되어 사단 마귀의 모든 궤계(詭計)를 이깁니다.

그러나 하나님을 믿지 않고 그의 사랑을 배척하는 자들은 붉은 말을 탄 자, 즉 마귀의 거짓말과 계략에 빠져서 서로 반목하며 싸우고 살육하는 악행을 저지르다가 끝내 지옥의 멸망에 처하게 됩니다. 흰 말의 시대와 붉은 말의 시대는 창세 이래로 세상 종말까지 하나님의 섭리 안에서 도도히 흐르는 두개의 큰 강입니다.

검은 말과 청황색 말의 시대:
마지막 때에 전개될 역사들

"세째 인을 떼실 때에 내가 들으니 세째 생물이 말하되 오라 하기로 내가 보니 검은 말이 나오는데 그 탄 자가 손에 저울을 가졌더라

내가 네 생물 사이로서 나는 듯하는 음성을 들으니 가로되 한 데나리온에 밀 한 되요 한 데나리온에 보리 석 되로다 또 감람유와 포도주는 해치 말라 하더라"(계 6:5-6).

셋째 말부터는 인류 역사의 종말, 즉 마지막 때에 도래할 시대들을 계시합니다. **"한 데나리온에 밀 한 되요 한 데나리온에 보리 석 되로다"**라는 말씀은, 검은 말의 시대가 기근의 시대라는 뜻입니다. 한 데나리온은 장정 한 사람의 하루치 품삯입니다. 검은 말의 시대는 장정의 하루치 품삯으로 밀 한 되를 살 정도로 식품을 구하기 힘든 기근의 시대입니다.

인류는 지금 검은 말의 시대에 들어와 있다고 해도 과언이 아닙니다. 현재 인류는 멸망의 위기에 직면해 있습니다. 환경론자들과 미래학자들은 인류가 멸망의 위기에 처해 있으며 그 시한이 얼마 남지 않았다고 공언하고 있습니다. 인류 생존의 가장 중요한 요건은 식량과 식수입니다. 그런데 식량과 식수가 절대적으로 부족해지고 있습니다.

저는 대학 신입생 때인 1972년에 『인류의 위기』(원제명: The

Limits to Growth)라는 책을 읽고 충격을 받았습니다. 이 책은 로마클럽에서 후원하고 MIT 공대 팀을 주축으로 한 세계의 석학들이 모여서 연구한 결과를 저술한 책입니다. 그들은 인류의 미래를 결정할 다섯 가지 주요 변수, 즉 인구, 식량, 천연 자원, 환경 오염, 경제 성장률 등을 주요 변수로 잡고 각각의 변수에 영향을 미치는 수많은 하위 변수들을 산입해서 인류의 미래를 예측할 수 있는 거대한 계통도를 만들었습니다. 그리고 실제적인 데이터들을 슈퍼컴퓨터에 입력해서 시계열(時系列) 분석(Time Series Analysis)을 했습니다.

그렇게 전 세계적인 데이터들을 슈퍼컴퓨터에 입력하고 여러 조건들을 가정하면서 시뮬레이션을 해 본 결과는 충격적이었습니다. 당시 그 책은 "만일 인류가 지금의 추세대로 나아간다면, 앞으로 100 년 안에 인류는 멸망할 것이다"라고 경고했습니다. 그 책의 결론은 현재까지 상당 부분 입증이 되었고, 어느 분야는 예측 시한보다 더 앞당겨져서 현실로 나타나고 있습니다. 현재 거의 80 억에 육박하는 세계 인구는 지구 온난화로 인한 기상 이변이 초래한 식량의 위기에 직면해 있습니다. 인류는 이미 검은 말의 시대에 들어와 있습니다.

"네째 인을 떼실 때에 내가 네째 생물의 음성을 들으니 가로되 오라 하기로

내가 보매 청황색 말이 나오는데 그 탄 자의 이름은 사망이니 음부가 그 뒤를 따르더라 저희가 땅 사분 일의 권세를 얻어 검과 흉년과 사망과 땅의 짐승으로써 죽이더라"(계 6:7-8).

넷째 인을 떼실 때에 이제는 청황색 말(a pale horse, 파리한 말)이 등장합니다. 개역한글 성경에는 "청황색 말"이라고 번역했는데, KJV 나 NIV 성경은 파리한 말(a pale horse)이라고 번역했습니다. 그리이스어 원문 성경에는 이 말이 녹색 말(green horse)이라고 기록되어 있습니다. 말의 색깔은 어찌 되었든지, 그 말에 탄 자의 이름은 **"사망과 음부"**입니다.

그는 **"땅 사분 일의 권세를 얻어 검과 흉년과 사망과 땅의 짐승으로써 죽이"**는 환난의 시대를 엽니다. 검은 말의 시대, 즉 자연 재난과 기근의 시대가 깊어지면, 인류는 전 세계적인 혼란과 무정부 상태에 빠집니다. 그때에 바다에서 나온 짐승(계 13:1)이 등장해서 강력한 통치력과 공포 정치로 사회 질서를 회복하면서, 그는 세계적인 통치자로 자리를 잡습니다.

그리고 거짓 선지자를 상징하는 땅에서 올라온 짐승(계 13:11)이 바다에서 나온 짐승을 보좌해서, 그 두 짐승이 세계를 지배합니다. 이때에 거짓 선지자는 바다에서 나온 짐승의 우상을 거룩한 곳에 세워 사람들이 그 우상에게 절하도록 강요합니다. 또 모든 사람의 오른손이나 이마에 666 표를 받게 강요하고 표를 받지 않는 자들은 식량을 배급받거나 매매를 못하게 합니다. 이때가 의인들에게 무참한 핍박과 살육이 덮어 오는 환난의 시대입니다.

다섯째 인과 여섯째 인: 재난과 환난의 시대에 대한 부연 계시

첫째 인(印)에서부터 넷째 인(印)까지는 하나님께서 인류를 향한 섭리의 큰 골자를 보여 줍니다. 다섯째 인과 여섯 째 인은 셋째와 넷째 인이 계시하는 재난과 환난의 시대에 대해 부연해서 보여 주는 말씀입니다.

다섯째 인을 떼실 때에, 이미 돌아가신 선배 의인들이 하나님께 **"거룩하고 참되신 대주재여 땅에 거하는 자들을 심판하여 우리 피를 신원하여 주지 아니하시기를 어느 때까지 하시려나이까"** 하고 신원합니다. 하나님께서는 저희에게 흰 두루마기를 주시며, **"아직 잠시 동안 쉬되 저희 동무 종들과 형제들도 자기처럼 죽임을 받아 그 수가 차기까지 하라"**(계 6:11)고 말씀하셨습니다.

"내가 들은즉 그 세마포 옷을 입고 강물 위에 있는 자가 그 좌우 손을 들어 하늘을 향하여 영생하시는 자를 가리켜 맹세하여 가로되 반드시 한때 두때 반때를 지나서 성도의 권세가 다 깨어지기까지니 그렇게 되면 이 모든 일이 다 끝나리라 하더라"(단 12:7).

어떤 이들은 의인의 부활과 휴거는 환난 전에 일어난다고 주장합니다. 그런 주장이 "환난 전 휴거설"입니다. 그러나 성경은 거듭난 성도들도 그들의 권세가 깨어지기까지 재난과 환난을 겪는다고 말씀합니다. 이 말씀은 아직 "평안하고 안전하다"라고 할 수 있는 "지금" 우리가 믿음을 준비하고 믿음으로 살아야 한다는 뜻입니다. 견디기 힘든 기근과 자연 재해뿐 아니라 사단 마귀의 하수인인 두 짐승의 압제와 핍박이 극에 달할 환난의 때를 우리가 다 이겨 내야 승리의 면류관을 쓰게 됩니다.

성도들도 환난을 거의 다 통과해야 한다는 사실을 알고 믿는 것이 매우 중요합니다. 이 사실을 모르면, 이단들에게 속습니다. 대표적으로 세계 최대의 단일 교회의 담임 목사라고 스스로를 자랑했던 고(故) 조○○ 목사는 "성도들은 환난 전에 휴거 된다"라고 거짓말을 가르쳤습니다. 물론 그 사람이나 그의 신도들은 성도(聖徒)가 아닙니다. 성도(聖徒)란 그리스도 예수 안에서 죄 사함을 받아 거룩함을 입은 의인의 별칭(別稱)입니다. 따라서 기독죄인(基督

罪人)들은 성도가 아닙니다. 그런 자의 거짓말에 속은 기독죄인(基督罪人)들은 부활과 휴거에 참여할 수 없습니다.

"매일 드리는 제사를 폐하며 멸망케 할 미운 물건을 세울 때부터 일천이백구십일을 지낼 것이요 기다려서 일천삼백삼십오일까지 이르는 그 사람은 복이 있으리라"(단 12:11-12).

엄청난 환난이 오기 전에 성도의 부활과 휴거가 있다고 주장하는 "환난 전 휴거설"은 듣기에는 좋은 말입니다. 그러나 거듭난 의인들은 엄청난 재난과 환난의 과정을 거의 다 겪어야 합니다. 다니엘은 멸망의 가증한 것이 거룩한 곳에 선 사건을 기점(基點)으로 해서 1,290 일(삼 년 반)을 지난 후 1,335 일까지 견디는 자는 복이 있다고 기록했습니다. 그러니까 의인들도 바다에서 나온 짐승의 우상이 세워지는 사건을 기점으로 약 3 년 반의 극심한 환난의 기간을 믿음으로 견뎌야 합니다.

그래서 주님은 **"자금 이후로 주 안에서 죽는 자들은 복이 있도다"**(계 14:13)라고 말씀하셨습니다. 진리의 복음을 믿어서 거듭난 자는 일찍 죽는 것이 축복입니다. 그러나 주님께서는 우리 의인들이 환난의 끝 날까지 복음을 증거하기를 원하십니다. 그리고 끝까지 충성한 자들에게는 천년 왕국에서 더 큰 상급이 있습니다.

그리고 "물과 피의 복음"을 믿어서 죄 사함을 받고 거듭난 후에, 하나님의 말씀을 지키고 순종한 자들에게는 주님께서 환난의 날을 감하여 주신다고 약속하셨습니다. 우리는 빌라델피아 교회에 약속하신 말씀, 즉 **"네가 나의 인내의 말씀을 지켰은즉 내가 또한 너를 지키어 시험의 때를 면하게 하리니 이는 장차 온 세상에 임하여 땅에 거하는 자들을 시험할 때라"**(계 3:10)는 말씀을 믿습니다.

요한 계시록의 절정(絶頂)인 주님의 재림

요한 계시록의 클라이맥스는 우리 인류를 향해서 하나님의 의를 완성해 주신 예수님이 이제 정하신 역사를 끝내러 공중에 재림하시는 그 순간입니다. 주님은 공중에 다시 오십니다. 우리는 하늘을 가득 메운 천군(天軍) 천사들과 함께, 공중에 임하실 예수님의 찬란한 영광을 바라보게 될 것입니다. 죄 사함을 받고 거듭난 의인들은 일곱 번째 나팔이 울려 퍼지는 그때를 기다립니다. 그때가 의인들이 영생의 영광에 들어가는 순간입니다.

"일곱째 인을 떼실 때에"(계 8:1) 일곱 천사가 각기 나팔을 들고 준비합니다. 천사들이 차례로 나팔을 불면서, 재난과 환난의 역사가 차례로 전개됩니다. 그리고 환난의 절정에 이르러, 일곱째 나팔이 울려 퍼지면서 예수님은 공중에 재림하시고 의인들은 홀연히 변화되는 부활의 영광을 맞게 됩니다. 먼저 주 안에서 잠자던 자들, 즉 먼저 돌아가신 의인들이 부활의 몸을 입고 일어나겠고 그때까지 믿음을 배반하지 않고 견딘 우리들이 산 채로 홀연히 변화될 것입니다.

그리고 부활한 모든 의인들은 하나님의 능력으로 공중으로 끌려 올라갑니다. 그 역사가 휴거(携擧, The Rapture)입니다. 우리 의인들이 공중으로 끌려 올라가서 공중 혼인 잔치의 영광을 누리는 동안, 기독죄인들을 포함한 죄인들만 남아 있는 이 땅에는 일곱 대접의 진노가 무자비하게 부어집니다.

그 후에 주님께서 이 땅을 새롭게 하셔서 의인들과 함께 이 땅에 내려오십니다. 그리고 주님은 천년 왕국(the Millennial Kingdom)을 펼치십니다. 그 기간은 주님께서 의인들에게 상급을 주시는 기간입니다. 거듭난 후에 헌신적으로 주님의 복음을 전파한 종에게는 각각 열 고을 다스리는 권세를, 다섯 고을과 두 고을을 다스리는 권세를 주십니다.

천년 왕국이 끝나면 주님은 거듭나지 못하고 죽은 자들, 즉 기독죄인(基督罪人)들을 포함한 모든 죄인들을 부활시킵니다. 이것이 둘째 부활입니다. 주님은 모든 죄인들을 부활시켜서 심판하시고 영원히 꺼지지 않는 불에 처넣으십니다. 이것이 최후의 심판입니다.

그 후에 주님은 처음 하늘과 처음 땅을 마치 종이가 불에 타서 없어지는 것 같이 없애시고, 위로부터 내려오는 새 예루살렘 성, 즉 영원한 천국으로 우리 의인들과 함께 들어가십니다. 부활한 우리들은 영원한 천국에 들어가서 영원토록 하나님 아버지와 성자 예수님과 성령님과 더불어 영생 복락을 누릴 것입니다.

이것이 바로 요한 계시록에 도도히 흐르는 하나님의 섭리의 전체 그림입니다. 하나님의 섭리의 큰 그림을 알고 요한 계시록을 읽어 가면, 우리는 마지막 때에 관한 하나님의 계획을 자세히 깨닫고 믿게 됩니다.

느브가넷살 왕이 꿈에 본 이상(異相)

느브가넷살 왕은 꿈에 한 신상을 보았습니다. 그 신상의 머리는 금이고, 가슴과 팔은 은이고, 배와 허벅지까지는 동(銅)이며 두 발은 철과 진흙이 섞여서 지어졌습니다. 그런데 어디에서 뉜 돌이 날아와서 그 다리를 치자 그 신상은 무너지고 사라졌습니다. 인류의 역사는 흰 돌이신 예수 그리스도의 나라가 서면서 끝이 납니다. 예수님은 **"이 모든 나라를 쳐서 멸하고 영원히 설 것"**(단 2:44)입니다.

강철과 진흙이 섞여 있는 시대는 많은 민족이 혼합된 강력한 국가가 세계를 지배하는 시대입니다. 이제 **"많은 사람이 빨리 왕래하며 지식이 더하리라"(단 12:4)** 하고 예언된 마지막 때가 도래했습니다. 지금은 인간의 지식과 기술이 극도로 발전한 시대입니다.

유전 공학자들은 인간 게놈(Human Genome) 지도를 완성했습니다. 그리고 이제는 사람의 유전자를 "유전자 가위" (CRIPR)로 조작할 수도 있습니다. 과학자들은 유전자 가위로 배아 세포나 체세포를 조작해서 인간을 복제하거나 특수한 인간을 만들 수 있다고 주장합니다. 지금은 인간이 하나님의 영역에 도전하는 참으로 무시무시한 시대입니다. 생명의 주인인 하나님의 심판이 가까웠다는 뜻입니다.

일곱째 인(印)을 떼실 때에 전개될 일곱 나팔의 계시들은 다섯째 인과 여섯째 인으로 전개될 하나님의 섭리를 좀 더 자세하게 보여 줍니다. 주님은 우리의 깨닫는 것이 아둔한 것을 아시기에, 큰 그림을 먼저 보여 주시고, 재난과 환난의 시대에 대해서는 좀 더 큰 확대경으로 재조명해 주셨습니다. 그래서 우리 의인들이 마지막 시대에 믿음을 지키게 하셨습니다.

중요한 사실은 이것입니다: 거듭난 우리 의인들도 환난의 거의 정점에 이르기까지 극한의 어려움을 다 겪어야 하기에 지금 우리는 믿음을 예비해야 합니다. 그래야만 우리들에게 극한 어려움이 덮어 왔을 때에 비록 순교를 당할지라도 우리는 믿음을 배반하지 않을 것입니다.

우리는 환난을 이기고 주님의 재림을 맞아야 합니다. 주님께서는 이기는 자에게는 승리의 면류관을 주신다고 약속하셨습니다. 여러분 모두가 마지막 때가 멀지 않은 이 시대에 진리의 복음으로 허리를 동이고 믿음에 굳건히 서기를 바랍니다.

환난 때에 일어날 구원의 큰 역사

"이 일 후에 내가 네 천사가 땅 네 모퉁이에 선 것을 보니 땅의 사방의 바람을 붙잡아 바람으로 하여금 땅에나 바다에나 각종 나무에 불지 못하게 하더라

또 보매 다른 천사가 살아계신 하나님의 인을 가지고 해 돋는 데로부터 올라와서 땅과 바다를ㅅ 해롭게 할 권세를 얻은 네 천사를 향하여 큰 소리로 외쳐

가로되 우리가 우리 하나님의 종들의 이마에 인치기까지 땅이나 바다나 나무나 해하지 말라 하더라

내가 인 맞은 자의 수를 들으니 이스라엘 자손의 각 지파 중에서 인 맞은 자들이 십사만 사천이니

.....

이 일 후에 내가 보니 각 나라와 족속과 백성과 방언에서 아무라도 능히 셀 수 없는 큰 무리가 흰 옷을 입고 손에 종려 가지를 들고 보좌 앞과 어린 양 앞에 서서

큰 소리로 외쳐 가로되 구원하심이 보좌에 앉으신 우리 하나님과 어린 양에게 있도다 하니

모든 천사가 보좌와 장로들과 네 생물의 주위에 섰다가 보좌 앞에 엎드려 얼굴을 대고 하나님께 경배하여

가로되 아멘 찬송과 영광과 지혜와 감사와 존귀와 능력과 힘이 우리 하나님께 세세토록 있을찌로다 아멘 하더라

장로 중에 하나가 응답하여 내게 이르되 이 흰옷 입은 자들이 누구며 또 어디서 왔느뇨

내가 가로되 내 주여 당신이 알리이다 하니 그가 나더러 이르

되 이는 큰 환난에서 나오는 자들인데 어린양의 피에 그 옷을 씻어 희게 하였느니라

그러므로 그들이 하나님의 보좌 앞에 있고 또 그의 성전에서 밤낮 하나님을 섬기매 보좌에 앉으신 이가 그들 위에 장막을 치시리니

저희가 다시 주리지도 아니하며 목마르지도 아니하고 해나 아무 뜨거운 기운에 상하지 아니할찌니

이는 보좌 가운데 계신 어린 양이 저희의 목자가 되사 생명수 샘으로 인도하시고 하나님께서 저희 눈에서 모든 눈물을 씻어 주실 것임이러라"(계 7:1-4, 9-17).

다섯째, 여섯째, 일곱째 인들의 계시는 재난과 환난의 때에 전개될 하나님의 섭리를 여러 측면에서 보여 주시는 예언의 말씀입니다. 일곱째 인을 떼시면서 일곱 나팔이 차례로 불려집니다. 그리고 마지막 때에 대한 하나님의 섭리가 하나씩 전개됩니다.

"장로 중에 하나가 응답하여 내게 이르되 이 흰옷 입은 자들이 누구며 또 어디서 왔느뇨 내가 가로되 내 주여 당신이 알리이다 하니 그가 나더러 이르되 이는 큰 환난에서 나오는 자들인데 어린 양의 피에 그 옷을 씻어 희게 하였느니라"(계 7:13-14).

환난의 때에도 큰 구원의 역사가 일어납니다. 환난의 때에 많은 이스라엘 백성과 이방인들이 죄 사함을 받고 하나님의 자녀가 되는 영광에 참여합니다. 여기 **"어린양의 피에 그 옷을 씻어"**라고 기록되었다고, "예수님의 피만 믿으면 하나님의 의를 옷 입는 것이 아닌가?" 하고 오해하면 안 됩니다. "예수님의 피만의 복음"을 믿어서 마음의 죄가 흰 눈같이 씻어집니까?

그런 복음은 반쪽짜리의 복음이며 아무 능력이 없습니다. **"어린 양의 피"**는 **"물과 피의 복음"**의 결론 부분만 언급한 것이며, **"성령과 물과 피가 합하여 하나"(요일 5:8)**인 진리의 원형복음을 전제하고 언급하신 말씀입니다.

환난을 허락하시는 하나님의 뜻

사람이 큰 어려움이나 환난에 처하게 되면, 그에 대한 반응이 두 가지로 나타납니다.

첫째 부류는 하나님께 모든 것을 맡기고 하나님 앞에 엎드리는 자입니다. 어려움을 겪을 때, 하나님의 이름을 부르고 그의 도우심을 간청하는 자들은 복이 있습니다. 하나님은 그렇게 당신에게 매달리는 자들을 구원하십니다.

둘째 부류는 마음이 완악한 자들인데, 환난을 만나면 더욱더 하나님을 원망하고 대적합니다. 그런 자들은 광야의 이스라엘처럼 하나님의 능력과 신실하심을 믿지 않는 자들입니다.

"만일 누구든지 금이나 은이나 보석이나 나무나 풀이나 짚으로 이 터 위에 세우면 각각 공력이 나타날 터인데 그 날이 공력을 밝히리니 이는 불로 나타내고 그 불이 각 사람의 공력이 어떠한 것을 시험할 것임이니라

만일 누구든지 그 위에 세운 공력이 그대로 있으면 상을 받고 누구든지 공력이 불타면 해를 받으리니 그러나 자기는 구원을 얻되 불 가운데서 얻은 것 같으리라"(고전 3:12-15).

환난은 어떤 이의 믿음이 올바른지 아니면 엉터리인지를 시험해서 가려내는 용광로입니다. 시련과 환난을 통해서 우리의 믿음이 진실한지 아닌지가 드러납니다. 환난의 때에 심령이 가난한 자들은 전적으로 하나님을 의뢰하고 더욱더 하나님께 매달립니다.

그러나 입술로는 하나님을 믿는다고 말하지만 사실은 믿지 않는 자들이 많습니다. 그런 자들에게 환난의 시련이 덮어 오면, 자기의 초라한 믿음이 그것을 시험하는 불에 다 타버리고 맙니다. 다행히 어떤 이가 자기의 욕망만을 위해서 살다가 환난 중에는 물과 피의 복음을 끝까지 붙들고 있었다면, 그는 구원을 얻기는 하겠습니다. 그러나 그런 사람은 아무 공력도 건질 것이 없어서, 천년 왕국 때에 아무 상급도 얻지 못할 것입니다.

이스라엘의 구원

"내가 인 맞은 자의 수를 들으니 이스라엘 자손의 각 지파 중에서 인 맞은 자들이 십사만 사천이니"(계 7:4).

주님은 먼저 이스라엘의 구원에 대해 약속하십니다. 열두 지파에서 각각 일만 이천 명씩, 모두 144,000 명의 이스라엘 백성을 구원하시겠다는 주님의 약속입니다. 그러면 꼭 이 숫자가 채워지는 것이 하나님의 뜻인가? 아닙니다. 12 라는 숫자는 "모두"라는 뜻입니다. 하나님께서는 이스라엘 백성 가운데 구원을 받을 만한 자들을, 즉 남은 자들(the remnants)을 다 구원하신다는 약속입니다.

"형제들아 너희가 스스로 지혜 있다 함을 면키 위하여 이 비밀을 너희가 모르기를 내가 원치 아니하노니 이 비밀은 이방인의 충만한 수가 들어오기까지 이스라엘의 더러는 완악하게 된 것이라 그리하여 온 이스라엘이 구원을 얻으리라 기록된바 구원자가 시온에서 오사 야곱에게서 경건치 않은 것을 돌이키시겠고"(롬 11:25-

26).

사도 바울은 자신의 동족인 이스라엘의 구원을 간절히 바랐습니다. 자기의 동족인 유대인들이 구원을 받는다면, 자신은 주님에게서 버림을 받아도 상관이 없다고 바울은 선언했습니다. 그는 하나님께서 자기에게 알려 주신 이스라엘의 구원에 관해서 말씀을 전했습니다. 이스라엘의 구원이 있기 전에, 이방인의 충만한 수가 먼저 구원의 은총을 입습니다. 이방인의 구원은 이스라엘 백성의 시기심을 부추겨서, 이스라엘 백성도 진리의 복음을 믿게 됩니다.

예수님이 이 땅에 오셨을 때에는 하나님께서 이스라엘 백성을 완악하게 하셔서 복음을 받아들이지 않게 하셨습니다. 이스라엘 백성들은 하나님의 구원의 복음을 대적하고 거절했습니다. 그래서 복음은 이방인들에게 먼저 전파되었습니다. 그것이 하나님의 경륜입니다. 예루살렘에서 시작된 복음이 지구를 한 바퀴 돌고 다시 예루살렘에 전파될 것입니다. 예루살렘에서 서쪽으로 끝까지 가면 땅끝은 다시 예루살렘입니다. 구원의 역사들이 이방 땅에서 크게 일어나고, 이방인들의 구원이 있은 후에 이스라엘의 구원이 있습니다.

예수님은 육신을 입고 오신 하나님의 아들이며, 하나님께서 보내시기로 약속한 메시아입니다. 육신을 입고 오신 성자 하나님이 인류의 대표자인 세례 요한에게 안수의 형식으로 세례를 받으셔서 인류의 모든 죄를 단번에 짊어지셨습니다.

받으신 세례로 **"세상 죄를 지고 가는 하나님의 어린양"**(요 1:29)이 되신 예수님은 십자가에 못 박혀서 **"다 이루었다"**(요 19:30)라고 외치시고 돌아가시기까지 당신의 보혈을 흘렸습니다. 흘리신 예수님의 피로 우리의 모든 죄는 깨끗이 씻어졌습니다. 이와 같이 예수님은 요단강 물에서 받으신 세례와 십자가에서 흘리신 피로 인류의 모든 죄를 완벽하고 영원하게 없애 주셨습니다.

그래서 사도 요한은 **"이는 물과 피로 임하신 자니 곧 예수 그리스도시라 물로만 아니요 물과 피로 임하셨고 증거하는 이는 성령이시니 성령은 진리니라 증거하는 이가 셋이니 성령과 물과 피라 또한 이 셋이 합하여 하나이니라"**(요일 5:6-8)고 증거했습니다.

성경대로의 복음은 십자가의 피만의 복음이 아니라 **"물과 피로 임하신 자"** 예수 그리스도의 복음입니다. 예수님은 흠 없는 제물이라는 성령의 증거와, 요단강 물에서 받으신 예수님의 세례가 인류의 죄를 예수님께 넘겼다는 물의 증거, 그 모든 죄를 십자가의 피로 완벽하게 대속했다는 피의 증거가 다 있는 복음이 유일한 진리의 복음입니다. 마지막 때에 이스라엘 백성들도 **"성령과 물과 피가 합하여 하나"**인 원형의 복음을 믿어서 구원을 받을 것입니다.

그런데 많은 이단들이 144,000 명이라는 부분의 숫자에 얽매여서 영혼들을 속이고 있습니다. 요즈음 우리나라 기독교에 큰 폐해를 끼치고 있는 소위 "신○○"라는 무리가 그런 이단 중에 하나입니다. 그들은 전국의 자기 신도들을 이스라엘의 열두 지파의 이름으로 묶어서 관리하고 있습니다. 그들은 교주의 교리를 따르는 자기들만 14만 4천 명에 들어가며, 그 수가 채워지면 구원의 역사는 끝난다고 속이면서 일반 교회의 기독죄인(基督罪人)들을 자기들의 모임으로 유인했습니다.

그런데 문제가 생겼습니다. "신○○"라는 무리의 수가 14 만 4천 명을 넘어서 이제는 거의 30 만이 됐다고 합니다. 자기네 통계로도 신도의 수가 20만을 넘어서 30만이 되니까, 이제는 "성경 시험을 봐서 90점이 넘어야 14만 4천 명에 들어간다"라고 교인들을 속였습니다. 14 만 4 천 명에 들어가려면, 그냥 자기들의 교리를 따르고 헌금하고 전도하는 것만으로는 안되고 영적인 실력이 있어야 한다는 것입니다. 그래서 성경 구절을 외우지 못하는 노인들은 신○○파 이단 무리에서 많이 떨어져 나갔다고 합니다. 참으로 웃지 못할 이야기입니다.

이단에 속한 자들

"이단에 속한 사람을 한두 번 훈계한 후에 멀리 하라 이러한 사람은 네가 아는 바와 같이 부패하여서 스스로 정죄한 자로서 죄를 짓느니라"(딛 3:10-11).

사실은 소위 "신○○"라는 무리만 이단(異端)이 아닙니다. 그런 무리는 "파탄적 이단"이라고 분류할 수 있고, "온건한 이단"들은 더 많습니다. 파탄적(破綻的) 이단에 빠진 사람은 자기의 가정생활, 직장생활, 사회생활이 모두 파괴됩니다. 학생들은 학업도 팽개치고 폐쇄된 무리 속에서 집단생활을 하며 삶이 망가집니다.

파탄적 이단이든 온건한 이단이든 그들은 예수님을 믿고도 죄가 있는 자들입니다. 성경은 이단에 대해서 그렇게 정의합니다.

"이단에 속한 사람을 한두 번 훈계한 후에 멀리 하라 이러한 사람은 네가 아는 바와 같이 부패하여서 스스로 정죄한 자로서 죄를 짓느니라"(딛 3:10-11).

성경은 예수님을 구주로 믿는다면서도 마음에 죄가 있어서, "주여 나는 죄인입니다" 하고 고백하는 자들을 이단(異端)이라고 정의합니다. 그러므로 기독죄인(基督罪人)들은 모두 이단에 속한 자들입니다. 그들은 속히 자기들이 구원을 받지 못했다는 사실을 인정하고 진리의 원형복음을 믿어서 죄 사함을 받아야 합니다.

예수님께서 받으신 세례의 능력을 빼 버린 십자가의 피만의 복음은 반쪽짜리의 복음입니다. 그런 반쪽짜리 복음으로는 결코 죄 사함을 받을 수 없습니다. 상점에 가서 오만 원권 지폐 반쪽을 내고서 물건을 살 수 없는 것과 같은 이치입니다. 반쪽짜리의 복음, 즉 십자가의 피만의 복음을 믿는 기독교인들은 마음에 죄가 있는 기독죄인(基督罪人)으로 남아 있을 수밖에 없습니다. 자기들의 죄가 예수님께로 넘어간 증거의 말씀이 없기 때문입니다.

소위 구○파라는 무리는 오늘날 우리나라 기독교의 또 다른 파탄적(破綻的) 이단입니다. 그 무리에 속한 사람들은 자기들이 거듭나서 죄가 없는 의인이 되었다고 주장합니다. 얼마 전에 박○○목사가 인도하는 구○파에 속한 분들이 저를 찾아와서 교제한 적이 있습니다. 그분들은 "어느 성경 구절이든지 예수님께서 자기들의 모든 죄를 사하셨다고 확신하면 거듭난다"라고 주장합니다.

구○파에 속한 분들이 믿는 복음은 **"성령과 물과 피가 합하여 하나"(요일 5:8)**인 복음이 아닙니다. 그들은 무디(Dwight L. Moody)나 스펄전(Charles H. Spurgeon), 심지어는 워치만 니(Watchman Nee)까지도 거듭난 의인이라고 인정합니다. 그런 자들은 십자가의 피만의 복음을 믿었습니다. 십자가의 피만의 복음, 즉 반쪽짜리 복음으로는 **"결코 정죄함이 없는"(롬 8:1)** 구원을 얻을 수 없습니다.

그분들은 복음주의자(福音主義者)들이지, 성경대로의 복음을 믿어서 거듭난 의인들은 아닙니다. 저를 찾아왔던 분 중의 하나가, "그러면 십자가의 강도 중의 하나는 어떻게 구원을 받았습니까?" 하고 물었습니다. 그렇게 물은 의도는 굳이 예수님의 세례의 능력인 **"물의 증거"**가 없이도 구원을 받을 수 있다는 주장을 펴기 위해서입니다. 그의 주장은, 십자가의 한편 강도가 "주여, 저는 당신의 세례와 보혈의 능력을 믿습니다" 하고 고백하지 않았고, **"예수여 당신의 나라에 임하실 때에 나를 생각하소서"**(눅 23:42)라고 고백했다는 것입니다.

예수님의 좌우편에 달린 십자가의 강도는 히브리인, 즉 유대인입니다. 히브리인들은 예수가 그리스도인 줄만 깨달으면, 그분이 어떻게 죄를 없애 주실는지를 훤히 알았습니다. 완성된 아파트에는 수도꼭지만 열면 물이 확 나오게 되어 있듯이, 히브리인들은 자주 속죄의 제사를 드리고, 일 년에 한 번은 대속죄일의 제사를 드리면서 인류를 구원하러 오실 메시아가 안수와 피 흘림으로 자기들의 죄를 대속하신다는 구원의 도를 훤히 알고 있었습니다.

그 강도는 "지금 내 곁의 십자가에 못 박힌 분이 소문에 세례 요한에게 안수의 형식으로 세례를 받으셨다는 그분이며, 이분이 바로 메시아로구나!" 하고 믿게 된 것입니다. 히브리인들은 복음의 온전한 분량을 이미 알고 있었기에 예수가 그리스도라고만 확인되면 믿어서 구원을 받았습니다.

그래서 사도들은 동족인 유대인들에게 복음을 전할 때에는 **"예수가 그리스도"**(행 5:42, 17:3, 18:28)라고만 선포했습니다. 유대인들은 예수가 메시아라는 사실만 확인되면, **"성령과 물과 피가 합하여 하나"**(요일 5:8)인 성경대로의 복음이 그들의 마음에서 자리 잡아서 하나님의 의를 옷 입었습니다. 그러나 고넬료와 같은 이방인들에게는, 사도 베드로가 예수님께서 세례 요한에게 받은 **"그 세례"**(the baptism, 행 10:37)의 복음을 전했습니다.

원형의 복음 외에 다른 복음은 없다

"내가 가로되 내 주여 당신이 알리이다 하니 그가 나더러 이르되 이는 큰 환난에서 나오는 자들인데 어린양의 피에 그 옷을 씻어 희게 하였느니라"(계 7:14).

여기 **"어린양의 피에 그 옷을 씻어 희게 하였느니라"**라고 말씀하셨다고 해서 십자가의 피가 복음의 전부라고 믿는 것은 잘못입니다. 성령의 증거, 물의 증거, 피의 증거가 다 있는 복음이 **성경대로의 복음**(고전 15:3-4)입니다. 이 원형의 복음 이외에 다른 복음은 없습니다. 진리는 하나입니다. 십자가의 피만의 복음도 진리이고 물과 피의 복음도 진리일 수는 없습니다. 성경대로의 복음을 믿는 자만 자신의 모든 죄가 흰 눈같이 씻어지고 하나님의 의를 옷 입습니다.

사도 바울이 **"내가 받은 것을 먼저 너희에게 전하였노니 이는 성경대로 그리스도께서 우리 죄를 위하여 죽으시고"**(고전 15:3)라고 선포했을 때에, **"성경대로"**란 "구약의 속죄 제사대로"라는 뜻입니다. 구약의 속죄 제사는 반드시 ①흠 없는 희생 제물, ②죄를 제물에게 넘기는 안수, ③제물의 피(죽음)라는 세 조건이 충족되어야 했습니다. 이 세 가지 조건 중에서 하나라도 충족이 되지 않으면 불법의 제사였습니다.

"이에 내가 말하기를 하나님이여 보시옵소서 두루마리 책에 나를 가리켜 기록한 것과 같이 하나님의 뜻을 행하러 왔나이다 하시니라"(히 10:7).

예수님은 성자 하나님께서 화육(化肉, incarnation) 하신 분이기에 흠 없는 제물입니다. 하나님의 어린양으로 오신 예수님은 요단강 물에서 인류의 대표자인 세례 요한에게 안수의 형식으로 세례를 받으심으로 인류의 모든 죄를 담당하셨습니다. 받으신 세례로 세상 죄를 담당하신 예수님은 십자가에 못 박혀 돌아가셔야만 했습니다. 이렇게 성령의 증거와 물의 증거와 피의 증거가 다 있어야만 온전한 구원의 복음입니다.

"어린양의 피에 그 옷을 씻어 희게 하였느니라"라고 기록되었다고 해서, "아! 십자가의 피만 믿어도 흰 옷을 입는구나!" 하고 생각합니까? 십자가의 피만 믿는 기독죄인(基督罪人)들이 마음에 흰 옷을 입었습니까? 그들은 "주여! 믿습니다" 하자마자, "주여 나는 죄인입니다. 이 죄인을 용서해 주십시오" 하고 자백합니다. 그들은 마음의 할례를 받지 못해서 죄 짐을 떨쳐낼 수 없습니다. 예수님께서 받으신 세례의 능력을, 즉 자기의 모든 죄와 허물이 예수님께로 넘어간 세례의 증거 말씀을 믿지 아니하면 마음의 죄는 결코 없어지지 않습니다.

무수한 이방인들의 구원

"이 일 후에 내가 보니 각 나라와 족속과 백성과 방언에서 아무라도 능히 셀 수 없는 큰 무리가 흰 옷을 입고 손에 종려 가지를 들고 보좌 앞과 어린 양 앞에 서서 큰 소리로 외쳐 가로되 구원하심이 보좌에 앉으신 우리 하나님과 어린 양에게 있도다 하니"(계 7:9-10).

환난의 때에는 이방인들 가운데서 **"성령과 물과 피가 합하여 하나"**(요일 5:8)인 성경대로의 복음을 믿어서 하나님의 의의 흰 옷을 입은 자들이 무수히 나올 것입니다. 지금까지도 꾸준히 복음의 역사가 있지만, 환난의 때에는 예수님을 믿는 사람들 중에는 자기 마음의 죄 때문에 괴롭고 두려워하다가 **"물과 피의 복음"**을 만나서 믿는 자들이 무수히 일어날 것입니다.

그들이 "아! 예수님의 세례와 십자가의 복음이 진정 성경대로의 복음이구나!" 하고 믿어서 죄 사함을 받으면, 성령께서 그들의 마음에 임하셔서 인(印)을 치시고 그들의 마음이 믿음에 서도록 지켜 주십니다. 그래서 그들이 복음의 능력으로 환난을 이겨 내고 핍박과 순교를 당하면서도 끝까지 복음의 진리를 배반하지 않게 하십니다. 환난의 때에 무수한 사람들이 여러 족속과 방언과 민족 가운데서 복음을 믿어서 흰 옷을 입고 구원을 받습니다.

마지막 때를 사는 우리의 사명

마지막 때에 구원의 큰 역사가 있습니다. 그러면 마지막 때를 얼마 남겨 두지 않은 이때에 우리는 무엇을 준비해야 합니까? 우리는 지금 믿음을 준비해서 큰 추수가 있을 그때를 놓치지 말고 능한 추수꾼들이 되어야 합니다. 지금부터 우리는 능력 있는 추수꾼이 되도록 훈련을 하고 또 믿음을 가져야 합니다.

"물이 들어올 때에 노를 저어라"라는 격언이 있습니다. 물때를 놓치고 나면, 즉 일곱 번째 나팔이 불리고 나면 더 이상 추수를 못 합니다. 우리는 큰 추수 때를 놓칠 수 없습니다.

제가 한 30 년 전에 바닷가 도시에 살 때에, 멸치떼가 해안으로 밀려들어 왔습니다. 멸치떼가 새까맣게 바닷가로 들어왔다는 소문을 듣고, 족대를 여러 개 구해서 우리 성도들과 그곳으로 갔습니다. 멸치떼가 바닷가로 헤엄쳐 지나갈 때에 저희 교회 성도들이 연합해서 족대들을 촘촘히 댔습니다. 펄펄 뛰는 큰 멸치들이 각자의 그물에 가득 잡혔습니다. 우리는 준비해 간 드럼통에 멸치를 가득 잡았습니다.

한 이틀간 그렇게 잡히더니 그다음 날은 한 마리도 없이 모두 사라졌습니다. 환난의 때에도 우리는 믿음으로 추수할 준비를 해 두었다가 시기를 놓치지 말고 영혼들을 무수히 구원할 것입니다.

"그날에 일곱 여자가 한 남자를 붙잡고 말하기를 우리가 우리 떡을 먹으며 우리 옷을 입으리니 오직 당신의 이름으로 우리를 칭하게 하여 우리로 수치를 면케 하라 하리라"(사 4:1).

마지막 때에 많은 영혼들이 거듭난 의인들에게 매달릴 것입니다. "제발 우리에게도 진리의 복음을 전해 주어서 당신과 같이 의인이 되게 해 주세요" 하고 많은 죄인들이 우리를 붙잡고 애원할 것입니다.

그때 우리는 무수히 많은 영혼들을 추수해서 하나님의 자녀들이 되게 할 것입니다. 마지막 환난 때에 큰 추수가 있다는 사실을 아시고, 지금 우리는 추수꾼으로서 믿음을 준비해야 합니다.

재난이 극대화되는 시대

"일곱째 인을 떼실 때에 하늘이 반시 동안쯤 고요하더니

내가 보매 하나님 앞에 시위한 일곱 천사가 있어 일곱 나팔을 받았더라

또 다른 천사가 와서 제단 곁에 서서 금 향로를 가지고 많은 향을 받았으니 이는 모든 성도의 기도들과 합하여 보좌 앞 금단에 드리고자 함이라

향연이 성도의 기도와 함께 천사의 손으로부터 하나님 앞으로 올라가는지라

천사가 향로를 가지고 단 위의 불을 담아다가 땅에 쏟으매 뇌성과 음성과 번개와 지진이 나더라

일곱 나팔 가진 일곱 천사가 나팔 불기를 예비하더라

첫째 천사가 나팔을 부니 피 섞인 우박과 불이 나서 땅에 쏟아지매 땅의 삼분의 일이 타서 사위고 수목의 삼분의 일도 타서 사위고 각종 푸른 풀도 타서 사위더라

둘째 천사가 나팔을 부니 불붙는 큰 산과 같은 것이 바다에 던지우매 바다의 삼분의 일이 피가 되고

바다 가운데 생명 가진 피조물들의 삼분의 일이 죽고 배들의 삼분의 일이 깨어지더라

세째 천사가 나팔을 부니 횃불 같이 타는 큰 별이 하늘에서 떨어져 강들의 삼분의 일과 여러 물샘에 떨어지니

이 별 이름은 쑥이라 물들의 삼분의 일이 쑥이 되매 그 물들이 쓰게 됨을 인하여 많은 사람이 죽더라

네째 천사가 나팔을 부니 해 삼분의 일과 달 삼분의 일과 별들

의 삼분의 일이 침을 받아 그 삼분의 일이 어두워지니 낮 삼분의 일은 비췸이 없고 밤도 그러하더라

내가 또 보고 들으니 공중에 날아가는 독수리가 큰 소리로 이르되 땅에 거하는 자들에게 화, 화, 화가 있으리로다 이 외에도 세 천사의 불 나팔소리를 인함이로다 하더라"(계 8:1-13).

예수님께서 일곱째 인(印)을 떼실 때에 일곱 천사가 등장하여 차례로 나팔을 불게 됩니다. 요한 계시록 8 장에는 첫 번째부터 네 번째 천사가 차례대로 나팔을 불면서 전개될 재앙들을, 요한 계시록 9 장에는 다섯 번째와 여섯 번째 천사가 나팔을 불 때에 일어날 환난에 대하여 기록하고 있습니다. 극심한 환난은 일곱 번째 나팔이 울려 퍼질 때(계 11:15)까지 계속됩니다.

"난리와 난리 소문을 듣겠으나 너희는 삼가 두려워 말라 이런 일이 있어야 하되 끝은 아직 아니니라 민족이 민족을, 나라가 나라를 대적하여 일어나겠고 처처에 기근과 지진이 있으리니 이 모든 것이 재난의 시작이니라

그때에 사람들이 너희를 환난에 넘겨주겠으며 너희를 죽이리니 너희가 내 이름을 위하여 모든 민족에게 미움을 받으리라"(마 24:6-9).

예수님께서 재난과 환난에 대해서 말씀해 주셨습니다. 재난(災難, disaster)이 자연으로부터 오는 어려움이라면, 환난(患難, tribulation)은 사단 마귀의 종인 두 짐승이 세상을 장악하고 무자비하게 인류를 압제하면서 겪게 되는 극한의 고난입니다.

재난의 시대는 이미 시작되었다

"첫째 천사가 나팔을 부니 피 섞인 우박과 불이 나서 땅에 쏟아지매 땅의 삼분의 일이 타서 사위고 수목의 삼분의 일도 타서 사위고 각종 푸른 풀도 타서 사위더라"(계 8:7).

지금 지구 온난화로 인한 기상 이변이 속출하고 있습니다. 산업화와 인구 증가로 인한 온실가스의 과다 배출은 지구의 기온을 급히 상승시키고 있습니다. 이제 머지않아서 여름에는 북극의 만년설이 완전히 녹는다고 합니다. 그러면 여름에는 북극에서 아예 얼음을 볼 수 없게 됩니다. 1880 년에 북극을 덮고 있던 만년설의 면적이 100 년 후인 1980 년에는 절반으로 줄었습니다. 북극 만년설의 반감기(半減期)가 이제는 30 년도 채 안됩니다.

현재 지구 온난화(global warming)는 되돌릴 수 없는 추세입니다. 해마다 최고 온도가 갱신되고 극지방의 만년설은 급속도로 녹아내리며 그 총량도 현저하게 감소하고 있습니다. 1984 년도와 28 년 후인 2012년도의 북극 만년설 지역의 위성 사진을 비교한 자료입니다.

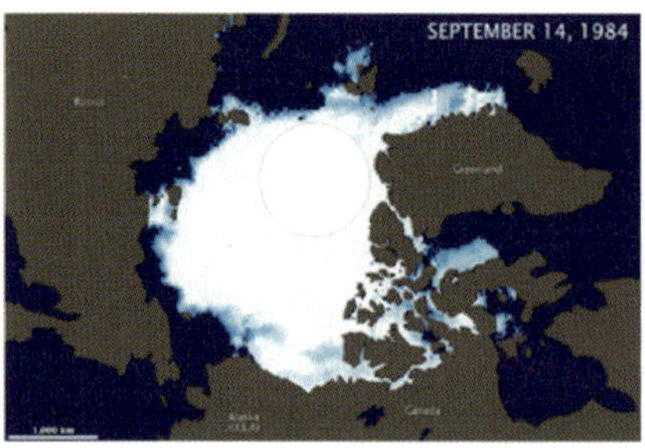

1984 년 9 월 14 일 북극의 해빙 면적

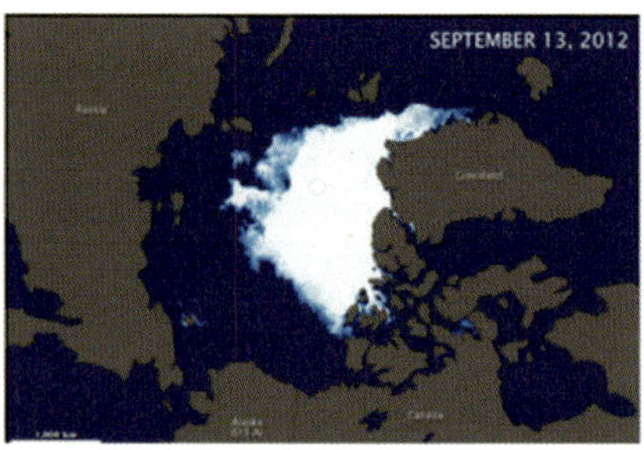

2012 년 9 월 13 일 북극의 해빙 면적

자료: NOAA(National Oceanic and Atmospheric Administration, 미국해양대기청)

이런 추세라면 여름에는 전혀 북극의 얼음과 눈을 볼 수 없는 날이 곧 다가옵니다. 남극은 북극에 비해서 빙괴(氷塊)가 훨씬 더 큽니다. 그런데 남극의 눈과 얼음도 급속히 녹아내리고 있습니다. 최근에 남극에서는 한반도(韓半島) 반만 한 얼음덩어리가 떨어져 나와서 태평양 쪽으로 흘러가고 있습니다.

남북극 지방의 만년설은 지구가 항상성(恒常性, homeostasis)을 유지하는데 있어서 매우 중요한 역할을 합니다. 얼음 1g 이 녹아서 물이 되는데 79.72 칼로리(cal)의 융해열(融解熱)이 필요합니다. 따라서 남극과 북극의 만년설과 빙괴(氷塊)가 녹으면서 고온의 대기로부터 엄청난 에너지를 흡수합니다.

반대로 지구의 기온이 급속히 떨어지면 물이 얼음으로 고체화되면서 동일한 에너지를 방출하는데, 그것을 응고열(凝固熱)이라고 합니다. 융해열과 응고열의 길항 작용(拮抗作用)으로 지구의 기온이 일정한 수준을 유지하도록 하나님은 신비하게 지구를 창조하셨습니다.

또한 지구는 태양 주위를 도는 공전 궤도를 기준으로 약 23.5도(度) 기울어진 상태로 자전(自轉)을 합니다. 이러한 현상으로 지구 상에는 봄, 여름, 가을 겨울의 사계절이 나타나며 바람과 해류가 생겨났습니다. 푸른 별 지구는 하나님께서 특별한 뜻을 두고 만드신 우주의 걸작품입니다.

그런데 지구 온난화로 남북극의 얼음과 눈이 녹아서 대양으로 흘러가면서, 전 지구적인 무게의 변동이 일어났습니다. 그로 인해서 자전축이 변하고 대륙판들의 운동 에너지가 급증하면서 서로 부딪혀서 대지진과 엄청난 화산 폭발이 빈발할 것입니다.

지구 온난화로 인한 해수면 상승으로, 장차 해안 지대의 도시들은 물에 잠기게 됩니다. 남태평양 적도 부근에 있는 팔라우(Palau)라는 섬나라는 해수면이 점점 올라와서 전 국토가 물에 잠기는 심각한 사태가 벌어졌습니다. 팔라우의 대통령이 그 심각성을 알리기 위해서 유엔 총회에 도움을 청하는 화상 연설을 했습니다. 그는 전에 육지였던 곳이었지만, 이제는 가슴까지 바닷물이 차오르는 연단에 그대로 서서 연설했습니다. 팔라우(Palau)는 국가 존폐의 위기를 선언하고, 국민들이 해외로 이주하고 있습니다.

이제 해안 저지대에는 상상을 초월하는 해일이나 태풍이 올 수 있답니다. 2004 년 인도네시아의 쓰나미는 약 51m 의 높이로 덮쳐서 30 만 명 이상의 사망자가 발생했습니다. 역사상으로 가장 큰 해양 쓰나미(쎄인트 헬레나 화산 쓰나미)는 그 높이가 186m 였다고 합니다. 그러니 더 큰 해일이 덮치면, 해안 도시들은 아비규환의 상태에 빠질 것입니다.

"첫째 천사가 나팔을 부니 피 섞인 우박과 불이 나서 땅에 쏟아지매 땅의 삼분의 일이 타서 사위고 수목의 삼분의 일도 타서 사위고 각종 푸른 풀도 타서 사위더라"(계 8:7).

이 예언의 말씀은 이미 현실로 나타나고 있습니다. 지구는 이미 항상성(homeostasis)을 잃었습니다. 이제는 브레이크 없는 기차가 내리막길을 달려가는 것과 같습니다. 상상을 초월하는 자연의 반격이 대재앙으로 우리를 덮어 올 것입니다. 기상 이변으로 건조해진 호주의 밀림에서 대형 산불이 발생했습니다. 그 규모가 너무 커서 진화가 불가능합니다. 미국의 텍사스(Texas) 주에도 대형 산불이 발생했는데, 현재 그곳도 몇 개월째 불타고 있습니다.

"둘째 천사가 나팔을 부니 불붙는 큰 산과 같은 것이 바다에

던지우매 바다의 삼분의 일이 피가 되고 바다 가운데 생명 가진 피조물들의 삼분의 일이 죽고 배들의 삼분의 일이 깨어지더라"(계 8:8-9).

이 예언은 초대형 화산이 터져서 바다가 들끓고 바다 생물들이 죽어서 바다 생태계가 파괴된다는 말씀입니다. 지구 온난화 현상으로 지구 표면의 비중이 변하고 지축이 움직였습니다. 그로 인해 지구 속의 마그마 활동이 굉장히 활발해졌습니다. 대륙판들이 더 빨리 움직이다가, 서로 부딪히면서 분출하는 힘은 상상을 초월합니다. 그래서 대형 화산이 터지면, 화산의 윗부분이 마그마의 폭발력으로 날아가서 바다에 떨어집니다.

그 재앙으로 인해서 대양(大洋)의 삼분의 일이 초토화되고 바다 생물의 삼분의 일이 멸망합니다. 오염된 바다의 해류가 전 세계의 대양으로 퍼져 나갈 것입니다. 그리고 바다로부터 부패한 악취가 올라와서 사람들이 숨쉬기 힘든 상태가 될 것입니다.

"세째 천사가 나팔을 부니 횃불 같이 타는 큰 별이 하늘에서 떨어져 강들의 삼분의 일과 여러 물샘에 떨어지니 이 별 이름은 쑥이라 물들의 삼분의 일이 쑥이 되매 그 물들이 쓰게 됨을 인하여 많은 사람이 죽더라"(계 8:10-11).

마지막 때에 큰 혜성이 지구에 충돌합니다. 유카탄반도에는 길이 150Km, 깊이 20Km의 거대한 혜성 충돌구가 있습니다. 제주도의 동서쪽 길이가 70Km 이고 남북쪽 길이는 40Km 이니, 제주도 면적의 열 배 정도 크기의 분지가 생길 정도로 큰 충격이 그 혜성 충돌로 있습니다.

큰 혜성이 지구에 충돌하면 그 충격으로 떠오른 먼지가 상승

기류를 타고 대기권 상층부에 퍼집니다. 그 먼지로 인해서 지구로 유입되는 태양의 에너지가 차단되면서 지구가 급히 냉각되어서 빙하기가 옵니다. 또 대기의 분진이 눈과 비에 섞여서 다시 하강하면서 모든 물이 오염됩니다. **"물들의 삼분의 일이 쑥이 되매 그 물들이 쓰게 됨을 인하여 많은 사람이 죽더라"**라는 말씀대로 대다수의 사람과 생물들이 멸망합니다.

"넷째 천사가 나팔을 부니 해 삼분의 일과 달 삼분의 일과 별들의 삼분의 일이 침을 받아 그 삼분의 일이 어두워지니 낮 삼분의 일은 비췸이 없고 밤도 그러하더라"(계 8:12).

혜성 충돌로 솟아오른 분진에 하늘이 뒤덮여서 태양과 달은 빛을 잃어버리게 됩니다. 이것이 자연 재난(natural disasters)이 절정에 이르는 시대입니다. 그러나 아직 더 극심한 고통의 때가 남아 있습니다.

"내가 또 보고 들으니 공중에 날아가는 독수리가 큰 소리로 이르되 땅에 거하는 자들에게 화, 화, 화가 있으리로다 이 외에도 세 천사의 불 나팔소리를 인함이로다 하더라(계 8:13).

자연으로부터 오는 재난은 그래도 견딜 만합니다. 그 후에 닥쳐올 환난(tribulation)의 시대에 비하면 아무것도 아니라는 말씀입니다. 다섯째 나팔, 여섯째 나팔이 불려지면서 전개되는 환난과 그 후에 일곱째 나팔이 불릴 때까지 견뎌야 하는 가장 극심한 환난은 의인들도 감당하기 힘든 것입니다.

다니엘은 **"반드시 한때 두때 반때를 지나서 성도의 권세가 다 깨어지기까지니 그렇게 되면 이 모든 일이 다 끝나리라 하더라"(단 12:7)**고 예언했습니다. **"성도의 권세가 다 깨어지기까지"** 덮어 올

극심한 환난은 거듭난 의인들이라도 감당하기 어려운 고난의 절정입니다.

다섯 번째 나팔이 울려 퍼지면 환난(患難)의 시대가 전개됩니다. 환난의 시대는 바다에서 나온 짐승이 등장해서 세상을 지배하는 시대입니다. 땅에서 올라온 짐승(거짓 선지자)이 사단의 하수인인 바다에서 나온 짐승의 우상을 만들고 절하게 하는 시점이 환난(患難)이 극대화되는 때입니다.

"그러므로 너희가 선지자 다니엘의 말한바 멸망의 가증한 것이 거룩한 곳에 선 것을 보거든 (읽는 자는 깨달을찐저)

그때에 유대에 있는 자들은 산으로 도망할찌어다

지붕 위에 있는 자는 집안에 있는 물건을 가질러 내려 가지 말며

밭에 있는 자는 겉옷을 가질러 뒤로 돌이키지 말찌어다

그 날에는 아이 밴 자들과 젖먹이는 자들에게 화가 있으리로다

너희의 도망하는 일이 겨울에나 안식일에 되지 않도록 기도하라

이는 그 때에 큰 환난이 있겠음이라 창세로부터 지금까지 이런 환난이 없었고 후에도 없으리라

그날들을 감하지 아니할 것이면 모든 육체가 구원을 얻지 못할 것이나 그러나 택하신 자들을 위하여 그 날들을 감하시리라"(마 24:15-22).

우리는 이미 재난의 시대에 들어와 있습니다. 지구 온난화로 지구의 항상성(恒常性)은 이미 무너졌습니다. 이미 때는 늦었습니다. 지구는 항상성(恒常性)을 회복할 가능성이 전혀 없습니다. 지금부터 전 인류가 화석 연료를 전혀 쓰지 않고 자연환경을 절대적으로 보전한다면 자연의 재난을 조금 늦출 수는 있겠습니다. 그러나 지구 과학자들은 지구의 항상성을 되찾을 수는 결코 없다고 확언합니다.

얼마 전 작고한 소설가 이외수 씨가 의미심장한 말을 남겼습니다. 그는 "한국 사람들이 원래 심성이 선하고 좋았는데, 지금은 나쁜 놈들의 전성시대가 되었다"라고 말했습니다. 그는 "나쁜 놈"이라는 말을 "나뿐, 즉 나만 생각하는 자"라고 해석했습니다. 그가 새롭게 정의한 "나쁜 놈"이란 나뿐만을 생각하는 지극히 이기적인 자를 일컫는 말이랍니다. 수긍이 가는 말입니다.

사람은 근본 이기적인 존재입니다. 파리 협약으로 각 나라가 탄소 중량제를 실시하고 지구 온난화를 제어해 보려고 노력하고 있습니다. 그러나 이미 늦었습니다. 나라나 단체나 개인이나 모두 이기적이기에, 인간은 당장의 편리함이나 편익(便益)을 포기하지 못합니다.

"네가 이것을 알라 말세에 고통하는 때가 이르리니 사람들은 자기를 사랑하며 돈을 사랑하며 자긍하며 교만하며 훼방하며 부모를 거역하며 감사치 아니하며 거룩하지 아니하며 무정하며 원통함을 풀지 아니하며 참소하며 절제하지 못하며 사나우며 선한 것을 좋아 아니하며 배반하여 팔며 조급하며 자고하며 쾌락을 사랑하기를 하나님 사랑하는 것보다 더하며 경건의 모양은 있으나 경건의 능력은 부인하는 자니 이같은 자들에게서 네가 돌아서라"(딤후 3:1-5).

성경도 마지막 때의 사람들은 자기를 사랑하고 돈과 쾌락을 사랑하며 품성이 극악무도해진다고 말씀합니다. 세상은 점점 더 이웃들을 전혀 배려하지 않는 나쁜 놈들의 시대가 되어 가고 있습니다.

우리는 이미 재난의 시대에 들어와 있습니다. 이제 그런 재난들이 중첩되어서 극대화되는 시대가 그리 멀지 않았습니다. 남북극의 만년설이 다 녹으면 우리가 깃들어 살고 있는 청록색의 별 지구에는 걷잡을 수 없는 재앙들이 연타석으로 몰아칠 것입니다. 감당 못할 지진과 화산 폭발과 또 감당 못할 슈퍼 태풍과 해일, 그리고 혜성의 충돌까지 겹치면서, 지구는 아비규환의 상태로 빠지게 될 것입니다.

그래서 전 지구적으로 아비규환의 사태가 오면 다섯째 나팔의 시대, 즉 환난의 시대가 시작됩니다. 그때부터는 사단 마귀의 조종을 받는 자, 즉 바다에서 나온 짐승이 세계의 통치자로 등장합니다. 또 그를 도와서 세계를 지배할 거짓 선지자도 등장합니다.

그 둘은 바다에서 나온 짐승의 우상(偶像)을 거룩한 곳에 세우고 모든 사람들에게 그것에 절을 하라고 강요할 것입니다. 또 그들은 사람들이 그 짐승의 표인 666 표를 받도록 강요할 것입니다. 그 표를 받지 않은 사람은 물건을 사거나 팔지도 못하고 식량의 배급도 받지 못할 것입니다. 그러나 의인들은 하나님의 말씀에 순종해서 짐승의 우상에 절하지도 않고, 짐승의 표를 받지도 않을 것입니다. 그런 환난의 절정에 이르도록 의인들은 믿음을 끝까지 지켜야 합니다.

반드시 속히 될 일을 믿는 우리의 마음 자세는?

이것이 반드시 속히 될 일의 대강입니다. 마지막 때에는 반드시 요한 계시록의 예언대로 이루어집니다. 그러면 마지막 때를 지척에 앞두고 있는 우리는 어떠한 믿음을 가져야 하겠습니까?

"그러나 주의 날이 도적 같이 오리니 그 날에는 하늘이 큰 소리로 떠나 가고 체질이 뜨거운 불에 풀어지고 땅과 그 중에 있는 모든 일이 드러나리로다 이 모든 것이 이렇게 풀어지리니 너희가 어떠한 사람이 되어야 마땅하뇨 거룩한 행실과 경건함으로 하나님의 날이 임하기를 바라보고 간절히 사모하라 그 날에 하늘이 불에 타서 풀어지고 체질이 뜨거운 불에 녹아지려니와 우리는 그의 약속대로 의의 거하는 바 새 하늘과 새 땅을 바라보도다"(벧후 3:10-13).

이런 일들이 반드시 속히 될 것입니다. 감당하기 어려운 재난과 환난이 우리들에게 덮어 올 때에, 우리는 주의 날을 소망하며 견뎌야 합니다. 그러므로 지금 아직 평안할 때에, 우리는 굳건한 믿음을 준비해야 합니다.

형들에게 팔려서 애굽에 내려갔던 요셉은 애굽의 총리가 되었습니다. 그는 7 년의 대기근을 앞둔 7 년의 풍년 동안 곡식들을 적치해 놓았습니다. 요셉은 그 양곡으로 7 년의 기근을 슬기롭게 이겨 냈습니다.

아직 본격적인 재난이 펼쳐지기 전에, 우리는 하나님의 말씀을 믿고 마음에 믿음의 말씀들을 쌓아 놓아야 합니다. 우리는 말씀을 믿음으로 마음을 굳건히 해야 합니다. 하나님께서는 적은 능력으로도 믿음을 지킨 빌라델비아 교회에게 **"네가 나의 인내의 말씀을 지켰은즉 내가 또한 너를 지키어 시험의 때를 면하게 하리니 이는 장차 온 세상에 임하여 땅에 거하는 자들을 시험할 때라"**(계 3:10)고 약속하셨습니다.

우리는 그날이 곧 다가올 것을 알기에, 또 재난과 환난의 끝에 있을 주님의 재림과 우리 의인들에게 있을 부활의 영광을 소망하기에, 지금 **"거룩한 행실과 경건함으로"** 믿음의 삶을 살아야겠습니다.

우리 의인들은 아직 복음을 전할 수 있을 때에, 때를 얻든지 얻지 못하든지 힘을 다해서 복음을 전하고, 또 한편으로는 자기 자신을 위해서 굳건한 믿음의 사람으로 서야 합니다.

이것이 본격적인 재난의 시대를 앞두고 있는 성도들의 믿음의 자세입니다.

환난의 시대와 성도의 사명

"다섯째 천사가 나팔을 불매 내가 보니 하늘에서 땅에 떨어진 별 하나가 있는데 저가 무저갱의 열쇠를 받았더라

저가 무저갱을 여니 그 구멍에서 큰 풀무의 연기 같은 연기가 올라오매 해와 공기가 그 구멍의 연기로 인하여 어두워지며

또 황충이 연기 가운데로부터 땅 위에 나오매 저희가 땅에 있는 전갈의 권세와 같은 권세를 받았더라

저희에게 이르시되 땅의 풀이나 푸른 것이나 각종 수목은 해하지 말고 오직 이마에 하나님의 인 맞지 아니한 사람들만 해하라 하시더라

그러나 그들을 죽이지는 못하게 하시고 다섯달 동안 괴롭게만 하게 하시는데 그 괴롭게 함은 전갈이 사람을 쏠 때에 괴롭게 함과 같더라

그날에는 사람들이 죽기를 구하여도 얻지 못하고 죽고 싶으나 죽음이 저희를 피하리로다

황충들의 모양은 전쟁을 위하여 예비한 말들 같고 그 머리에 금 같은 면류관 비슷한 것을 썼으며 그 얼굴은 사람의 얼굴 같고

또 여자의 머리털 같은 머리털이 있고 그 이는 사자의 이 같으며

또 철흉갑 같은 흉갑이 있고 그 날개들의 소리는 병거와 많은 말들이 전장으로 달려 들어가는 소리 같으며

또 전갈과 같은 꼬리와 쏘는 살이 있어 그 꼬리에는 다섯달 동안 사람들을 해하는 권세가 있더라

저희에게 임금이 있으니 무저갱의 사자라 히브리 음으로 이름

은 아바돈이요 헬라 음으로 이름은 아볼루온이더라

첫째 화는 지나갔으나 보라 아직도 이 후에 화 둘이 이르리로다

여섯째 천사가 나팔을 불매 내가 들으니 하나님 앞 금단 네 뿔에서 한 음성이 나서

나팔 가진 여섯째 천사에게 말하기를 큰 강 유브라데에 결박한 네 천사를 놓아 주라 하매

네 천사가 놓였으니 그들은 그 년 월 일 시에 이르러 사람 삼분의 일을 죽이기로 예비한 자들이더라

마병대의 수는 이만만이니 내가 그들의 수를 들었노라

이같이 이상한 가운데 그 말들과 그 탄 자들을 보니 불빛과 자주빛과 유황빛 흉갑이 있고 또 말들의 머리는 사자 머리 같고 그 입에서는 불과 연기와 유황이 나오더라

이 세 재앙 곧 저희 입에서 나오는 불과 연기와 유황을 인하여 사람 삼분의 일이 죽임을 당하니라

이 말들의 힘은 그 입과 그 꼬리에 있으니 그 꼬리는 뱀 같고 또 꼬리에 머리가 있어 이것으로 해하더라

이 재앙에 죽지 않고 남은 사람들은 그 손으로 행하는 일을 회개치 아니하고 오히려 여러 귀신과 또는 보거나 듣거나 다니거나 하지 못하는 금, 은, 동과 목석의 우상에게 절하고

또 그 살인과 복술과 음행과 도적질을 회개치 아니하더라

내가 또 보니 힘센 다른 천사가 구름을 입고 하늘에서 내려 오는데 그 머리 위에 무지개가 있고 그 얼굴은 해 같고 그 발은 불

기둥 같으며

그 손에 펴 놓인 작은 책을 들고 그 오른발은 바다를 밟고 왼발은 땅을 밟고

사자의 부르짖는 것 같이 큰 소리로 외치니 외칠 때에 일곱 우뢰가 그 소리를 발하더라

일곱 우뢰가 발할 때에 내가 기록하려고 하다가 곧 들으니 하늘에서 소리 나서 말하기를 일곱 우뢰가 발한 것을 인봉하고 기록하지 말라 하더라

내가 본바 바다와 땅을 밟고 섰는 천사가 하늘을 향하여 오른손을 들고

세세토록 살아계신 자 곧 하늘과 그 가운데 있는 물건이며 땅과 그 가운데 있는 물건이며 바다와 그 가운데 있는 물건을 창조하신 이를 가리켜 맹세하여 가로되 지체하지 아니하리니

일곱째 천사가 소리 내는 날 그 나팔을 불게 될 때에 하나님의 비밀이 그 종 선지자들에게 전하신 복음과 같이 이루리라

하늘에서 나서 내게 들리던 음성이 또 내게 말하여 가로되 네가 가서 바다와 땅을 밟고 섰는 천사의 손에 펴 놓인 책을 가지라 하기로

내가 천사에게 나아가 작은 책을 달라 한즉 천사가 가로되 갖다 먹어버리라 네 배에는 쓰나 네 입에는 꿀 같이 달리라 하거늘

내가 천사의 손에서 작은 책을 갖다 먹어버리니 내 입에는 꿀 같이 다나 먹은 후에 내 배에서는 쓰게 되더라

저가 내게 말하기를 네가 많은 백성과 나라와 방언과 임금에게 다시 예언하여야 하리라 하더라"(계 9:1-10:11).

요한 계시록의 9 장부터 14 장까지는 주로 환난의 때에 관한 예언의 말씀입니다. 마지막 때에 우리는 일곱 번째 나팔이 울려 퍼지기를 간절히 기다릴 것입니다. 그 순간이 우리 의인들의 잔칫날이기 때문입니다.

"일곱째 천사가 소리 내는 날 그 나팔을 불게 될 때에 하나님의 비밀이 그 종 선지자들에게 전하신 복음과 같이 이루리라"(계 10:7).

요한 계시록의 클라이맥스는 일곱 번째 나팔이 울려 퍼지는 순간입니다. 그 나팔 소리와 함께, 우리 의인들의 부활과 휴거가 있습니다. 그러나 일곱 번째 나팔이 불리기까지, 우리 의인들은 재난과 환난의 시대를 모두 견뎌 내야 합니다. 끝까지 믿음을 잃지 않고 사단 마귀의 압제와 계략을 이기는 자들에게 주님께서 면류관을 주실 것입니다.

환난의 개시

"다섯째 천사가 나팔을 불매 내가 보니 하늘에서 땅에 떨어진 별 하나가 있는데 저가 무저갱의 열쇠를 받았더라"(계 9:1).

"하늘에서 땅에 떨어진 별 하나"는 사단 마귀입니다.

"너 아침의 아들 계명성이여 어찌 그리 하늘에서 떨어졌으며 너 열국을 엎은 자여 어찌 그리 땅에 찍혔는고 네가 네 마음에 이르기를 내가 하늘에 올라 하나님의 뭇별 위에 나의 보좌를 높이리라 내가 북극 집회의 산 위에 좌정하리라 가장 높은 구름에 올라 지극히 높은 자와 비기리라 하도다 그러나 이제 네가 음부 곧 구덩이의 맨 밑에 빠치우리로다"(사 14:12-15).

사단 마귀는 본래 큰 권능을 가진 천사였습니다. 그가 천사 삼분의 일을 미혹해서 그들을 이끌고, **"내가 하늘에 올라 하나님의 뭇별 위에 나의 보좌를 높이리라 내가 북극 집회의 산 위에 좌정하리라 가장 높은 구름에 올라 지극히 높은 자와 비기리라"** 하며 하나님께 도전했습니다. 그러나 사단 마귀는 전능하신 하나님께 찍혀서 자기에게 동조했던 패역한 천사들과 함께 땅으로 쫓겨났고 그는 지옥의 주인이 되었습니다.

"저희에게 임금이 있으니 무저갱의 사자라 히브리 음으로 이름은 아바돈이요 헬라 음으로 이름은 아볼루온이더라"(계 9:11).

아바돈 혹은 아볼루온은 사단 마귀의 이름입니다. 다섯 번째 나팔이 불리면, 사단 마귀가 무저갱을 열고 나옵니다. 그는 자기 휘하의 악한 영들을 다 끌어내서 마음껏 사람들을 핍박하고 압제하는 환난의 시대를 시작합니다.

사단 마귀가 무저갱을 열었습니다. 그러자 무저갱으로부터 연기가 나와서 하늘을 가렸습니다. 또 해괴한 모습의 황충들(메뚜기들, locusts)이 무수히 올라와서 큰 힘을 가진 전갈처럼 사람들을 괴롭힙니다.

그런데 이때에 주목할 것은, **"저희에게 이르시되 땅의 풀이나 푸른 것이나 각종 수목은 해하지 말고 오직 이마에 하나님의 인 맞지 아니한 사람들만 해하라 하시더라"**(계 9:4) 하신 말씀입니다. 여기 **"땅의 풀이나 푸른 것이나 각종 수목은 해하지 말고"**라는 말씀은 거듭난 의인들은 하나님께서 보호하신다는 뜻입니다. 하나님께서는 진리의 복음을 믿어서 거듭난 자들을 환난의 때에도 보호하시고, **"오직 이마에 하나님의 인 맞지 아니한 사람들만"** 해를 입게 하십니다.

여섯 번째 나팔 소리와 함께 전개되는 극심한 환난의 때

"여섯째 천사가 나팔을 불매 내가 들으니 하나님 앞 금단 네 뿔에서 한 음성이 나서 나팔 가진 여섯째 천사에게 말하기를 큰 강 유브라데에 결박한 네 천사를 놓아 주라 하매 네 천사가 놓였으니 그들은 그 년 월 일 시에 이르러 사람 삼분의 일을 죽이기로 예비한 자들이더라"(계 9:13-15).

여섯 번째 나팔이 울려 퍼지면, 하나님께서 억류했던 네 천사가 놓이고 더 극단적인 환난이 전개됩니다. 그들은 큰 군대를 일으켜서 온 땅을 전쟁의 소용돌이로 몰아넣습니다. 그들이 이끄는 2 억의 마병대가 온 땅을 초토화시킵니다. 기이한 형상의 말들에서 뿜어내는 불과 연기와 유황으로 **"사람 삼분의 일"**이 죽습니다. 인류에 대한 대학살이 일어나는 것입니다. 그런 끔찍한 환난 가운데서도, 살아남은 자들은 회개하지도 않고 하나님께 돌아오지도 않습니다.

"이 재앙에 죽지 않고 남은 사람들은 그 손으로 행하는 일을 회개치 아니하고 오히려 여러 귀신과 또는 보거나 듣거나 다니거나 하지 못하는 금, 은, 동과 목석의 우상에게 절하고 또 그 살인과 복술과 음행과 도적질을 회개치 아니하더라"(계 9:20-21).

하나님께서 이런 끔찍한 재앙을 허락하시는 뜻이 있습니다. 하나님께서 죄인들에게 극한 어려움을 주셔서 그들이 돌이키도록 마지막 기회를 주시는 것입니다. 거듭나지 못한 죄인들이 그런 어려움과 공포를 겪으면서, 자기의 악을 깨닫고 회개해서 구원을 받기를 하나님은 원하십니다. 마지막 때의 끔찍한 재난과 환난도 사실은 하나님께서 당신의 구원의 사랑을 거부했던 죄인들에게, 그들이 회개하고 구원받을 수 있는 기회를 한 번 더 주시는 것입니다.

그런데 강퍅한 인간들은 그런 어려움을 당하면서도 하나님께로 돌이키지 않고 오히려 우상을 더욱 숭배하며 어두움을 좇아서 끝까지 악을 행합니다. 사단 마귀의 거짓말에 세뇌된 인간들은 끝까지 하나님의 사랑을 거부하고 마귀의 자식들로 남으려고 발악을 합니다. 심령에 화인을 맞은 자들은 자기의 악한 꼬락서니를 깨닫고 회개하기가 쉽지 않습니다. **"불의를 하는 자는 그대로 불의를 하고 더러운 자는 그대로 더럽고 의로운 자는 그대로 의를 행하고 거룩한 자는 그대로 거룩되게 하라"**(계 22:11)는 말씀대로, 사람의 심성은 쉽게 바뀌지 않습니다.

하나님은 환난의 때에도 모든 것을 주관하신다

"내가 또 보니 힘센 다른 천사가 구름을 입고 하늘에서 내려오는데 그 머리 위에 무지개가 있고 그 얼굴은 해 같고 그 발은 불기둥 같으며 그 손에 펴 놓인 작은 책을 들고 그 오른발은 바다를 밟고 왼발은 땅을 밟고"(계 10:1-2).

환난의 때라고 하나님께서 우리 의인들에게서 눈을 떼시지 않습니다. 환난의 때에도 하나님은 모든 일을 주관하시며 당신의 자녀들을 돌보십니다. 하나님께서 사단 마귀에게 땅을 지배하고 환난을 일으키도록 제한적인 권세를 주셨지만, 하나님의 능력과 권세는 사단 마귀와 비교할 수도 없게 큽니다.

하늘로부터 구름을 입고 내려온 천사, 즉 하나님의 사자는 **"그 머리 위에 무지개가 있고 그 얼굴은 해 같고 그 발은 불기둥 같으**

며……그 오른발은 바다를 밟고 왼발은 땅을 밟고" 섭니다. 그 천사의 위용은 대단합니다.

"바다"는 세상을 상징하고, 땅은 사람과 사람의 생각으로 만들어진 종교의 세계를 상징합니다. 환난의 때에는 세상의 권세와 종교의 세계를 사단 마귀가 완전히 지배하는 것 같지만, 하나님은 여전히 모든 것을 다스리십니다. 환난의 때에도 하나님은 당신의 절대적 권능으로 의인들을 보호하시고 당신의 자녀들의 사명을 확인시켜 주십니다.

환난의 때에는 의인들이 끔찍한 상황에 처할 것은 분명합니다. 요한 계시록 13 장에는 바다에서 나온 짐승과 땅에서 올라온 짐승이 지배하며 의인들을 압제하는 최악의 상황이 전개됩니다. 그러나 너무 염려하지 마십시오. 하나님은 당신의 백성들을 끝까지 지키십니다.

"참새 두 마리가 한 앗사리온에 팔리는 것이 아니냐 그러나 너희 아버지께서 허락지 아니하시면 그 하나라도 땅에 떨어지지 아니하리라 너희에게는 머리털까지 다 세신바 되었나니 두려워하지 말라 너희는 많은 참새보다 귀하니라"(마 10:29-31).

환난의 때라고 하나님께서 믿음과 충성을 지키는 우리들을 나 몰라라 하고 버려두실 것 같습니까? 그렇지 않습니다. 환난의 때에도 하나님의 권세와 위력은 사단 마귀가 도저히 도전할 수 없습니다. 한 발로는 땅을 디디고 한 발로는 바다를 디뎠다는 천사의 위용이 이 사실을 입증합니다. 하나님은 당신의 사자들을 통해서 환난의 때에도 우리를 능히 지키십니다.

"일곱 우뢰가 발할 때에 내가 기록하려고 하다가 곧 들으니 하늘에서 소리나서 말하기를 일곱 우뢰가 발한 것을 인봉하고 기록

하지 말라 하더라"(계 10:4).

주님께서 요한에게 어떤 말씀을 듣게 하셨습니다. 요한이 그것을 기록하려 하자 **"인봉하고 기록하지 말라"**라고 명하셨습니다. 비밀로 하신 그 내용이 무엇일까요? 저는 그것이 주님께서 재림하시는 시점에 관한 말씀이라고 봅니다. 제자들도 예수님께 주님의 재림의 때를 물었습니다. 예수님께서 그때와 일시는 아버지만이 아신다고 말씀하셨습니다. 그러나 예수님도 하나님이시기에, 예수님도 다 아십니다.

그런데 예수님은 그때를 인봉하고 기록하지 못하게 하셨습니다. 왜 그렇게 하셨습니까? 그것을 가르쳐 주는 것이 유익할 것 같습니까? 시한부 종말론자들은 때와 일시를 제멋대로 특정해서 영혼들을 미혹에 빠드리며 이단 짓거리를 합니다.

우리는 주님의 재림의 날이 몇 년 몇 월 며칠인지 알 필요도 없고 알려고 해서도 안됩니다. 주님께서 인봉하고 기록하지 말라고 하신 뜻을 알기 때문입니다. 다만 우리는 시대의 징표를 보고 그날이 가까웠다는 사실을 압니다. 그래서 우리는 더욱 근신하여 하루하루를 믿음으로 살아가면 됩니다.

천사의 손에 들린 작은 책

하나님의 위용으로 하늘로부터 내려와서 바다와 땅을 밟고 선 천사의 손에 작은 책이 들려 있었습니다. 그 천사는 요한에게 작은 책을 가져다 먹으라고 명했고, 요한은 그 책을 취해서 먹었습니다. 그랬더니 천사의 말대로 입에는 달았지만 배에는 썼습니다.

그 작은 책은 "진리의 원형복음"입니다. 원형의 복음은 작은 책처럼 간결한 내용이지만, 성경 전체가 말씀하는 구원의 진리를 함축하고 있습니다. 예수님은 성자(聖子) 하나님인데, 육신을 입고 오셔서, 당신의 몸으로 **"한 영원한 제사"(히 10:12)**를 드려 주셨습니다. 구약 성경에 정해 주신 속죄 제사법의 규례를 좇아, 예수님은 ① 흠 없는 제물, ② 안수(죄를 전가함), ③ 피 흘림(대속의 죽음)이라는 세 가지 조건을 온전히 충족하는 **"한 영원한 제사"(히 10:12)**를 드려 주셨습니다.

대속죄일(大贖罪日)에 대제사장 아론은 마지막 숫염소를 백성들 앞으로 끌고 나와서 그 흠 없는 숫염소 머리에 안수했습니다. 아론이 숫염소 머리에 안수한 채로 백성들의 일 년 치 죄를 고하면, 백성들의 일 년 치 죄가 그 염소에게 단번에 넘어갔습니다. 그 염소는 미리 정한 사람에게 끌려서 광야에 내버려져 죽었습니다(레 16:20-22). 이것이 **"두루마리 책(구약)에 나(예수님)를 가리켜서 기록한"(히 10:7)** 내용입니다. 그 예고편(그림자)의 말씀을 따라 이 땅에 육신을 입고 오신 예수님은 **"물과 피"**의 사역으로 구원의 복음인 **"작은 책"**을 완성해 주셨습니다.

그 작은 책은 원형의 복음, 즉 **"성경대로의 복음"(고전 15:3-4)** 입니다. 구약 시대의 대속죄일(大贖罪日)의 제사에서 흠 없는 염소를 제물로 준비했는데, 만일 그 염소의 머리에 안수하지 않고 제물을 죽였다면, 그런 제사는 불법의 제사입니다. 하나님께서는 그런 제사를 받지 않습니다.

기독교인들은 하나님의 작은 책에서 예수님께서 받으신 세례의 능력을 기록한 반쪽을 확 찢어 버리고 십자가의 피만 믿습니다. 그래서 그들은 마음에 죄가 그대로 있는 기독죄인(基督罪人)으로 남아 있습니다. 기독죄인들은 하나님의 자녀가 아닙니다. 거룩하신 하나님은 죄인을 자녀로 두시지 않습니다. 그들은 주님의 일곱째 나팔이 불려질 때에, 부활에도 휴거에도 참여할 수 없습니다.

"일곱째 천사가 소리 내는 날 그 나팔을 불게 될 때에 하나님의 비밀이 그 종 선지자들에게 전하신 복음과 같이 이루리라"(계 10:7).

이 말씀에서 **"하나님의 비밀"**은 성도의 부활과 휴거입니다. 예수 그리스도께서 당신의 몸을 제물로 삼아서 **"한 영원한 제사"**를 드려 주셨습니다. 이제 **"물과 피로 임하신 자"**(요일 5:6) 예수 그리스도를 믿는 자들은 마음에 할례를 받고 죄가 전혀 없는 의인이 되었습니다. 장차 일곱 번째 나팔 소리와 함께 주님이 공중에 재림하시면, 의인들은 홀연히 변화되어서 공중에 재림하신 주님께로 끌려 올라갈 것입니다. 그것이 성도의 휴거입니다.

요한 계시록의 클라이맥스는 일곱 번째 나팔이 울려 퍼지는 순간입니다. 그때부터 의인들에게는 더 이상 아무 고난도 걱정도 없습니다. 일곱째 나팔이 불려지면서 우리 의인들은 부활의 몸을 입고 공중으로 들려 올라갑니다. 이 땅에는 죄인들만 남아서 일곱 대접의 진노를 받게 됩니다. 물론 미련한 다섯 처녀와 같은 기독죄인(基督罪人)들도 이 땅에 남아서 하나님의 진노를 고스란히 받을 것입니다.

열 처녀의 비유 말씀을 생각해 보세요. 미련한 다섯 처녀들도 예수님을 믿었습니다. 슬기로운 다섯 처녀들처럼, 그들도 신랑이 오기를 기다렸습니다. 그런데 혼인 잔치에는 들어가지 못했습니다. 그들은 죄 사함을 받지 못해서 기름(성령)이 없었기 때문입니다.

천국의 문은 한 번 닫히면 다시는 열리지 않습니다. 일곱 번째 나팔이 울려 퍼지면, 구원받을 수 있는 기회는 끝납니다. 미련한 다섯 처녀가 **"주여 주여 우리에게 열어 주소서"**(마 25:11) 하고 문을 두드리며 애원하여도 소용이 없습니다. 그들은 그때부터 하나님의 심판을 기다려야 합니다.

복음을 전파하는 삶

"내가 천사에게 나아가 작은 책을 달라 한즉 천사가 가로되 갖다 먹어버리라 네 배에는 쓰나 네 입에는 꿀 같이 달리라 하거늘 내가 천사의 손에서 작은 책을 갖다 먹어버리니 내 입에는 꿀 같이 다나 먹은 후에 내 배에서는 쓰게 되더라(계 10:9-10).

요한은 하늘로부터 "천사의 손에서 그 작은 책을 받아 먹으라"라는 소리를 들었습니다. 요한이 천사에게 책을 달라 하자, 천사가 **"갖다 먹어버리라 네 배에는 쓰나 네 입에는 꿀같이 달리라"**라고 알려 주었습니다. 요한은 그 책을 먹었습니다. 정말로 그 책이 요한의 입에는 달았으나 배에는 썼습니다.

진리의 복음이 입에는 엄청 답니다. **"물과 피의 복음"**을 믿는 자는 값없이 의롭다 하심을 얻습니다. 우리는 아무것도 한 것이 없는데, 주님께서 일방적으로 우리의 죄를 다 없애 주셨습니다. 진리의 복음은 완전해서 어떤 부분도 비약하거나 빠진 것이 없습니다. 그래서 아가서에는, **"작은 책"**에 쓰여진 온전한 복음을 **"네 목의 구슬 한 꿰미"**(아 4:9)라고 표현했습니다.

술람미 여인이 목에 걸고 있었던 한 꿰미의 구슬은 참으로 아름다웠습니다. 그러나 그 목걸이에서 몇 알을 빼 버리면, 이빨 빠진 목걸이가 됩니다. 그런 목걸이가 얼마나 볼품이 없겠습니까? 십자가의 피만의 복음은 온전한 목걸이에서 절반의 구슬을 빼 버린 흉측한 목걸이와 같습니다. 그런 목걸이를 목에 건 미련한 다섯 처녀는 솔로몬 왕으로 상징되는 예수님의 총애를 받을 수 없습니다.

진리의 복음은 입에는 매우 답니다. 우리들이 온전한 구원의 복음을 믿고 고백하는 것은 너무 기쁘고 감사합니다. 그런데 우리들이 마지막 환난의 때에 그 복음을 믿고 전파하려면 많은 고난과 시련을 겪을 것입니다. 그래도 우리는 쓰디쓴 복음 전파의 사역을 믿음으로 감당해야 합니다.

"사람들이 너희를 끌어다가 넘겨줄 때에 무슨 말을 할까 미리 염려치 말고 무엇이든지 그 시에 너희에게 주시는 그 말을 하라 말하는 이는 너희가 아니요 성령이시니라

형제가 형제를, 아비가 자식을 죽는데 내어주며 자식들이 부모를 대적하여 죽게 하리라 또 너희가 내 이름을 인하여 모든 사람에게 미움을 받을 것이나 나중까지 견디는 자는 구원을 얻으리라"(막 13:11-13).

예수님께서 마지막으로 예루살렘에 올라가셨을 때에, 제자들에게 주신 말씀입니다. 환난의 시대는 분명히 옵니다. 그러나 환난의 때에도 하나님께서는 당신의 자녀인 의인들을 지키십니다. 의인들 안에 거하시는 성령님께서 담대하게 이를 말을 주시고 또한 기쁨으로 고난을 이기게 하십니다.

환난의 시대에 겪을 어려움을 지금부터 염려하지 마십시오. "그때 나는 어떻게 하든지 믿음으로 견딜 수 있을 것 같은데, 마귀의 종들이 내 앞에서 자식들을 고문하고 유린하면, 나는 믿음을 배반할 것 같아" 하고 지레 염려하지 마십시오. 또 지금부터 어디로 피할 생각도 마십시오. 그때에는 피할 곳도 없습니다.

우리에게 필요한 것은 하나님을 믿는 믿음, 진리의 복음을 믿는 믿음입니다. 돌에 맞아 죽으면서도 담대했던 스데반 집사를 보십시오. 하나님께 영광을 돌린 그의 순교로 복음의 역사는 크게 일어났습니다. 우리도 믿음에 견고히 서면, 성령께서 환난에 처한 우리에게 용기를 주시고 담대하게 증거할 말씀을 일러 주십니다.

우리는 환난을 두려워할 것이 아닙니다. 우리는 입에는 다나 배에는 쓴 "작은 책"의 복음을 믿고 전파하다가 일곱째 나팔 소리를 듣게 될 것입니다. 반드시 속히 될 일들을 앞에 두고, 우리는 지금부터 믿음으로 살다가 주님의 재림의 날을 기쁨으로 맞이할 것입니다.

두 감람나무와 두 촛대의 복음 사역

"또 내게 지팡이 같은 갈대를 주며 말하기를 일어나서 하나님의 성전과 제단과 그 안에서 경배하는 자들을 척량하되

성전 밖 마당은 척량하지 말고 그냥 두라 이것을 이방인에게 주었은즉 저희가 거룩한 성을 마흔두 달 동안 짓밟으리라

내가 나의 두 증인에게 권세를 주리니 저희가 굵은 베옷을 입고 일천이백육십 일을 예언하리라

이는 이 땅의 주 앞에 섰는 두 감람나무와 두 촛대니

만일 누구든지 저희를 해하고자 한즉 저희 입에서 불이 나서 그 원수를 소멸할찌니 누구든지 해하려 하면 반드시 이와 같이 죽임을 당하리라

저희가 권세를 가지고 하늘을 닫아 그 예언을 하는 날 동안 비 오지 못하게 하고 또 권세를 가지고 물을 변하여 피 되게 하고 아무 때든지 원하는 대로 여러가지 재앙으로 땅을 치리로다

저희가 그 증거를 마칠 때에 무저갱으로부터 올라오는 짐승이 저희로 더불어 전쟁을 일으켜 저희를 이기고 저희를 죽일 터인즉

저희 시체가 큰 성 길에 있으리니 그 성은 영적으로 하면 소돔이라고도 하고 애굽이라고도 하니 곧 저희 주께서 십자가에 못 박히신 곳이니라

백성들과 족속과 방언과 나라 중에서 사람들이 그 시체를 사흘 반 동안을 목도하며 무덤에 장사하지 못하게 하리로다

이 두 선지자가 땅에 거하는 자들을 괴롭게 한고로 땅에 거하는 자들이 저희의 죽음을 즐거워하고 기뻐하여 서로 예물을 보내리라 하더라

삼일 반 후에 하나님께로부터 생기가 저희 속에 들어가매 저희가 발로 일어서니 구경하는 자들이 크게 두려워하더라

하늘로부터 큰 음성이 있어 이리로 올라오라 함을 저희가 듣고 구름을 타고 하늘로 올라가니 저희 원수들도 구경하더라

그 시에 큰 지진이 나서 성 십분의 일이 무너지고 지진에 죽은 사람이 칠천이라 그 남은 자들이 두려워하여 영광을 하늘의 하나님께 돌리더라

둘째 화는 지나갔으나 보라 세째 화가 속히 이르는도다

일곱째 천사가 나팔을 불매 하늘에 큰 음성들이 나서 가로되 세상 나라가 우리 주와 그 그리스도의 나라가 되어 그가 세세토록 왕 노릇 하시리로다 하니

하나님 앞에 자기 보좌에 앉은 이십사 장로들이 엎드려 얼굴을 대고 하나님께 경배하여

가로되 감사하옵나니 옛적에도 계셨고 시방도 계신 주 하나님 곧 전능하신이여 친히 큰 권능을 잡으시고 왕 노릇 하시도다

이방들이 분노하매 주의 진노가 임하여 죽은 자를 심판하시며 종 선지자들과 성도들과 또 무론대소하고 주의 이름을 경외하는 자들에게 상 주시며 또 땅을 망하게 하는 자들을 멸망시키실 때로소이다 하더라

이에 하늘에 있는 하나님의 성전이 열리니 성전 안에 하나님의 언약궤가 보이며 또 번개와 음성들과 뇌성과 지진과 큰 우박이 있더라"(계 11:1-19).

요한 계시록 11 장에는 **"두 감람나무와 두 촛대"**의 사역을 기록하고 있습니다. 두 감람나무는 하나님의 두 종을, 두 촛대는 유대인과 이방인 중에 세우신 하나님의 교회를 지칭하는 말씀입니다. 그런데 어떤 이들이 이 말씀들을 잘못 해석해서 많은 이단들이 나왔습니다.

대표적인 예가 박태선 장로의 감람나무 교회, 즉 전도관(傳導館)이라고 불렸던 무리입니다. 박태선(1917~1990)은 1955 년에 한국 예수교 전도관 부흥협회(전도관)를 창시해서 교주가 되었습니다. 그는 자기가 요한 계시록에 기록된 감람나무라고 외쳤습니다. 그는 말년에 전도관을 천부교(天父教)로 개명(改名) 하고 자신이 창조주 하나님이라고 주장했습니다.

박태선은 신약 성경의 98%가 거짓말이며 예수는 사탄의 자식이라는 등 기독교를 전면 부정하는 천부교 교리를 발표하였습니다. 천부교의 신자들은 지금도 신앙촌(信仰村)이라는 공동체를 형성하고 모여 삽니다. 자기가 참 감람나무라고 주장했던 박태선은 언급할 가치도 없는 이단 괴수입니다.

두 감람나무는 누구를 지칭하는가?

"두 감람나무와 두 촛대"는 마지막 때에 하나님의 진리의 복음을 선포할 하나님의 종과 교회를 의미합니다. 하나님은 이스라엘 백성을 제사장 족속으로 삼아서 그들에게 하나님의 말씀을 맡기시고 구원의 도가 전 세계의 모든 민족에게 퍼지도록 계획하셨습니다. 하나님은 예루살렘에서 즉 이스라엘에서 시작된 복음이 땅끝까지 전파되어서 모든 인류가 구원을 받기 원하셨습니다.

"베드로에게 역사하사 그를 할례자의 사도로 삼으신 이가 또한 내게 역사하사 나를 이방인에게 사도로 삼으셨느니라 또 내게 주

신 은혜를 알므로 기둥 같이 여기는 야고보와 게바와 요한도 나와 바나바에게 교제의 악수를 하였으니 이는 우리는 이방인에게로, 저희는 할례자에게로 가게 하려 함이라"(갈 2:8-9).

초대 교회 시절에, 할례당의 문제로 교회 지도자들이 예루살렘에 모였습니다. 그들은 깊은 논의를 한 후에 위의 말씀과 같이 결론을 내렸습니다. 성경은 유대인의 구원과 이방인의 구원으로 나누어서 구원의 역사를 기록합니다. 하나님께서는 아브라함을 믿음의 조상으로 세우시고 천하 만민이 아브라함을 통해서 하늘의 축복을 받게 하셨습니다.

따라서 **"두 감람나무"**는 마지막 때에 **"작은 책"**에 기록된 진리의 복음을 증거할 두 종을 의미합니다. 그렇다고 "하나님은 어떤 특정한 두 인물만을 세우신다"라고 이해하는 것은 편협한 해석입니다. 기드온과 함께한 300 명의 용사들이 있었듯이, 하나님은 이스라엘 백성에게 복음을 전파할 종들과 이방인들에게 복음을 전파할 종들을 많이 일으키실 것입니다. 그중에서 하나님의 기름부음을 받은 믿음의 두 종을 하나님께서는 **"두 감람나무"**로 세우십니다.

초대 교회에도, 수많은 믿음의 종들이 있었습니다. 예루살렘 교회에는 야고보나 베드로처럼 기둥같이 여김을 받던 종들이 있었고, 이방인의 구원을 위해서는 하나님께서 사도 바울을 세우셔서 복음의 기수 역할을 하게 했습니다.

"두 촛대"는 두 교회입니다. **"하나님의 교회"**란 **"그리스도 예수 안에서 거룩하여지고 성도라 부르심을 입은 자들"**(고전 1:2)의 모임입니다. 따라서 죄 사함을 받지 못한 기독죄인(基督罪人)들의 모임은 하나님의 교회가 아닙니다.

진리의 원형복음(原形福音)을 믿어서 거듭난 의인들의 모임은 하나입니다. 마지막 환난의 때에, 하나님의 종들과 연합해서 복음을 증거할 교회가 이스라엘 백성 중에도 서고 이방인들 중에도 견고히 서서 **"물과 피의 복음"**을 힘차게 증거할 것입니다.

복음의 변질과 사단 마귀의 플랜 B(Plan B)

"물과 피의 복음"(요일 5:6)이 성경대로의 복음이며, 원형(原形)의 복음입니다. 바울은 제 2 차 선교 여행 중에 고린도에 복음을 전했습니다. 그런데 고린도 교회는 복음의 진리 위에 견고하게 서지 못했습니다. 사도들의 천거서를 가지고 예루살렘에서 왔다는 거짓자들이 고린도 교회에 들어와서 사도 바울을 폄훼하고 바울이 전한 진리의 복음을 훼방했습니다. 그들은 복음만 믿어서 구원을 받는 것이 아니며 할례도 받아야 한다고 가르쳤습니다. 그들은 하나님의 자녀들이 받았던 진리의 복음을 율법주의의 누룩으로 혼잡케 했습니다.

그 후에 사단 마귀는 플랜 B(Plan B)의 계략을 펼쳤습니다. 진리의 복음이 전파되지 못하도록 온갖 핍박과 선동을 하여도 복음이 들불처럼 퍼져 나가자, 사단 마귀는 계략을 바꿨습니다. 진리의 복음인 **"물과 피의 복음"**에서 물(예수님이 받으신 세례의 능력)을 빼 버린 반쪽짜리의 복음을 퍼뜨렸습니다. 이는 그 가라지의 복음이 온 땅을 덮게 해서 알곡의 복음은 뿌리를 내리지 못하게 하려는 계략이었습니다. 사단 마귀의 계략은 큰 성공을 거두었습니다. 그 결과, 오늘날의 기독교는 십자가의 피만의 복음을 믿게 되었고, 기독교인들은 기독죄인(基督罪人)으로 남게 되었습니다.

"만일 누가 가서 우리의 전파하지 아니한 다른 예수를 전파하

거나 혹 너희의 받지 아니한 다른 영을 받게 하거나 혹 너희의 받지 아니한 다른 복음을 받게 할 때에는 너희가 잘 용납하는구나"(고후 11:4).

초대 교회 시절의 고린도 교회가 **"다른 복음"**으로 오염되었듯이, 기독교인들은 온전한 복음이 아닌 반쪽짜리의 복음, 사단 마귀가 뿌려 놓은 가라지의 복음을 믿고 있습니다. **"다른 복음"**을 믿는 그들은 결국 자기에게 죄가 있으니까, 마치 아담이 범죄한 후에 무화과 나뭇잎으로 치마를 엮어서 입었듯이, 자기의 선한 행위와 공로를 쌓아서 자기의 수치를 가리려고 노력합니다. 그들은 예수님을 구주로 고백하면서도 자기의 헌신적인 믿음, 희생, 봉사, 헌금, 체험 등을 자랑하게 됩니다.

우리에게는 자랑할 것이 있습니까? 전혀 없습니다. 우리는 지옥에 가야 마땅한 자들인데 오직 하나님께서 우리를 **"이처럼 사랑하사"** 당신의 외아들을 아낌없이 대속(代贖)의 제물로 보내 주셨습니다. 흠 없는 제물, 즉 하나님의 어린양으로 오신 예수님께서는 인류의 대표자인 세례 요한에게 안수의 형식으로 세례를 받으셨습니다. 예수님은 그 세례로 인류의 모든 죄를 단번에 다 짊어지셨습니다.

그래서 세례를 받으신 이튿날에, **"보라 세상 죄를 지고 가는 하나님의 어린 양이로다"**(요 1:29)라는 증거를 받으셨습니다. 세상 죄를 짊어지신 예수님은 십자가로 가셔서, 홀로 대속의 심판을 받아 주셨습니다. 예수님은 **"다 이루었다"**(요 19:30) 하시기까지 흘리신 피로 우리의 모든 죗값을 다 갚아 주셨습니다. 우리는 예수님께서 홀로 드려 주신 **"한 영원한 제사"**(히 10:12)를 믿어서 값없이 죄 사함을 받고 의롭다 하심을 얻었습니다.

그러므로 우리에게는 자랑할 것이 전혀 없습니다. 누구든지 자기를 자랑하는 자는 구원을 받지 못합니다. 예수 그리스도께서 물과 피로 우리를 구원해 주신 완전한 구원의 사역 외에, 우리는 자랑할 것이 없습니다. 하나님의 구원의 역사에 우리의 선한 행위는 0.00001%라도 끼어들어 갈 자리가 없습니다. 자기가 경험한 영적 체험이나 자기의 헌신이나 봉사나 공로나 선행 등을 구원받은 증거라고 내뱉는 자는 구원을 받은 자가 아닙니다.

"이는 물과 피로 임하신 자니 곧 예수 그리스도시라 물로만 아니요 물과 피로 임하셨고 증거하는 이는 성령이시니 성령은 진리니라 증거하는 이가 셋이니 성령과 물과 피라 또한 이 셋이 합하여 하나이니라"(요일 5:6-8).

예수님께서 완성시켜서 우리에게 주신 구원의 복음에서, 예수님께서 받으신 세례를 빼 버린 복음은 반쪽짜리의 **"다른 복음"**입니다. 그것은 마치 구약에 속죄 제사를 드릴 때에, 흠 없는 염소를 끌고 와서는 안수도 하지 않고 목을 따서 제사를 드린 것과 같습니다. 제물의 머리에 안수를 하지 않고 드린 제사는 불법(不法) 제사입니다. 그런 제사로는 죄 사함을 받을 수 없습니다.

오늘날의 기독교인들도 예수님께서 안수의 형식으로 받으신 세례를 믿지 않기 때문에, 예수님을 구주로 고백하면서도 자기의 죄가 마음에 그대로 있습니다. 그런 이들은 기독죄인으로 남아 있을 수밖에 없습니다. 기독교인들이 진리의 원형복음(原形福音)을 모르기 때문에, 예수님을 자기의 구주라고 고백을 하며 수없이 영접 기도를 해도 죄인으로 남게 되는 것입니다.

또한 예수님의 세례를 믿음으로 고백하지 않고도 죄가 없다는 자는 거짓말쟁이입니다. **"죄의 삯은 사망"**(롬 6:23)입니다. 기독죄인(基督罪人)들은 지옥에 갑니다.

하나님은 모든 죄인들을 구원하기 원하십니다. 마지막 때에도 하나님은 끝까지 당신의 사랑의 끈을 놓지 않으십니다. 하나님께서는 하나님을 믿지 않는 죄인들뿐만 아니라 예수님을 믿는다고 고백하면서도 죄 사함 받지 못한 기독죄인(基督罪人)들에게도 끝까지 구원받을 기회를 주십니다.

우리 의인들은 "하나님은 왜 환난의 때까지 우리를 이 땅에 남겨 두시나? 환난이 오기 전에 우리를 데려가시지……" 하고 생각할 수 있습니다. 그것은 우리의 소원이지만, 하나님의 뜻은 아닙니다.

많은 사람들이 요한 계시록을 해석하면서, 자기 육신의 욕망을 좇아서 "환난 전(患難前) 휴거설"을 주장하고 옹호합니다. 믿는 자는 환난이 오기 전에 휴거 된다는 "환난 전(患難前) 휴거설"은 거짓입니다. 거듭난 의인들도 환난이 거의 끝날 때까지, 즉 일곱 번째 나팔이 불릴 때까지, 이 땅에 남아 있습니다. 우리는 환난 중에도 진리의 복음을 증거할 것입니다. 그것이 하나님께서 환난 중에도 우리를 이 땅에 남겨 두신 뜻입니다.

일곱 번째 나팔이 불릴 때에, 환난을 이긴 우리 의인들은 부활과 휴거에 들어갑니다. 그리고 구원의 문은 닫힙니다. 그때부터 우리는 아무 염려가 없습니다. 그러나 일곱 번째 나팔이 불리면, 죄인들에게는 더 이상 구원의 기회는 없습니다.

일곱 번째 나팔 소리가 울릴 때까지 하나님은 의인들을 지키신다

"일곱째 천사가 나팔을 불매 하늘에 큰 음성들이 나서 가로되 세상 나라가 우리 주와 그 그리스도의 나라가 되어 그가 세세토록 왕 노릇 하시리로다 하니"(계 11:15).

요한 계시록에는 일곱 번째 나팔에 대한 예언의 말씀이 자주 등장합니다. 일곱째 나팔이 요한 계시록의 클라이맥스입니다. 하나님께서 우리들에게 왜 자꾸 일곱 번째 나팔에 관한 말씀을 하십니까? "너희들은 일곱 번째 나팔이 불릴 때까지 복음 전파의 사명을 다해야 한다"라고 주님은 말씀하십니다.

마지막 때에 우리를 덮어 올 환난 중에도 우리 의인들은 이 땅에 남아 있어야 할 이유가 있습니다. 극심한 환난 중에도 우리는 진리의 복음을 외쳐 전파해야 합니다. **"두 감람나무와 두 촛대"**에 대한 예언의 말씀은, 하나님께서 그렇게 할 수 있도록 하나님의 종들을 세우시고 또 당신의 교회도 견고하게 지켜 주신다는 뜻입니다.

"또 내게 지팡이 같은 갈대를 주며 말하기를 일어나서 하나님의 성전과 제단과 그 안에서 경배하는 자들을 척량하되 성전 밖 마당은 척량하지 말고 그냥 두라 이것을 이방인에게 주었은즉 저희가 거룩한 성을 마흔두 달 동안 짓밟으리라"(계 11:1-2).

이 말씀은 하나님의 백성이 거하는 하나님 교회는 보호하시고, 사단 마귀에게 짓밟힐 죄인들의 영역은 사단에게 내어 주시겠다는 뜻입니다. 다섯 번째 나팔이 불려진 후부터 일곱 번째 나팔이 불려질 때까지, 사단 마귀가 등장해서 본격적으로 활개치는 환난의 때를 너무 두려워하지 마십시오. 하나님께서 우리들에게 복음 전파의 귀한 소명을 주실 때에는, 그 소명을 능히 행할 수 있도록 우리들을 보호하시고 또 우리들에게 담대한 믿음도 주십니다. 우리 안에 거하시는 성령께서 우리가 복음을 담대하게 외치게 하시고, 만일 순교할 때가 오면, 그 순간을 기쁨으로 맞이할 믿음도 주십니다.

"두 감람나무와 두 촛대"는 의인들의 마지막 소명을 위해서 주시는 하나님의 약속입니다. 하나님은 당신의 종들에게 큰 권능을 주십니다. 하나님은 하늘을 닫아서 비가 내리지 않게 하고 물을 치면 물이 핏빛으로 변하는 권능을 하나님의 종들과 교회에 주십니다. 사단 마귀가 성전의 바깥 마당을 마흔두 달 동안 마음껏 유린하게 허락하시지만, 성전 안 마당인 하나님의 교회는 하나님께서 해를 입지 않도록 지켜 주십니다. 그러므로 여러분은 지나치게 염려하지 마십시오.

이제 하나님의 종들이 권능을 행하다가 무저갱에서 올라온 짐승, 즉 사단 마귀의 하수인에게 죽임을 당합니다. **"두 감람나무"**가 죽임을 당했다가 사흘 반 만에 하늘로부터 생기가 들어와서 두 종이 생명을 얻고 일어섭니다. 그들은 하늘로부터 올라오라는 음성을 듣고 하늘로 올라갑니다. 마치 에녹이나 엘리야처럼, 성도들의 부활과 휴거가 있기 전에, 두 종이 먼저 부활하고 휴거(携擧) 되는 현장을 모두가 목격하게 됩니다. 그때에 많은 원수들, 즉 사단 마귀의 하수인들도 그 장면을 목격하고 놀라며 하나님을 두려워할 것입니다.

"그 시에 큰 지진이 나서 성 십분의 일이 무너지고 지진에 죽은 사람이 칠천이라 그 남은 자들이 두려워하여 영광을 하늘의 하나님께 돌리더라"(계 11:13).

두 감람나무가 다시 생명을 얻고 하늘로 올라가는 것을 보고 사람들이 놀라고 있는 그때에, 이 땅에 큰 지진이 나서 성 십분의 일이 무너지고 칠천 명이 죽는 사태가 일어납니다. 그런데 **"그 남은 자들이 두려워하여 영광을 하늘의 하나님께 돌리더라"**라는 말씀은, 그때에 구원의 역사가 있다는 말씀입니다. 물론 마지막 때에는 더욱더 마음을 강퍅하게 해서 끝까지 하나님을 대적하는 자들이 많을 것입니다. 그러나 하나님은 구원의 끈을 끝까지 놓지 않으시고, 죄인들 중에서 하나님을 두려워하는 자들을 얼마라도 구원하십니다. 죄인들이 진리의 복음을 믿는다고 고백하는 것이 하나님께 가장 큰 영광을 돌리는 일입니다. 구원의 기쁜 소식이 하나님께서 받으시는 가장 큰 영광입니다.

"일곱째 천사가 나팔을 불매 하늘에 큰 음성들이 나서 가로되 세상 나라가 우리 주와 그 그리스도의 나라가 되어 그가 세세토록 왕 노릇 하시리로다 하니"(계 11:15).

드디어 일곱째 나팔이 울려 퍼집니다. 그러면 온갖 역경과 고난과 환난을 견디며 믿음으로 하나님의 뜻에 순종했던 하나님의 자녀들이 홀연히 변화되어 부활의 몸을 입고 공중으로 끌려 올라가는 휴거의 역사가 일어납니다.

요한 계시록 11 장은 "일곱째 나팔이 울려 퍼지기까지 우리 의인들은 복음을 증거해야 한다. 하나님께서 그 사역을 담당하라고 의인들을 이 땅에 남겨 두신 것이다. 우리의 충성스러운 복음 전파의 사역으로 인해서 마지막 때에 하늘의 하나님께 영광을 돌리는 자들이 많이 일어난다"라고 말씀하십니다.

"내가 마지막 환난의 때를 어떻게 견디겠나? 나는 어떻게든 견디겠지만, 내 눈앞에서 내 자식들을 짓밟고 고문하면, 내가 어떻게 믿음을 지키겠나?" 하고 염려하지 마십시오. 하나님께서는 전능한 신입니다. 하나님은 우리의 모든 사정과 우리의 연약함을 속속들이 아시는 분이십니다. 하나님은 성전 바깥 마당에 거하는 자들이 마흔두 달 동안 짓밟힐 때에, 성전 안에 거하는 자들을 보호하십니다. 그때에 하나님께서 우리들에게 성령을 충만하게 부어 주셔서, 극한 환난을 능히 견디고 이기게 하십니다.

"이것을 너희에게 이름은 너희로 내 안에서 평안을 누리게 하려 함이라 세상에서는 너희가 환난을 당하나 담대하라 내가 세상을 이기었노라 하시니라"(요 16:33).

주님께서 공중에 재림하시기까지 우리가 환난을 겪을 것인데, 그렇더라도 너무 염려하지 마십시오. 주님은 **"세상에서는 너희가 환난을 당하나 담대하라 내가 세상을 이기었노라"**라고 선포하셨습니다. 옛 뱀인 사단 마귀의 머리를 짓밟으신 분이 우리의 구원자 예수님입니다. 우리 주님은 우리와 끝까지 함께 하실 것입니다.

그러므로 하나님께서 우리에게 무엇을 하라고 극심한 환난의 때까지 우리를 이 땅에 남겨 두시는지를 우리가 알고, 여러분은 지레 겁먹고 염려하지 마십시오. 오히려 여러분은 평안하고 담대하게 하루하루를 믿음으로 사시기를 바랍니다.

하나님의 교회와 사단의 영적 전쟁

“하늘에 큰 이적이 보이니 해를 입은 한 여자가 있는데 그 발 아래는 달이 있고 그 머리에는 열두 별의 면류관을 썼더라

이 여자가 아이를 배어 해산하게 되매 아파서 애써 부르짖더라

하늘에 또 다른 이적이 보이니 보라 한 큰 붉은 용이 있어 머리가 일곱이요 뿔이 열이라 그 여러 머리에 일곱 면류관이 있는데

그 꼬리가 하늘 별 삼분의 일을 끌어다가 땅에 던지더라 용이 해산하려는 여자 앞에서 그가 해산하면 그 아이를 삼키고자 하더니

여자가 아들을 낳으니 이는 장차 철장으로 만국을 다스릴 남자라 그 아이를 하나님 앞과 그 보좌 앞으로 올려가더라

그 여자가 광야로 도망하매 거기서 일천이백육십일 동안 저를 양육하기 위하여 하나님의 예비하신 곳이 있더라

하늘에 전쟁이 있으니 미가엘과 그의 사자들이 용으로 더불어 싸울쌔 용과 그의 사자들도 싸우나

이기지 못하여 다시 하늘에서 저희의 있을 곳을 얻지 못한지라

큰 용이 내어 쫓기니 옛 뱀 곧 마귀라고도 하고 사단이라고도 하는 온 천하를 꾀는 자라 땅으로 내어 쫓기니 그의 사자들도 저와 함께 내어 쫓기니라

내가 또 들으니 하늘에 큰 음성이 있어 가로되 이제 우리 하나님의 구원과 능력과 나라와 또 그의 그리스도의 권세가 이루었으니 우리 형제들을 참소하던 자 곧 우리 하나님 앞에서 밤낮 참소하던 자가 쫓겨 났고

또 여러 형제가 어린 양의 피와 자기의 증거하는 말을 인하여

저를 이기었으니 그들은 죽기까지 자기 생명을 아끼지 아니하였도다

그러므로 하늘과 그 가운데 거하는 자들은 즐거워하라 그러나 땅과 바다는 화 있을찐저 이는 마귀가 자기의 때가 얼마 못된 줄을 알므로 크게 분내어 너희에게 내려갔음이라 하더라

용이 자기가 땅으로 내어쫓긴 것을 보고 남자를 낳은 여자를 핍박하는지라

그 여자가 큰 독수리의 두 날개를 받아 광야 자기 곳으로 날아가 거기서 그 뱀의 낯을 피하여 한 때와 두 때와 반 때를 양육 받으매

여자의 뒤에서 뱀이 그 입으로 물을 강 같이 토하여 여자를 물에 떠내려 가게 하려 하되

땅이 여자를 도와 그 입을 벌려 용의 입에서 토한 강물을 삼키니

용이 여자에게 분노하여 돌아가서 그 여자의 남은 자손 곧 하나님의 계명을 지키며 예수의 증거를 가진 자들로 더불어 싸우려고 바다 모래 위에 섰더라"(계 12:1-17).

하나님의 교회의 위용

"하늘에 큰 이적이 보이니 해를 입은 한 여자가 있는데 그 발 아래는 달이 있고 그 머리에는 열두 별의 면류관을 썼더라"(계 12:1).

요한 계시록 12 장의 말씀은 하나님의 교회와 사단 마귀의 영적 전쟁에 관한 말씀입니다. **"해를 입은 한 여자"**는 하나님의 교회를 가리킵니다.

가톨릭교회는 이 말씀을 오해해서, **"해를 입은 한 여자"**는 마리아라고 해석합니다. 그들은 **"여자가 아들을 낳으니 이는 장차 철장으로 만국을 다스릴 남자라 그 아이를 하나님 앞과 그 보좌 앞으로 올려가더라"(계 12:5)**는 말씀을 곡해(曲解) 해서 **"해를 입은 한 여자"**는 성모(聖母) 마리아라고 확신합니다. 그래서 **"발 아래는 달이 있고 그 머리에는 열두 별의 면류관"**을 쓴 마리아의 형상을 가톨릭의 성화들(icons)에서 많이 발견할 수 있습니다.

그러나 요한 계시록 12 장 전체를 읽어 보면, **"해를 입은 한 여자"**는 마리아라는 특정 인물을 지칭하는 말씀이 아닙니다. 그것은 하나님의 교회를 의미합니다. 하나님의 교회는 하나님께서 너무나 아름답게 여기는 영적 실체(實體)입니다. 해와 달과 별들이 교회를 빛나게 합니다.

하나님의 교회는 인류의 태초부터 있었습니다. 하나님은 인류 역사의 시작에서부터 당신의 교회를 통해서 당신의 구원의 섭리를 전개하십니다. 하나님께서 아담과 하와를 창조하셨는데, 첫 사람 아담의 때부터 하나님 교회는 존재했습니다. 아담이 범죄한 후에, 하나님께서는 아담에게 가죽옷의 복음을 주셨습니다. 아담의 가족들은 하나님의 의의 복음을 믿고 거듭나서 하나님의 교회를 형성하게 되었습니다.

하나님은 인류의 시초부터 의의 복음으로 당신의 교회를 세우시고 믿음의 사람들을 세워 주셔서 당신의 교회를 지켜 주셨습니다. 하나님의 교회는 면면히 이어져 내려왔고, 하나님의 교회는 하나뿐입니다. 의인들의 모임인 하나님의 교회 외에 다른 교회는 없습니다. 그래서 성경은 하나님의 교회를 **"어려서 취한 아내"(말**

2:14-15)라고 지칭합니다.

하나님의 교회는 구약 시대나 신약 시대나 동일한 믿음을 지켰습니다. 구약 시대의 하나님의 교회는 속죄의 제사에 계시된 하나님의 구원의 복음을 믿어서 거듭난 의인들의 모임이었습니다.

"그러나 노아는 여호와께 은혜를 입었더라 노아의 사적은 이러하니라 노아는 의인이요 당세에 완전한 자라 그가 하나님과 동행하였으며 그가 세 아들을 낳았으니 셈과 함과 야벳이라"(창 6:8-10).

노아는 하나님의 은혜로 죄 사함을 받은 의인(義人)이었습니다. 그의 아들들과 아내와 며느리들도 모두 의인이었습니다. 노아의 시대에는, 노아의 가족 여덟 명이 하나님의 교회였습니다. 비록 숫자는 적었지만, 하나님 교회는 하나님의 의를 믿는 믿음을 지키고 면면히 이어 왔습니다.

어려서 취한 아내, 유일한 하나님의 교회

"너희가 이런 일도 행하나니 곧 눈물과 울음과 탄식으로 여호와의 단을 가리우게 하도다 그러므로 여호와께서 다시는 너희의 헌물을 돌아보지도 아니하시며 그것을 너희 손에서 기꺼이 받지도 아니하시거늘

너희는 이르기를 어찜이니까 하는도다 이는 너와 너의 어려서 취한 아내 사이에 여호와께서 일찌기 증거하셨음을 인함이니라 그는 네 짝이요 너와 맹약한 아내로되 네가 그에게 궤사를 행하도다 여호와는 영이 유여하실찌라도 오직 하나를 짓지 아니하셨느냐 어찌하여 하나만 지으셨느냐 이는 경건한 자손을 얻고자 하심이니라

그러므로 네 심령을 삼가 지켜 어려서 취한 아내에게 궤사를 행치 말찌니라"(말 2:13-15).

하나님께서 말라기(Malachi) 선지자를 통해서 이스라엘 백성이 **"어려서 취한 아내"**를 버렸다고 이스라엘 백성을 책망하시는 말씀입니다. **"어려서 취한 아내"**는 인류 역사의 시초부터 하나님께서 당신의 백성들에게 허락하신 하나님의 교회를 의미합니다.

말라기 선지자의 시대에 이스라엘 백성들은 하나님 교회를 버렸습니다. 여호와의 단은 구원의 복음을 지칭하는데, 그들은 **"눈물과 울음과 탄식으로 여호와의 단을 가리우게"** 했습니다. 이스라엘 백성들은 하나님께서 거듭난 의인들에게 맡겨 주신 그 구원의 법을 버렸고, **"어려서 취한 아내"**인 하나님의 교회를 버렸습니다.

"하나님의 영이 유여하실지라도 오직 하나를 짓지 아니하셨느냐 어찌하여 하나만 지으셨느냐 이는 경건한 자손을 얻고자 하심이니라."

하나님 교회는 하나입니다. 거듭난 의인들의 모임은 전 세계적으로 하나입니다. 그 외에 다른 교회는 없습니다. 예수님을 믿는다고 고백하지만 마음에 죄가 그대로 있는 기독죄인(基督罪人)들의 모임은 하나님의 교회가 아닙니다.

"하나님은 영이 유여하실지라도 오직 하나를 짓지 아니하셨느냐"라는 말씀은 하나님은 능력이 많지만, 인류에게는 **"어려서 취한 아내"**인 당신의 교회를 하나만 세워 주셨다는 뜻입니다. 인류의 시원(始原)부터 세워 주신 하나님의 교회는, 동일한 진리의 복음을 믿어서 죄 사함 받은 의인들의 모임이기 때문에, 전 세계에 어디 있든지 하나입니다. 진리의 복음을 믿어서 거듭난 의인들은 이전에 서로 얼굴을 본 적이 없어도, 만나면 바로 빛 가운데서 교제하며 한 몸을 이룹니다. 의인들끼리는 서로 이질감이 전혀 없습니다.

"여자가 아들을 낳으니 이는 장차 철장으로 만국을 다스릴 남자라 그 아이를 하나님 앞과 그 보좌 앞으로 올려가더라 그 여자가 광야로 도망하매 거기서 일천이백육십일 동안 저를 양육하기 위하여 하나님의 예비하신 곳이 있더라"(계 12:5-6).

하나님은 당신의 교회를 통해서 예수 그리스도를 보내 주셨습니다. 구약의 이스라엘 백성은 하나님의 교회입니다. 하나님의 구원의 도를 지킨 자들이 하나님의 교회인데, 그 약속의 백성을 통해서 남자아이로 계시된 예수 그리스도를 이 땅에 보내 주셨습니다. 예수님은 장차 철장(鐵杖)으로 만국을 다스릴 만왕(萬王)의 왕입니다. 교회는 환난의 때에 광야에 거하면서 예수님을 구주로 마음에 품고, 사단 마귀와의 영적 전쟁을 준비합니다.

사단 마귀의 유래와 영적 전쟁

"하늘에 또 다른 이적이 보이니 보라 한 큰 붉은 용이 있어 머리가 일곱이요 뿔이 열이라 그 여러 머리에 일곱 면류관이 있는데 그 꼬리가 하늘 별 삼분의 일을 끌어다가 땅에 던지더라"(계 12:3-4).

이 말씀은 사단 마귀가 어떻게 생겨났는지에 관한 말씀입니다. 원래 사단 마귀는 하나님께서 아주 능력이 있고 아름답게 지으신 천사장(天使長) 중의 하나였습니다. 하나님께서 그를 그렇게 능력 있고 아름답게 천사장으로 만들어 주셨더니, 그가 교만해져서 하나님을 대적했습니다. 그는 하늘의 천사들 중의 삼분의 일을 이끌고 하나님께 도전했습니다. 하룻강아지 범 무서운 줄 모른다는 속담처럼, 그는 하나님께 도전했다가 하늘에 있을 곳을 잃어버리고 찍혀서 이 땅에 꽂혔습니다.

땅으로 내쫓긴 천사장은 사단 마귀가 되어 하나님의 형상대로 만드신 인간들을 유혹하고 파멸시키는 일에 몰두했습니다. 그는 땅에 속한 자들, 즉 거듭나지 못한 영혼들을 지배하면서 그들을 통해서 하나님의 교회를 핍박하고 공격했습니다.

"그때에 너희가 그 가운데서 행하여 이 세상 풍속을 좇고 공중의 권세 잡은 자를 따랐으니 곧 지금 불순종의 아들들 가운데서 역사하는 영이라"(엡 2:2). 거듭나기 전의 모든 죄인은 공중 권세 잡은 자인 사단 마귀의 지배 아래 있습니다.

"용이 자기가 땅으로 내어쫓긴 것을 보고 남자를 낳은 여자를 핍박하는지라"(계 12:13).

사단 마귀는 남자를 낳은 여자, 즉 하나님 교회를 핍박합니다. 사단 마귀는 하늘에서 땅으로 쫓겨났고, 자기의 때가 길지 않다는 사실을 잘 알기에, 어떻게 하든지 하나님의 마음을 상하게 하려고 더욱더 발악을 합니다.

"그 여자가 큰 독수리의 두 날개를 받아 광야 자기 곳으로 날아가 거기서 그 뱀의 낯을 피하여 한 때와 두 때와 반 때를 양육받으매"(계 12:14).

하나님의 교회는 사단 마귀의 핍박과 계략을 피해서 광야 자기 곳으로 피신합니다. **"큰 독수리의 두 날개"**는 큰 믿음을 의미합니다. 하나님의 교회는 사단 마귀의 계략과 핍박을 피하기 위해서 세상과는 분리된 영적 광야에 믿음으로 거합니다. 하나님의 교회는 아무리 어려워도 세상과 또 거짓자들과는 손을 잡지 않습니다. 하나님의 교회는 세상의 가치를 좇지 않고, 또 세상적인 수단을 교회 안에 용납하지도 않습니다. 하나님의 교회는 세상의 인정을 받지 못해도 전혀 개의치 않습니다. 하나님의 교회는 오히려 세상의 배척을 받는 것을 기뻐합니다.

예수님께서는 **"모든 사람이 너희를 칭찬하면 화가 있도다 저희 조상들이 거짓 선지자들에게 이와 같이 하였느니라"**(눅 6:26)고 말씀하셨습니다. 그런데 기독교 안에는 세상 가치와 하나님을 겸하여 섬기는 자들이 많습니다. 그들은 **"나홀의 하나님"**(창 31:53)을 섬기는 자들입니다. 아브라함의 동생 나홀의 집안은 하나님과 드라빔을 겸하여 섬겼습니다. 입술로는 하나님의 이름을 부르지만, 실제로는 세상을 더 사랑하는 자들이 믿는 하나님이 **"나홀의 하나님"** 입니다.

오늘날 기독교인들도 세상의 가치를 그대로 좇습니다. 그들은 돈과 명예와 권력을 추구합니다. 선거철이 되면 많은 교단들이 유력한 정치인들과 손잡습니다. 목회자들은 대형 교회를 이루는 것을 목회(牧會)의 목표로 삼고 몇천 억씩 들여서 거대하고 화려한 예배당을 건축합니다.

성공한 목회자들은 그 안에서 대단한 권력을 누리며 왕 노릇을 합니다. 세상의 가치인 재산, 권력, 지위를 의미하는 3 P's(Property, Power, Prestige)를 세상 사람들과 똑같이 추구하는 것이 오늘날의 기독교입니다. 그들은 **"나홀의 하나님"**을 믿는 자들입니다.

그러나 하나님 교회는 세상과는 완전히 분리된 **"자기 곳,"** 즉 영적인 광야에 거합니다. 하나님의 교회는 세상과 손을 잡지 않습니다. 하나님의 교회는 뱀의 낯을 피하여 **"한 때와 두 때와 반 때"** 의 기간 동안 양육을 받습니다. 흠정역(欽定譯) 성경(KJV)에는 이 말씀이 "A time and times and half times"로 번역되어 있습니다. 마지막 때에, 그리 길지 않은 기간 동안, 하나님 교회가 사단 마귀의 핍박을 대비해서 믿음을 준비하는 기간이 있습니다.

사단 마귀의 계략에 맞서서 믿음으로 대결하는 하나님의 교회

"여자의 뒤에서 뱀이 그 입으로 물을 강 같이 토하여 여자를 물에 떠내려 가게 하려 하되 땅이 여자를 도와 그 입을 벌려 용의 입에서 토한 강물을 삼키니 용이 여자에게 분노하여 돌아가서 그 여자의 남은 자손 곧 하나님의 계명을 지키며 예수의 증거를 가진 자들로 더불어 싸우려고 바다 모래 위에 섰더라"(계 12:15-17).

뱀이 하나님의 교회를 멸망시키려고 더러운 물을 강같이 토했습니다. 그런데 땅이 입을 벌려서 그것을 다 마셨습니다. 그래서 하나님 교회는 용의 계략에 빠지지 않고 용의 공격을 벗어났습니다.

"주 여호와께서 가라사대 보라 날이 이를찌라 내가 기근을 땅에 보내리니 양식이 없어 주림이 아니며 물이 없어 갈함이 아니요 여호와의 말씀을 듣지 못한 기갈이라"(암 8:11).

사단 마귀의 입에서 토해 낸 강물은 거짓된 교리와 교훈입니다. 오늘날 사단의 일꾼들은 그럴듯한 거짓 설교의 똥물들을 홍수처럼 쏟아 냅니다. 더러운 강물은 영혼들에게 생명을 주는 생수(生水)가 아니라, 영혼들을 멸망시키는 온갖 거짓 교리와 교훈들입니다.

의인들은 그것들을 마시지 않습니다. 땅이 입을 벌려 그것들을 마십니다. 의인들을 대신해서, 거듭나지 못한 기독죄인들이 **"궁창 아래의 물"**들을 다 받아 마십니다. 거짓 선지자들의 입에서 나온 똥물들을 "아멘, 아멘!" 하며 받아 마시는 기독죄인(基督罪人)들을 보고 있으면 한숨만 나옵니다. 그들이 멸망을 받는 것은 마땅합니다.

하나님 교회는 세상과 분리된 영적인 광야에 거하면서 **"궁창 위의 물"(창 1:7)**만 마십니다. 그래서 성도들은 용이 토해 낸 더러운 물에 쓸려 내려가지 않습니다. 그러나 기독죄인(基督罪人)들은 **"궁창 아래의 물"**을 더 좋아합니다. 그들은 땅의 성분, 즉 육신의 욕망을 만족시켜 주는 거짓 교훈의 똥물들을 즐겨 마십니다.

그들은 이 땅에서 부자가 되고, 출세하고, 자식들이 잘되고, 유명해지기 위해서 예수님을 믿습니다. 그런 모든 것들은 세상의 가치들(social values)입니다. 고등학교 3 학년 학생들이 학력고사 볼 시기에는, 교회마다 새벽 기도의 열기가 불같습니다. 응시일 새벽에는 목사들이 학생들에게 안수 기도를 해 줍니다. 그들은 세상의 욕망이라는 우상을 품고 하나님의 이름을 부르는 자들입니다. 그들은 하나님을 믿는다고 고백하지만, 사실 그들은 드라빔을 섬깁니다. 그들의 하나님은 **"나홀의 하나님"**입니다.

"여자의 뒤에서 뱀이 그 입으로 물을 강 같이 토하여 여자를 물에 떠내려 가게 하려 하되 땅이 여자를 도와 그 입을 벌려 용의 입에서 토한 강물을 삼키니"(계 12:15-16).

"나홀의 하나님"을 믿는 자들이 입을 벌려서, 자기 입맛에 맞는 더러운 교훈의 홍수를 다 마셔 버립니다. 거듭나지 못한 목사들이 사단 마귀에게서 거짓말을 받아서 토해 내면, 기독죄인들은 너무나 좋아하며 다 받아 마십니다. 그러나 의인들이 사단의 종들이 쏟아내는 더러운 설교들을 들어보면, 너무나 유치하고 더러워서 구역질을 하며 눈살을 찌푸립니다. 하지만 기독죄인(基督罪人)들은 땅의 더러운 성분이 녹아 있는 **"궁창 아래의 물"**(창 1:7)을 즐거워하며 마십니다.

하나님의 교회에 속한 성도(聖徒)들은 순수하고 시원한 **"궁창 위의 물"**만 마십니다. 하나님 교회는 **"잠근 동산이요 덮은 우물이요 봉한 샘"**(아 4:12)입니다. 하나님의 교회는 세상의 더러운 교훈들이 들어오는 것을 절대로 허용치 않습니다. 하나님의 교회는 믿음의 날개로 날아서 영적 광야의 **"자기 곳"**에 거하면서 세상과는 분리된 거룩한 공동체를 형성하고 하나님의 뜻만을 준행합니다.

하나님의 교회는 태초부터 있었던, **"어려서 취한 아내"**입니다. 하나님은 당신의 교회를 당신의 구원의 섭리 안에 제일 먼저 설계하셨습니다. 하나님의 교회는 예수 그리스도의 정결한 신부입니다. 하나님의 교회는 사단 마귀의 어떠한 공격도 다 막아 내며, 암탉이 그 병아리를 품듯이 거듭난 의인들을 품고 양육해서 성도들을 믿음의 장성한 자들로 키워 냅니다.

피할 수 없는 영적 전쟁

"그 여자의 남은 자손 곧 하나님의 계명을 지키며 예수의 증거를 가진 자들로 더불어 싸우려고 바다 모래 위에 섰더라"(계 12:17).

"하나님의 계명을 지키며 예수의 증거를 가진 자"는 거듭난 의인들입니다. 하나님의 계명을 지키는 자는 예수님의 진리의 복음을 믿어서 거듭난 후에 그 진리의 복음을 위해서 자기를 드리는 자입니다. 그것이 새 계명입니다.

"새 계명을 너희에게 주노니 서로 사랑하라 내가 너희를 사랑

한 것 같이 너희도 서로 사랑하라”(요 13:34) 하신 말씀에서 언급된 사랑은 육신적인 사랑이 아니라 영적인 사랑입니다. 그 사랑은 **“진리의 사랑”(살후 2:10)**이며 구원의 사랑입니다.

예수님은 육신을 입고 이 땅에 오셔서 물과 피로, 즉 받으신 세례와 십자가의 피로 우리를 모든 죄에서 구원하셨습니다. 그 진리의 복음을 믿고 거듭나서 다른 영혼들도 구원을 받도록 영적인 사랑을 베푸는 우리는 새 계명을 지키는 자들입니다.

마지막 때에 **“하나님의 계명을 지키며 예수의 증거를 가진 자들”**은 사단 마귀의 군사들과 영적인 전쟁을 합니다. 우리 의인들은 믿음으로 담대하게 그들과 싸워서 이길 것입니다. 그때에 어떤 핍박이나 곤고도, 심지어 죽인다는 협박도 우리의 믿음을 포기하게 못합니다.

우리는 믿음으로 싸워서 이길 것입니다. 그렇게 이길 수 있도록 하나님께서 우리에게 교회를 주셨고 성령님을 주셨습니다. 하나님 교회와 연합한 종들과 성도들은 사단 마귀를 넉넉하게 이기고도 남습니다.

할렐루야!

환난의 절정: 두 짐승의 시대

“내가 보니 바다에서 한 짐승이 나오는데 뿔이 열이요 머리가 일곱이라 그 뿔에는 열 면류관이 있고 그 머리들에는 참람된 이름들이 있더라

내가 본 짐승은 표범과 비슷하고 그 발은 곰의 발 같고 그 입은 사자의 입 같은데 용이 자기의 능력과 보좌와 큰 권세를 그에게 주었더라

그의 머리 하나가 상하여 죽게 된 것 같더니 그 죽게 되었던 상처가 나으매 온 땅이 이상히 여겨 짐승을 따르고

용이 짐승에게 권세를 주므로 용에게 경배하며 짐승에게 경배하여 가로되 누가 이 짐승과 같으뇨 누가 능히 이로 더불어 싸우리요 하더라

또 짐승이 큰 말과 참람된 말 하는 입을 받고 또 마흔두 달 일할 권세를 받으니라

짐승이 입을 벌려 하나님을 향하여 훼방하되 그의 이름과 그의 장막 곧 하늘에 거하는 자들을 훼방하더라

또 권세를 받아 성도들과 싸워 이기게 되고 각 족속과 백성과 방언과 나라를 다스리는 권세를 받으니

죽임을 당한 어린 양의 생명책에 창세 이후로 녹명되지 못하고 이 땅에 사는 자들은 다 짐승에게 경배하리라

누구든지 귀가 있거든 들을찌어다

사로잡는 자는 사로잡힐 것이요 칼로 죽이는 자는 자기도 마땅히 칼에 죽으리니 성도들의 인내와 믿음이 여기 있느니라

내가 보매 또 다른 짐승이 땅에서 올라오니 새끼양 같이 두 뿔

이 있고 용처럼 말하더라

저가 먼저 나온 짐승의 모든 권세를 그 앞에서 행하고 땅과 땅에 거하는 자들로 처음 짐승에게 경배하게 하니 곧 죽게 되었던 상처가 나은 자니라

큰 이적을 행하되 심지어 사람들 앞에서 불이 하늘로부터 땅에 내려 오게 하고

짐승 앞에서 받은바 이적을 행함으로 땅에 거하는 자들을 미혹하며 땅에 거하는 자들에게 이르기를 칼에 상하였다가 살아난 짐승을 위하여 우상을 만들라 하더라

저가 권세를 받아 그 짐승의 우상에게 생기를 주어 그 짐승의 우상으로 말하게 하고 또 짐승의 우상에게 경배하지 아니하는 자는 몇이든지 다 죽이게 하더라

저가 모든 자 곧 작은 자나 큰 자나 부자나 빈궁한 자나 자유한 자나 종들로 그 오른손에나 이마에 표를 받게 하고

누구든지 이 표를 가진 자 외에는 매매를 못하게 하니 이 표는 곧 짐승의 이름이나 그 이름의 수라

지혜가 여기 있으니 총명 있는 자는 그 짐승의 수를 세어 보라 그 수는 사람의 수니 육백육십륙이니라"(계 13:1-18).

계시록 13 장은 환난의 절정의 시대에 관한 예언의 말씀입니다. 마지막 때에는 먼저 자연 재난(natural disasters)의 시대가 있습니다. 그리고 자연 재난이 극대화되어서 이 세상이 무질서와 혼란에 빠지게 되면, 전 세계를 장악해서 강압적으로 다스리는 극악한 통치자가 등장합니다. 그가 바로 계시록 13 장에 기록된 바다에서 나온 짐승이며 전 세계의 철권 통치자입니다.

"또 권세를 받아 성도들과 싸워 이기게 되고 각 족속과 백성과 방언과 나라를 다스리는 권세를 받으니"(계 13:7).

그런 강력한 통치자는 세상의 혼란기에 등장합니다. "난세에 영웅 난다"라는 속담처럼, 독재자들은 혼란하고 절박한 환경에서 등장합니다. 히틀러나 무솔리니가 강력한 독재자로 독일과 이탈리아를 장악했었습니다. 당시의 두 나라는 다른 유럽 국가들보다 산업혁명에 뒤져서, 경제가 어렵고 국민들의 불만은 극에 달했습니다. 그런 상황에서 그들이 자국민의 압도적인 지지를 받으면서 나치즘과 파시즘이라는 극악한 독재 체제를 이루게 되었습니다.

앞으로 전 세계적인 재난(災難)이 빈발하고 가중될 것입니다. 각처에 기근과 지진이 일어나고 또 기상 이변으로 식량이 부족하게 되면, 인간 사회는 약탈과 살인과 방화가 만연하는 무정부 상태(無政府狀態, Anarchy)로 들어갑니다. 그런 끔찍한 혼란 상태는 순식간에 전개될 수 있습니다.

뉴욕 정전 폭동(blackout riot)의 예를 보면, 우리 인간이 본래 얼마나 악하고 폭력적인지를 알 수 있습니다. 1977 년 7 월 13 일, 미국의 대도시인 뉴욕에서 역사상 최악의 정전 사태가 일어났습니다. 뉴욕시에 전기를 공급하는 발전소에 벼락이 떨어져서 뉴욕시 전체가 정전되었고 졸지에 칠흑 같은 밤을 맞게 되었습니다.

낮에는 그런대로 치안이 유지되었지만 밤이 되자, 전기가 끊겨 암흑의 세상이 된 뉴욕시 곳곳에서 폭도들이 일어나 절도와 방화를 시작했습니다. 이런 범죄의 광기가 도시의 각처에서 노출되자, 평범한 시민들마저 범죄의 대열에 합류했습니다. 그 결과 뉴욕시 전체는 순식간에 통제할 수 없는 무법천지가 되었습니다.

이날 밤, 뉴욕 전체에서 1,616 개의 상점들이 약탈을 당했고,

1,037 건의 화재가 발생했습니다. 강간과 성폭행도 엄청나게 발생해서, 정전 폭동 후 10 개월이 지난 시점에 뉴욕시의 출산율이 급증했다고 합니다.

"또 가라사대 사람에게서 나오는 그것이 사람을 더럽게 하느니라 속에서 곧 사람의 마음에서 나오는 것은 악한 생각 곧 음란과 도적질과 살인과 간음과 탐욕과 악독과 속임과 음탕과 흘기는 눈과 훼방과 교만과 광패니 이 모든 악한 것이 다 속에서 나와서 사람을 더럽게 하느니라"(막 7:20-23).

사람이란 근본적으로 마음속에 악하고 더러운 12 가지 죄를 가지고 태어납니다. 그 모든 죄악들이 사회의 규범이나 도덕의 통제, 양심의 제재나 율법 등에 의해서 눌려 있다가, 어떤 상황이 오면 걷잡을 수 없이 터져 나오게 됩니다.

요한 계시록은 앞으로 반드시 기근의 시대가 온다고 예언합니다. "사흘 굶어 도둑질 아니 할 놈 없다"라는 속담이 있습니다. 극도로 굶주린 사람들은 이성을 잃게 되고 만인에 의한 만인의 살육과 약탈과 폭동이 일어나게 될 것입니다.

폭도들이 아무 집이나 쳐들어가서 빼앗고 죽이는 무정부 상태가 되면, 사람들은 누군가 강력한 통치자가 등장해서 이런 혼돈(Chaos)의 상태를 수습해 주기를 간절히 바라게 됩니다. 그때가 옛 뱀이라고도 하고 용이라고도 불리는 사단 마귀가 자기의 하수인을 내세워서 세상을 장악하는 때입니다.

바다에서 나온 짐승과 땅에서 올라온 짐승

"내가 보니 바다에서 한 짐승이 나오는데"(계 13:1).

이 짐승이 바로 나라와 족속과 백성과 방언을, 즉 전 세계를 다스릴 강력한 통치자입니다. 그가 세계의 통치자로 등장해서, 강력한 통치력으로 무너진 질서를 잡아 나갑니다. 그는 혼란한 질서를 잡아가면서 식량도 배급하고 폭도들을 처단합니다. 그래서 사람들은 그를 더욱더 지지하게 됩니다. 그의 인기는 하늘을 찌를 듯 높아집니다.

"내가 보매 또 다른 짐승이 땅에서 올라오니 새끼양 같이 두 뿔이 있고 용처럼 말하더라"(계 13:11).

사단 마귀가 자기의 또 다른 종을 올려 보내는데, 그 자는 종교계의 수장입니다. 그가 **"새끼양 같이 두 뿔이 있고 용처럼 말하더라"**라는 말씀은 그가 마치 예수님처럼 선한 모습으로 등장하지만, 그의 입에서 나오는 교훈은 사단 마귀의 것이라는 뜻입니다. 그는 겉보기에는 선하고 자비해 보입니다. 그러나 실상 그의 교훈은 사단 마귀의 거짓말들입니다. 그는 그런 거짓말들로 사람들을 속이고 유린해서 사람들을 사단 마귀의 종으로 만듭니다.

땅에서 올라온 짐승은 종교계의 수장(首長)입니다. 그는 전 세계의 통치자로 등극한 **"바다에서 나온 짐승"**을 돕습니다. 그는 세계 통치자가 하는 일들을 선전하고 또 사람들로 하여금 **"바다에서 나온 짐승"**에게 복종하게 해서 그의 조력자의 역할을 다합니다. 그는 바다에서 나온 짐승의 우상, 즉 세계 통치자의 우상을 만들어서 거룩한 곳에 세우고 사람들이 그 우상에게 절하도록 강요합니다.

이 우상이 바로 다니엘 선지자와 예수님께서 언급한 **"멸망의 가증한 것"**(the abomination of desolation, 마 24:15, 단 12:11)입니다. **"바다에서 나온 짐승"**의 우상이 재건된 예루살렘 성전에 세워질 것입니다. 그때부터 세상은 환난의 절정을 향해 치닫게 됩니다.

환난의 절정

그때부터는 감당할 수 없는 환난의 시대가 전개됩니다. **"또 짐승이 큰 말과 참람된 말 하는 입을 받고 또 마흔두 달 일할 권세를 받으니라"(계** 13:5). 주님은 바다에서 나온 짐승이 세계를 지배하고 성도들을 핍박하는 기간은 마흔두 달, 즉 삼 년 반이라고 말씀합니다. 땅에서 올라온 짐승이 세계 통치자를 칭송해서 신격화하고 우상을 세워서 모든 사람이 그 짐승의 우상에게 절하게 합니다.

그리고 그 거짓 선지자(땅에서 올라온 짐승)는 모든 사람들이 오른손이나 이마에 바다에서 나온 짐승의 표를 받게 합니다. 그 표는 세계 통치자의 상징적인 수(數)인데, 666 입니다.

"지혜가 여기 있으니 총명 있는 자는 그 짐승의 수를 세어 보라 그 수는 사람의 수니 육백육십륙이니라"(계 13:18).

인간은 모든 피조물들 중에서 가장 하나님께 가깝도록 창조되었습니다. 하나님의 형상대로 만들어진 인간의 능력도 대단합니다. 뇌 과학자들은 하나님께서 만들어 주신 두뇌의 능력을 보통 사람들은 2~3% 만 사용하며, 아인슈타인도 겨우 10% 정도를 사용했다고 주장합니다. 그러니 인간의 두뇌를 100% 다 쓰는 사람은 거의 신적인 능력을 갖는다는 뜻입니다. 성경에서 숫자 7 은 하나님을, 숫자 6 은 사람을 의미합니다. 따라서 666 이란 인간의 능력이 극대화된 걸출한 인물을 상징합니다.

거의 신적인 능력을 가진 통치자의 표를 받지 않으면, 아무도 매매를 하거나 배급을 받지 못합니다. 또 표를 받은 자들은 어디에 있든지 바다에서 나온 짐승의 손아귀를 벗어날 수 없습니다. 극소형 칩을 몸에 삽입해서 출입을 관리하는 일은 이미 기술적으로 완성되어 있습니다. 요즘 전자 칩을 자기 몸에 시술한 트랜스 휴먼(trans-human)들이 늘어나고 있습니다.

그렇게 대단한 능력을 가진 세계의 통치자(바다에서 나온 짐승)가 등장해서 세계를 지배합니다. 땅에서 올라온 짐승은 종교계를 통합한 거짓 선지자입니다. **"내가 보매 또 다른 짐승이 땅에서 올라오니 새끼양 같이 두 뿔이 있고 용처럼 말하더라"(계 13:11)**. 그의 외모는 새끼 양처럼 거룩하고 선하게 보이지만, 그는 사단 마귀의 거짓말을 대언(代言) 하는 자입니다.

이 두 인물이 세계를 지배하는데, 땅에서 올라온 짐승이 바다에서 나온 짐승의 조력자 역할을 합니다. 거짓 선지자는 세계 통치자의 우상을 만들어서 거룩한 곳에 세웁니다. 그리고 그는 사람들을 강제해서 그 우상에게 절하게 하며, 통치자의 상징인 666 표를 받게 하고, 그것으로써 전 세계를 통제합니다.

종교계를 통합하고 바다에서 나온 짐승 **"앞에서 이적을 행하던 거짓 선지자"(계 19:20)**가 바로 땅에서 올라온 짐승입니다. 땅에서 올라온 짐승은 어떤 한 종교의 우두머리가 아니라 세계의 모든 종교를 통합한 종교계의 수장입니다.

20 세기 초에 교회 일치 운동을 의미하는 에큐메니컬(Ecumenical) 운동이 일어나서, 제 2 차 세계 대전 후에는 세계 기독교 협의회(WCC)가 결성되었습니다. 이런 사상과 노선은 더 확대되어 기독교가 다른 종교들과도 서로 인정하고 교류하는 경향이 확대되고 있습니다. 가톨릭교회의 교황은 티벳 불교의 달라이 라마도 만나고 모슬렘의 수장도 만났습니다. 교회 일치나 종교 일치 운동은 겉으로는 참 이성적이고 문명적이며 선하게 보입니다. 선(善)을 추구하는 종교끼리 반목하고 살육하는 것은 반문명적이라고 그

들은 주장합니다.

그러나 하나님께서는 예수 그리스도 외에는 구원받을 다른 이름을 인류에게 주신 적이 없습니다(행 4:12). 또한 **"성령과 물과 피가 합하여 하나"(요일 5:8)**인 복음 이외에 다른 복음은 없습니다. 주님께서는 **"너희는 믿지 않는 자와 멍에를 같이 하지 말라"(고후 6:14)**고 명하셨습니다. 따라서 교회 일치 운동이나 종교 일치 운동은 하나님께로부터 온 것이 아니라, 사단 마귀로부터 온 것입니다. 그러한 운동의 최종 목적은 땅에서 올라온 짐승이 모든 종교를 통합하고 장악하는 것입니다.

"그때에 사람들이 너희를 환난에 넘겨주겠으며"(마 24:9).

바다에서 나온 짐승이 등장하면서 환난은 시작되고 환난은 마흔두 달 동안 지속됩니다. 그때에 우리 성도들에게 극심한 환난이 임합니다. 그러나 주님께서는 **"성경대로의 복음"(고전 15:3-4)**을 믿고 전하는 당신의 일꾼들을 끝까지 보호하십니다.

"내가 받은 것을 먼저 너희에게 전하였노니 이는 성경대로 그리스도께서 우리 죄를 위하여 죽으시고 장사 지낸바 되었다가 성경대로 사흘만에 다시 살아나사"(고전 15:3-4).

성경대로의 복음(the Gospel according to the Scriptures)이란 무엇입니까?

사도 바울이 고린도전서 15장에서 언급한 "성경"(the Scriptures)은 구약 성경을 말합니다. 그때는 아직 복음서들도 기록되기 전입니다. 구약 성경에는 구원의 계시로 속죄 제사의 규례가 기록되어 있습니다.

구약 성경의 속죄 제사는 반드시 다음의 세 가지 조건이 충족되어야 했습니다.

1. 흠 없는 제물
2. 안수(제물의 머리에 손을 얹어서 죄를 넘김)
3. 피 흘림(대속의 죽음)

이 뜻을 좇아, 예수 그리스도는 우리 인류의 죄를 대속하기 위해서 당신의 몸으로 **"한 영원한 제사"(히 10:12)**를 드리셨습니다.

1. 예수님은 육신을 입고 오신 하나님의 아들입니다. 따라서 예수님은 흠 없는 제물, 즉 하나님의 어린양입니다.

2. 어린양으로 오신 예수님은 인류의 대표자인 세례 요한에게 안수(按手)의 형식으로 세례를 받으심으로 세상의 모든 죄를 단번에 담당하셨습니다.

3. 예수님은 받으신 세례로 세상의 모든 죄를 담당하셨기에, 십자가에 못 박혀서 **"다 이루었다"(요 19:30)** 하시기까지 피를 흘려 주셨습니다. 예수님은 십자가의 피로 우리의 모든 죄를 완벽하게 대속(代贖) 하셨습니다.

이 세 증거(성령의 증거, 물의 증거, 피의 증거)를 다 포함하고 있는 복음만이 **"성경대로의 복음"**이며 유일한 진리의 복음입니다. **"물과 피로 임하신 자"(요일 5:6)** 예수 그리스도의 복음을 믿는 자는 모든 죄의 사함을 받고 거룩한 의인으로 거듭납니다.

이 세 증거(성령의 증거, 물의 증거, 피의 증거) 중에서 어떤 것 하나라도 뺀 복음은 **"새끼 양같이 두 뿔이 있지만 용처럼 말하는"** 자가 전파하는 **"다른 복음"**입니다. 거듭나지 못한 기독죄인(基督罪人)들은 **"다른 복음"**을 믿습니다. 그렇기 때문에 거듭난 의인들은 기독죄인들을 성도(聖徒)로 인정하거나 그들과 손을 잡지 않습니다.

우리 의인들은 비록 숫자가 적고 능력이나 재물도 없지만, 어떤 핍박을 당하더라도 끝까지 우리의 믿음을 지킬 것입니다. 이것이 빌라델피아 교회의 믿음입니다. 빌라델피아 교회는 적은 능력으로도 믿음을 지켰습니다. 주님께서는 빌라델피아 교회가 환난의 때를 면하게 하시겠다고 약속하셨습니다. 우리는 적은 능력으로도 진리의 복음을 끝까지 지켜서, 주님의 은혜로 환난의 때를 능히 견디고 이길 것입니다.

"그 날들을 감하지 아니할 것이면 모든 육체가 구원을 얻지 못할 것이나 그러나 택하신 자들을 위하여 그 날들을 감하시리라"(마 24:22).

환난은 분명히 올 것이기에, 우리는 앞으로 겪어야 할 고난을 염려합니다. 땅에서 올라온 짐승이 바다에서 나온 짐승 앞에서 **"큰 이적을 행하되 심지어 사람들 앞에서 불이 하늘로부터 땅에 내려 오게"**(계 13:13) 해서 사람들을 미혹할 것입니다. 그때에 큰 환난이 있겠지만, 진리의 복음을 전파하며 하나님의 말씀에 순종하는 자들 즉 빌라델피아 교회의 본을 좇는 자들을 위해서, 하나님은 환난의 날수를 감하시겠다고 약속하셨습니다.

하나님은 공의하십니다. 하나님께서는 당신 앞에서 믿음으로 순종하고 충성한 자들을 절대로 내치지 않습니다. 암탉이 병아리를 품듯이, 환난이 극심한 때에도 당신의 품에 우리를 안으시고 지켜주십니다. 그러므로 우리는 아직 주님께서 시간을 허락하셨을 때에 믿음을 다해서 진리의 복음을 전파해야 합니다. 우리는 적은 능력으로도 믿음을 지켜야 합니다. 우리는 이 땅의 것에 마음을 다 쏟지 말고 하늘에 보화를 쌓는 삶을 살아야 합니다.

진리의 복음은 오직 **"성령과 물과 피가 합하여 하나"**(요일 5:8)인 원형의 복음입니다. 그러나 대부분의 기독교인들은 **"물의 증거"**를 빼 버리고 십자가의 피만의 복음을 믿습니다. 그런 복음은 반쪽짜리의 복음이며, 새끼 양처럼 두 뿔이 있지만 용처럼 말하는 자의 복음인 줄 잊지 마십시오.

"만일 누가 가서 우리의 전파하지 아니한 다른 예수를 전파하거나 혹 너희의 받지 아니한 다른 영을 받게 하거나 혹 너희의 받지 아니한 다른 복음을 받게 할 때에는 너희가 잘 용납하는구나"(고후 11:4).

예수님을 믿는다고 고백하면서도 **"다른 복음"**인 반쪽짜리의 복음을 믿는 이들은 사실 **"다른 예수"**를 믿는 자들이며 **"다른 영"**을 받은 자들입니다. 그들은 평생 동안 예수를 믿고도 지옥에 갈 자들입니다. 그들은 자기도 공중 혼인 잔치에 들어가겠다고 기대를 잔뜩 했다가 주님에게 거절당했던 미련한 다섯 처녀와 같은 자들입니다.

에큐메니컬 운동을 하는 사람들은 외형상 굉장히 선해 보입니다. 세상의 기준이나 시각으로 볼 때에, 모든 종교를 객관적으로 인정하는 그들은 매우 훌륭하고 이성적이고 신사적입니다. 그러나 하나님의 말씀에 비춰 보면, 그들이 바로 **"새끼 양같이 두 뿔이 있고 용처럼 말"**(계 13:11) 하는 자입니다. 그들이 바로 사단 마귀의 종들이며 모든 사람을 미혹해서 지옥으로 끌고 갈 자들입니다.

누가 우리를 인정을 하든 말든, 누가 우리를 비난하거나 핍박하든 말든, 우리는 하나님 말씀을 좇아가는 자들입니다. 우리는 적은 능력으로도 믿음을 지킨 빌라델피아 교회의 본을 좇아서 오늘 하루를 살아야 합니다.

우리가 하루하루를 믿음으로 살아서 믿음의 큰 나무들이 되면, 환난의 날에도 하나님의 은혜로 사단 마귀의 간교한 계략과 핍박을 능히 이기고 끝까지 굳게 설 것입니다.

첫째 부활의 때까지 인내하라

“또 내가 보니 보라 어린 양이 시온산에 섰고 그와 함께 십사만 사천이 섰는데 그 이마에 어린 양의 이름과 그 아버지의 이름을 쓴 것이 있도다

내가 하늘에서 나는 소리를 들으니 많은 물소리도 같고 큰 뇌성도 같은데 내게 들리는 소리는 거문고 타는 자들의 그 거문고 타는 것 같더라

저희가 보좌와 네 생물과 장로들 앞에서 새 노래를 부르니 땅에서 구속함을 얻은 십사만 사천인 밖에는 능히 이 노래를 배울 자가 없더라

이 사람들은 여자로 더불어 더럽히지 아니하고 정절이 있는 자라 어린 양이 어디로 인도하든지 따라가는 자며 사람 가운데서 구속을 받아 처음 익은 열매로 하나님과 어린 양에게 속한 자들이니

그 입에 거짓말이 없고 흠이 없는 자들이더라

또 보니 다른 천사가 공중에 날아가는데 땅에 거하는 자들 곧 여러 나라와 족속과 방언과 백성에게 전할 영원한 복음을 가졌더라

그가 큰 음성으로 가로되 하나님을 두려워하며 그에게 영광을 돌리라 이는 그의 심판하실 시간이 이르렀음이니 하늘과 땅과 바다와 물들의 근원을 만드신 이를 경배하라 하더라

또 다른 천사 곧 둘째가 그 뒤를 따라 말하되 무너졌도다 무너졌도다 큰 성 바벨론이여 모든 나라를 그 음행으로 인하여 진노의 포도주로 먹이던 자로다 하더라

또 다른 천사 곧 세째가 그 뒤를 따라 큰 음성으로 가로되 만

일 누구든지 짐승과 그의 우상에게 경배하고 이마에나 손에 표를 받으면

그도 하나님의 진노의 포도주를 마시리니 그 진노의 잔에 섞인 것이 없이 부은 포도주라 거룩한 천사들 앞과 어린 양 앞에서 불과 유황으로 고난을 받으리니

그 고난의 연기가 세세토록 올라가리로다 짐승과 그의 우상에게 경배하고 그 이름의 표를 받는 자는 누구든지 밤낮 쉼을 얻지 못하리라 하더라

성도들의 인내가 여기 있나니 저희는 하나님의 계명과 예수 믿음을 지키는 자니라

또 내가 들으니 하늘에서 음성이 나서 가로되 기록하라 자금 이후로 주 안에서 죽는 자들은 복이 있도다 하시매 성령이 가라사대 그러하다 저희 수고를 그치고 쉬리니 이는 저희의 행한 일이 따름이라 하시더라

또 내가 보니 흰구름이 있고 구름 위에 사람의 아들과 같은 이가 앉았는데 그 머리에는 금 면류관이 있고 그 손에는 이한 낫을 가졌더라

또 다른 천사가 성전으로부터 나와 구름 위에 앉은이를 향하여 큰 음성으로 외쳐 가로되 네 낫을 휘둘러 거두라 거둘 때가 이르러 땅에 곡식이 다 익었음이로다 하니

구름 위에 앉으신 이가 낫을 땅에 휘두르매 곡식이 거두어지니라

또 다른 천사가 하늘에 있는 성전에서 나오는데 또한 이한 낫을 가졌더라

또 불을 다스리는 다른 천사가 제단으로부터 나와 이한 낫 가

진 자를 향하여 큰 음성으로 불러 가로되 네 이한 낫을 휘둘러 땅의 포도송이를 거두라 그 포도가 익었느니라 하더라

천사가 낫을 땅에 휘둘러 땅의 포도를 거두어 하나님의 진노의 큰 포도주 틀에 던지매

성 밖에서 그 틀이 밟히니 틀에서 피가 나서 말굴레까지 닿았고 일천육백 스다디온에 퍼졌더라"(계 14:1-20).

요한 계시록 13장은 바다에서 나온 짐승과 땅에서 올라온 짐승이 이 세상을 통치하는 극한 환난의 때에 관해서 기록하고 있습니다. 요한 계시록 14장은 그런 환난의 끝에 첫째 부활이 있으며, 성도들은 환난의 때를 끝까지 견뎌야 한다고 말씀합니다.

바다에서 나온 짐승과 땅에서 올라온 짐승이 사단 마귀의 사주를 받아서 이 세상을 압제하는 때가 환난의 절정기(絶頂期)입니다. 그때에 거짓 선지자, 즉 땅에서 올라온 짐승이 바다에서 나온 짐승의 우상을 세우고 모든 사람에게 그것에 절하도록 강요합니다. 또 사람들의 오른손이나 이마에 짐승의 표를 받게 해서 그 표가 없이는 매매를 못하고 식량 배급도 받지 못하게 합니다.

그때에 짐승의 표 받기를 거절한 우리 의인들은 굶주림과 핍박으로 견디기 어려운 고통을 겪게 됩니다. 하나님께서 우리를 특별히 보호해 주시고 또 우리 안에 거하시는 성령님께서 우리의 믿음을 북돋아 주셔서 환난의 때를 능히 견디게 하시지만, 그래도 극한 환난과 고난은 분명히 우리에게 덮쳐 옵니다. 그때를 대비하라고 주님은 성도의 인내에 관해서 말씀하십니다.

그러한 환난의 절정에, 일곱 번째 나팔 소리와 함께 우리 주님께서 공중에 재림하셔서 우리를 부활시키십니다. 또 동시에 부활한 의인들은 공중으로 끌려 올라갑니다. 그것이 성도의 휴거(携擧, the Rapture)입니다.

"또 내가 보니 흰구름이 있고 구름 위에 사람의 아들과 같은 이가 앉았는데 그 머리에는 금 면류관이 있고 그 손에는 이한 낫을 가졌더라 또 다른 천사가 성전으로부터 나와 구름 위에 앉은 이를 향하여 큰 음성으로 외쳐 가로되 네 낫을 휘둘러 거두라 거둘 때가 이르러 땅에 곡식이 다 익었음이로다 하니 구름 위에 앉으신 이가 낫을 땅에 휘두르매 곡식이 거두어지니라"(계 14:14-16).

"또 내가 보니 흰구름이 있고 구름 위에 사람의 아들과 같은 이가 앉았는데"라는 말씀은 예수님께서 공중에 재림하신다는 뜻입니다. 예수님께서 구름을 타고 승천하실 때에, 흰옷 입은 천사 둘이 나타나 하늘을 쳐다보던 제자들에게 **"갈릴리 사람들아 어찌하여 서서 하늘을 쳐다보느냐 너희 가운데서 하늘로 올리우신 이 예수는 하늘로 가심을 본 그대로 오시리라"**(행 1:11)고 말씀했습니다.

요한 계시록에도 **"볼찌어다 구름을 타고 오시리라 각인의 눈이 그를 보겠고 그를 찌른 자들도 볼 터이요 땅에 있는 모든 족속이 그를 인하여 애곡하리니 그러하리라"**(계 1:7)고 기록되어 있습니다. 주님께서 다시 오실 때에는 먼저 공중에 재림하셔서, 예리한 낫으로 거듭난 의인들을 추수하시고 공중으로 들어올리십니다. 그것이 바로 의인의 부활과 휴거입니다. 성경은 이것을 **"첫째 부활"**(계 20:5-6)이라고 기록합니다.

누가 첫째 부활과 휴거에 들어가나?

거듭난 의인들만 첫째 부활에 참여합니다. 기독죄인(基督罪人)들을 포함한 모든 죄인들은 천년 왕국 후에 있을 둘째 부활의 대상입니다. 거듭난 의인들 중에는 환난의 때를 겪지 않고 먼저 돌아가셔서 쉬고 있는 분들도 계시고, 환난의 때까지 살아서 고난 중에도 천국 복음을 전파할 의인들도 있습니다. **"자금 이후로 주 안에서 죽는 자들은 복이 있도다"(계** 14:13)라는 말씀처럼, 저도 그런 극심한 환난을 겪지 않고 일찍 죽어서 안식을 누렸으면 좋겠습니다.

그러나 주님께서 저를 환난의 때까지 살게 하셔서 끝까지 영생의 복음을 전하게 하신다면, 저는 고난 중에도 **"화목하게 하는 직책"(고후** 5:18)을 다하려고 합니다. 분명한 것은 주 안에서 먼저 잠든 선배들이나 끝까지 복음 전파의 사명을 다하다가 살아서 주님의 재림을 맞는 의인들이나 다 함께 **"첫째 부활"**에 참여합니다. 마지막 나팔 소리와 함께, 주 안에서 잠자던 이들이 먼저 일어나고 살아남은 우리도 홀연히 영의 몸을 입고 변화되어서 부활(復活) 합니다. 그리고 의인들은 부활과 동시에 공중으로 올려갑니다. 그것이 휴거(携擧, Rapture)입니다.

"보라 내가 너희에게 비밀을 말하노니 우리가 다 잠잘 것이 아니요 마지막 나팔에 순식간에 홀연히 다 변화하리니 나팔 소리가 나매 죽은 자들이 썩지 아니할 것으로 다시 살고 우리도 변화하리라"(고전 15:51-52).

마지막 나팔, 즉 일곱째 나팔 소리가 울려 퍼질 때에 부활의 대역사가 일어납니다. 일곱 번째 천사가 나팔을 부는 순간에, 거듭난 의인들 중에 먼저 돌아가셔서 주 안에서 쉬시던 분들이 홀연히 영의 몸을 입고 일어나고, 그때까지 살아서 인내로 주님의 복음을 전파하던 의인들은 죽음을 맛보지 않고 홀연히 변화됩니다.

이 썩을 몸이 썩지 아니할 몸, 즉 신령한 몸을 입고 변화되어서 주님을 만나러 공중으로 올라갑니다. 그러한 놀라운 역사가 첫째 부활과 휴거입니다. 거듭난 의인들만, 죄가 전혀 없는 하나님의 자녀들만 첫째 부활과 휴거의 영광에 참여합니다.

"주께서 호령과 천사장의 소리와 하나님의 나팔로 친히 하늘로 좇아 강림하시리니 그리스도 안에서 죽은 자들이 먼저 일어나고 그 후에 우리 살아 남은 자도 저희와 함께 구름 속으로 끌어 올려 공중에서 주를 영접하게 하시리니 그리하여 우리가 항상 주와 함께 있으리라"(살전 4:16-17).

"물과 피로 임하신"(요일 5:6) 예수 그리스도께서 완성하신 진리의 복음을 믿어서 흰 눈같이 죄 사함 받은 의인들만 첫째 부활과 휴거에 참여하게 됩니다. 죄인들은 첫째 부활의 대상이 아닙니다. 그들은 둘째 부활의 대상이고 영원한 지옥에 들어갈 둘째 사망의 대상자들입니다. 영원한 지옥, 즉 불과 유황으로 타는 못에 던져져서 세세토록 고통을 받게 하기 위해서 그들도 영원한 몸을 입고 부활합니다. 하나님의 구원의 사랑을 거부한 죄인들이 하나님의 공의한 심판을 받게 하려고, 하나님은 그렇게 하십니다.

첫째 부활의 역사가 언제 일어나나?

마지막 때에 전개하시는 하나님의 역사의 절정은 바로 일곱 번째 나팔이 울려 퍼지는 때입니다. 마지막 나팔이 울려 퍼지면, 우리 의인들은 모든 수고하던 일들을 내려놓고 홀연히 영광의 몸으로 부활해서 공중으로 들려 올려갑니다. 그리고 우리는 재림하신 주님과 공중 혼인 잔치에 들어갑니다. 그때부터 우리는 아무 수고나 눈물이나 아픔이나 고통이 없는 안식과 풍요의 영생(永生)을 누리게 됩니다.

이제 의인들은 다 부활해서 들려 올라갔고, 이 땅에 남아 있는 죄인들 위에 하나님의 공의한 심판이 부어집니다. 일곱 대접의 진노가 죄인들 위에 부어집니다. 하나님께서 구원의 사랑을 입혀 주려고 오래 참고 기다리시면서 당신의 일꾼들을 통해서 진리의 복음을 전해 주셨건만, 끝까지 대적하고 거부한 죄인들에게 하나님의 공의한 진노의 심판이 임합니다. 물론 미련한 다섯 처녀와 같은 기독죄인(基督罪人)들 위에도 진노의 일곱 대접이 부어집니다. 그들은 진리의 복음을 거부하고 끝까지 사단 마귀가 뿌려놓은 **"다른 복음,"** 즉 반쪽짜리의 복음을 고집하며 하나님의 사랑을 거부했습니다.

요한 계시록 14 장만 읽으면, 첫째 부활과 둘째 부활이 연이어 일어나는 것으로 오해할 수 있습니다. 요한 계시록 14장 14절부터 16 절까지, 흰 옷을 입고 구름 위에 앉은 주님께서 아주 날카로운 낫으로 익은 곡식을 추수해서 거둬들인다는 말씀은 첫째 부활과 휴거의 역사를 의미합니다.

그리고 바로 **"또 다른 천사가 하늘에 있는 성전에서 나오는데 또한 이한 낫을 가졌더라… 천사가 낫을 땅에 휘둘러 땅의 포도를 거두어 하나님의 진노의 큰 포도주 틀에 던지매"(계 14:17, 19)**라고 기록된 것만 보면, 의인들의 부활과 휴거가 있은 후에 바로 죄인들의 부활과 진노의 심판이 있는 것처럼 이해할 수 있습니다. 그러나 그렇지 않습니다. 이것은 하나님께서 마지막 때에 의인들에게 베푸실 영광과 죄인들에게 행하실 진노와 심판을 차례로 말씀하신 것이며, 둘 사이에는 큰 시간의 간격이 있습니다.

첫째 부활인 의인의 부활과 둘째 부활인 죄인의 부활 사이에는 먼저 하나님의 일곱 대접의 진노가 있습니다. 그 후에 예수님께서 초토화된 하늘과 땅을 새롭게 하셔서, 공중에 있던 의인들을 데리고 이 땅에 내려오십니다. 우리 의인들은 주님과 함께 천 년 동안 왕 노릇 합니다. 그것이 천년 왕국입니다.

그때 우리 의인들은 주님에게서 각각 열 고을 다스리는 권세, 다섯 고을 다스리는 권세, 두 고을 다스리는 권세를 받아서 분봉왕(分封王)으로 통치합니다. 주님께서 그렇게 보상하시는 것이 하나님의 공의입니다. 오직 은혜로 구원을 받고서 주님의 뜻을 신실하게 준행한 자들에게 천 년 동안 많은 상급을 베푸시는 것이 하나님의 공의입니다.

비록 어떤 자가 진리의 복음을 믿어서 구원을 받는다 하더라도, 죄 사함 받고 나서 자기만 위해서 산 자들에게는 천년 왕국에서 상급이 없습니다. 이런 자들에 대해서 성경은 **"누구든지 공력이 불타면 해를 받으리니 그러나 자기는 구원을 얻되 불 가운데서 얻은 것 같으리라"(고전 3:15)**고 말씀합니다. 거듭난 후에 자기만을 위해서 산 자들은 아무 상급도 없이, 여기저기 충성스런 종들이 다스리는 나라들을 거지같이 떠돌면서 천 년을 지낼 것입니다.

천년 왕국의 보상 기간이 지나면, 죄인들의 부활인 둘째 부활이 있습니다. 그들의 부활은 영원한 심판을 받기 위한 부활입니다. 주님께서 크고 흰 보좌를 베풀고 부활시킨 죄인들에게 최후의 심판을 내리십니다. 죄인들은 하나님 보좌 앞의 심판책들(the books of judgement), 즉 행위록(行爲錄) 책들에 기록된 대로 공의하게 심판을 받고 영원히 꺼지지 않는 불과 유황으로 타는 못에 떨어집니다.

그 후에 이 하늘과 이 땅은 종이가 불에 녹아서 없어지는 것처럼 없애시고, 예수님은 의인들과 함께 위로부터 내려오는 새 예루살렘 성(城)인 영원한 천국으로 들어가십니다. 거기서 우리 하나님의 자녀들은 하나님 아버지와 성자 예수님과 성령 하나님을 모시고 영원토록 안식과 풍요와 복락을 누릴 것입니다.

우리들이 재난과 환난의 시대에 들어가게 되면, 우리는 믿음으로 인내하며 견뎌야 합니다. 그때에 두 짐승이 바다에서 나온 짐승의 우상에게 절하라고 강요하며 이를 거부하는 의인들을 죽음으로 겁박할 것입니다. 그들은 또한 오른손이나 이마에 666 표를 받으라고 강요하면서, 거부한 우리에게는 식량을 주지 않을 것입니다. 그때에 우리는 끝까지 믿음으로 견뎌야 합니다. 환난의 때에 우리들은 주님께서 약속하신 마지막 나팔 소리가 울려 퍼지기를 간절히 기다릴 것입니다.

성도들은 새 계명을 지키며 인내해야 합니다

"성도들의 인내가 여기 있나니 저희는 하나님의 계명과 예수 믿음을 지키는 자니라"(계 14:12).

하나님께서 우리를 극한 환난의 때까지 이 땅에 남겨 두시는 이유가 있습니다. 하나님은 극한 환난 중에도 우리에게 새 계명을 지키라고 말씀하십니다. **"그의 계명은 이것이니 곧 그 아들 예수 그리스도의 이름을 믿고 그가 우리에게 주신 계명대로 서로 사랑할 것이니라"**(요일 3:23). 새 계명이란, **"예수 그리스도의 이름"**인 진리의 복음을 믿어서 거듭난 후에, 진리의 복음으로 영혼들을 구원하라는 주님의 명령입니다. 하나님께서 기뻐하시는 사랑은 육신적인 사랑이 아니라 **"진리의 사랑"(살후 2:10)**입니다.

마지막 환난의 때에 이 땅에 남아 있는 의인들은 굳건한 믿음으로 환난을 이겨내야 합니다. 우리의 육신의 생명은 아무것도 아닙니다. 그때에 성령께서 "죽으면 죽으리라" 하는 굳센 믿음을 주십니다. 집사 스데반은 진리의 복음을 증거하다가 분노한 무리들에게 잡혀서 성 밖으로 끌려 나갔습니다. 그가 입을 열어 말씀을 증거할 때에, 그의 얼굴은 천사와 같이 빛났습니다. 거기서 스데반은 돌에 맞아 죽어 가면서, **"'주 예수여 내 영혼을 받으시옵소서' 하고 무릎을 꿇고 크게 불러 가로되 '주여 이 죄를 저들에게 돌리지 마옵소서'"(행 7:59-60)** 하고 외치며 숨을 거두었습니다. 성령님께서 마지막 때의 환난에 처한 의인들에게도 집사 스데반과 같이 담대한 믿음을 주십니다.

요한 계시록의 절정은 일곱째 나팔, 즉 마지막 나팔입니다. 그래서 요한 계시록에 일곱 번째 나팔에 관한 말씀이 자주 언급됩니다: **"일곱째 천사가 소리 내는 날 그 나팔을 불게 될 때에 하나님의 비밀이 그 종 선지자들에게 전하신 복음과 같이 이루리라"(계 10:7)**. **"하나님의 비밀"**은 부활과 휴거입니다. 주님은 부활과 휴거가 일곱째 나팔과 함께 장엄하게 이루어질 것을 약속하셨습니다.

"일곱째 천사가 나팔을 불매 하늘에 큰 음성들이 나서 가로되 세상 나라가 우리 주와 그 그리스도의 나라가 되어 그가 세세토록 왕노릇 하시리로다"(계 11:15).

요한 계시록 14 장 14 절에서 16 절의 말씀에서, 주님은 마지막 때에 의인들의 부활과 휴거에 관해서 다시 한번 말씀하십니다.

"또 내가 보니 흰구름이 있고 구름 위에 사람의 아들과 같은 이가 앉았는데 그 머리에는 금 면류관이 있고 그 손에는 이한 낫을 가졌더라 또 다른 천사가 성전으로부터 나와 구름 위에 앉은이를 향하여 큰 음성으로 외쳐 가로되 네 낫을 휘둘러 거두라 거둘 때가 이르러 땅에 곡식이 다 익었음이로다 하니 구름 위에 앉으신 이가 낫을 땅에 휘두르매 곡식이 거두어지니라"(계 14:14-16).

머지않아 주님께서 공중에 재림하실 것입니다. 일곱째 천사가 나팔을 불 때에, 천사장의 나팔 소리와 큰 호령 소리와 함께 주님께서 공중에 임하셔서 그때까지 믿음으로 견디며 복음을 전파한 우리 의인들을 부활의 몸으로 홀연히 변화시켜서 공중으로 끌어올리실 것입니다.

끝까지 구원의 은혜를 베푸시기 원하시는 하나님

"또 보니 다른 천사가 공중에 날아가는데 땅에 거하는 자들 곧 여러 나라와 족속과 방언과 백성에게 전할 영원한 복음을 가졌더라"(계 14:6).

예수님께서는 장차 **"반드시 속히 될 일"**(계 1:1)을 당신의 성도들에게 알려 주십니다. 또 주님은 성도들이 재난과 환난의 시대를 믿음으로 이기도록 당부하십니다. 그러나 주님은 한편으로, 일곱째 나팔이 울리기까지, 즉 천국의 문이 닫히기 전까지 이 땅에 남은 성도들이 충성되게 천국 복음을 전파해야 한다고 말씀하십니다.

"하나님은 모든 사람이 구원을 받으며 진리를 아는데 이르기를 원하시느니라"(딤전 2:4)고 주님은 말씀하십니다. 하나님은 한 영혼이라도 더 천국의 영생을 누리게 되기를 간절히 원하십니다. 극한 환난의 때까지 거듭난 의인들을 이 땅에 두시는 이유와 목적이 여기 있습니다.

지금 지구 온난화로 인한 자연 재난(natural disasters)은 점점 더 심해지고, 머지않아서 검은 말의 시대가 본격적으로 도래할 것입니다. 무엇보다도 식량이 절대로 부족해지면 사람들도 더욱더 포악해지고, 모든 사회는 약탈과 방화와 살인 등 끔찍한 혼란의 상태로 들어갈 것입니다. 그러면 바다에서 나온 짐승과 땅에서 올라온 짐승이 세상을 장악하면서 인류는 환난의 시대로 들어갈 것입니다.

그러므로 지금부터 우리는 하늘에 소망을 두고 이 땅에서는 나그네와 행인같이 살면서 믿음의 인내를 준비해야 합니다. **"성도들의 인내가 여기 있나니"(계 14:12)** 하신 말씀대로, 마지막 때까지 복음을 전해야 할 의인들의 인내가 절대적으로 필요합니다.

주님께서는 **"그러나 끝까지 견디는 자는 구원을 얻으리라"(마** 24:13)고 말씀하셨습니다. 진리의 복음을 믿어서 거듭난 성도 여러분, 우리는 이 복음을 끝까지 지키고 또 마지막 순간까지 전파하다가, 주님께서 다시 오실 때에 부활과 휴거의 영광에 들어갈 것입니다.

그때에 여러분 모두가 **"착하고 충성된 종아!"**라는 칭찬을 주님에게서 받을 복된 성도들이 되시기를 바랍니다.

하나님의 진노의 일곱 대접

"또 하늘에 크고 이상한 다른 이적을 보매 일곱 천사가 일곱 재앙을 가졌으니 곧 마지막 재앙이라 하나님의 진노가 이것으로 마치리로다

또 내가 보니 불이 섞인 유리 바다 같은 것이 있고 짐승과 그의 우상과 그의 이름의 수를 이기고 벗어난 자들이 유리 바다 가에 서서 하나님의 거문고를 가지고

하나님의 종 모세의 노래, 어린 양의 노래를 불러 가로되 주 하나님 곧 전능하신이시여 하시는 일이 크고 기이하시도다 만국의 왕이시여 주의 길이 의롭고 참되시도다

주여 누가 주의 이름을 두려워하지 아니하며 영화롭게 하지 아니하오리이까 오직 주만 거룩하시니이다 주의 의로우신 일이 나타났으매 만국이 와서 주께 경배하리이다 하더라

또 이 일 후에 내가 보니 하늘에 증거 장막의 성전이 열리며

일곱 재앙을 가진 일곱 천사가 성전으로부터 나와 맑고 빛난 세마포 옷을 입고 가슴에 금띠를 띠고

네 생물 중에 하나가 세세에 계신 하나님의 진노를 가득히 담은 금대접 일곱을 그 일곱 천사에게 주니

하나님의 영광과 능력을 인하여 성전에 연기가 차게 되매 일곱 천사의 일곱 재앙이 마치기까지는 성전에 능히 들어갈 자가 없더라"(계 15:1-8).

"또 하늘에 크고 이상한 다른 이적을 보매 일곱 천사가 일곱 재앙을 가졌으니 곧 마지막 재앙이라 하나님의 진노가 이것으로 마치리로다"(계 15:1).

마지막 나팔이 불릴 때에 하나님께서 의인들을 첫째 부활과 휴거에 참여하게 하셔서 공중 혼인 잔치에 들어가게 하시고, 이 땅에 남은 죄인들에게는 진노의 일곱 대접을 부으십니다. 그렇게 하시는 것이 하나님의 공의입니다. 일곱 대접의 진노가 이 땅에 부어지면서, 하나님의 진노가 마칩니다.

"다만 네 고집과 회개치 아니한 마음을 따라 진노의 날 곧 하나님의 의로우신 판단이 나타나는 그 날에 임할 진노를 네게 쌓는도다"(롬 2:5).

이 진노의 징벌을 받는 자들 중에는 기독죄인(基督罪人)들도 포함됩니다. 그들은 하나님께서 오래 참고 기다리시며 진리의 복음으로 죄 사함을 받을 기회를 주셨지만, 끝까지 자기의 고집을 버리지 않았습니다. 예수님은 **"죄의 삯은 사망"(롬 6:23)**이며, **"진실로 네게 이르노니 네가 호리라도 남김이 없이 다 갚기 전에는 결단코 거기서 나오지 못하리라"(마 5:26)** 하고 준엄하게 경고하셨습니다. 그런데도 그들은 칭의 교리나 성화 교리 등의 날조된 거짓말을 하나님의 말씀보다 중히 여기고, 끝까지 기독죄인(基督罪人)의 자리를 떠나지 않았습니다. 하나님은 그런 자들을 준엄하게 심판하십니다.

오늘날 대부분의 기독교인들은 예수님을 믿는다고 고백하면서도 마음에는 죄가 있습니다. 그들이 기독죄인(基督罪人)으로 남게 된 근본 원인은 그들이 **"다른 복음"**을 믿기 때문입니다.

다른 복음을 믿는 자들의 고집과 미련

"만일 누가 가서 우리의 전파하지 아니한 다른 예수를 전파하거나 혹 너희의 받지 아니한 다른 영을 받게 하거나 혹 너희의 받지 아니한 다른 복음을 받게 할 때에는 너희가 잘 용납하는구나"(고후 11:4).

사도 바울은 고린도 교인들에게 진리의 복음인 **"성경대로의 복음"(고전 15:3-4)**을 전해 주고 다른 지역으로 떠나갔습니다. 그런데 상당수의 고린도 교인들이 속히 진리의 복음을 떠나 **"다른 복음"**과 **"다른 예수"**를 믿어서 **"다른 영"**을 받게 되었습니다. 어떤 이들이 예수님을 구주로 믿는다고 해도 그들의 믿는 복음이 거듭난 의인들이 믿는 **"물과 피의 복음"**이 아니라면, 실제로 그들은 **"다른 복음"**을 통해서 **"다른 예수"**를 믿는 셈입니다.

성경에 기록된 어떤 이들도 다른 하나님을 믿었습니다. 아브라함의 후손들은 아브라함의 하나님을 믿었는데, 아브라함의 동생인 나홀의 후손들은 나홀의 하나님을 믿었습니다(창 31:53). 오늘날에도 하나님을 믿는다고는 하지만 다른 하나님을 믿고, 예수님을 믿는다고 하지만 다른 예수를 믿는 사람들이 많습니다.

"좁은 문으로 들어가라 멸망으로 인도하는 문은 크고 그 길이 넓어 그리로 들어가는 자가 많고 생명으로 인도하는 문은 좁고 길이 협착하여 찾는 이가 적음이니라(마 7:13-14). 그들의 숫자가 많다고 그들이 생명의 길을 가고 있는 것일까요? 아닙니다. 오히려 생명의 길을 좇아가는 자들은 적은 무리입니다.

예수님을 믿는다고 고백하면서도 죄가 있는 자들이 기독교인 중에 절대다수입니다. 그들은 첫째 부활에도, 영광의 휴거에도 들어가지 못하고 이 땅에 남아서 일곱 대접의 심판을 받은 후에 끝내 영원한 지옥 불에 들어갑니다. 너무 끔찍한 말인 것 같지만 사실입니다.

마태복음 25 장에는 열 처녀의 비유가 기록되어 있습니다. 열 처녀가 주님의 재림을 기다리고 있었는데, 그중에 다섯은 슬기로웠고 나머지 다섯은 미련했습니다. 그러면 공중 혼인 잔치에 들어가는 자와 들어가지 못하는 자가 반반 정도 된다는 말씀인가요? 천만의 말씀입니다. 주님께서 기름(성령)이 있는 의인들과 기독죄인들을 대비시키려고 그렇게 말씀하셨을 뿐, **"성경대로의 복음"**을 믿어서 죄 사함을 받은 의인들은 극히 희귀합니다. 원형의 복음을 믿어서 죄 사함 받고 하나님의 의를 옷 입은 의인들은 희귀합니다. 노아의 때에는 전 세계 인구 중에 의인은 겨우 여덟 명밖에 없었습니다.

천국 영생에 들어갈 의인은 희귀합니다

"내 마음에 찾아도 아직 얻지 못한 것이 이것이라 일천 남자 중에서 하나를 얻었거니와 일천 여인 중에서는 하나도 얻지 못하였느니라"(전 7:28).

하나님께서 찾으시는 의인은 참으로 희귀합니다. 하나님을 믿는다는 자들 일천 명 중에 한 명이 구원을 받을까 하는 정도입니다. 일천 여자 중, 즉 아예 하나님을 믿지 않는 자들 중에는 거듭난 자를 하나도 찾을 수 없습니다.

"나 여호와가 말하노라 배역한 자식들아 돌아오라 나는 너희 남편임이니라 내가 너희를 성읍에서 하나와 족속 중에서 둘을 택

하여 시온으로 데려오겠고 내가 또 내 마음에 합하는 목자를 너희에게 주리니 그들이 지식과 명철로 너희를 양육하리라(렘 3:14-15).

하나님의 백성이라고 자부하는 이스라엘 사람들 중에서도, 성읍에서 한 명 정도와 족속에서 두 명 정도가 하나님의 말씀을 청종해서 구원을 받는다고 말씀합니다. 모든 사람이 구원을 받았으면 얼마나 좋겠습니까? 그러나 사람은 자기의 옳음을 끝까지 내세우는 교만하고 고집 센 존재입니다. 자기의 옳음과 편견과 고집 때문에 사람들은 하나님께서 선물로 주시는 죄 사함의 축복을 받지 못합니다.

예수님의 시대에도 바리새인들과 서기관들은 자기의 의를 자랑하다가 죄 사함을 받지 못했습니다. 그들은 마음에 죄가 있었지만, 자기들이 가장 선하고 의롭고 정통(正統)이라는 편견과 고집에 사로잡혀 있었습니다. 예수님께서는, **"너희가 소경 되었더면 죄가 없으려니와 본다고 하니 너희 죄가 그저 있느니라"**(요 9:41) 하고 그들을 책망하셨습니다.

오늘날도 마찬가지입니다. 교회의 목사, 전도사, 선교사들, 즉 자칭 성경 선생들의 마음에 죄가 있습니다. 그들은 영적인 소경인데, 그런 주제에 다른 소경들을 인도하겠다고 난리를 떱니다. 그런 기독죄인들은 일곱 대접의 진노가 부어질 대상입니다. 기독죄인들은 속히 회개해야 합니다. 그리고 진리의 복음을 믿어야 합니다.

오직 죄 사함을 받고 성령을 선물로 받은 자라야 영생을 얻습니다

첫째 부활이 지나고 나면, 다시는 구원받을 기회가 없습니다. 한 번 천국의 문이 닫히면, 다시는 열리지 않습니다. 공중 혼인 잔치에는 거듭나서 성령(기름)을 선물로 받은 의인들만 들어갑니다. **"베드로가 가로되 너희가 회개하여 각각 예수 그리스도의 이름으로 세례를 받고 죄 사함을 얻으라 그리하면 성령을 선물로 받으리니"**(행 2:38). 미련한 다섯 처녀들처럼 기름이 없는 자들, 즉 죄 사함 받지 못한 기독죄인들은 공중 혼인 잔치에 들어가지 못합니다.

기독죄인(基督罪人)들이 "성령"을 받았다고 별별 무당 짓을 다 하다가, 요즘에는 "성령 춤"이라는 이상한 짓거리를 하는 목사들도 있습니다. 거듭나지 못한 기독죄인들이 하는 말이나 짓거리들은 참으로 유치하고 부끄럽습니다. 성령님은 거룩한 하나님입니다. 마음에 죄가 있는 자들에게는 성령님이 절대로 임하시지 않습니다. 그들이 받았다고 주장하는 영은 어두움의 영입니다. 가라지의 복음, 즉 반쪽짜리의 복음을 믿는 자들은 진정 돌이켜야 합니다. 그들은 다른 복음과 다른 예수를 믿어서 다른 영을 받은 자들입니다.

일곱 대접의 진노는 너무 무자비한 것이 아닌가?

"그래도 하나님을 믿었는데, 죄가 있다고 그렇게 무자비하게 진노하시고 심판하시는 것은 너무하는 것 아닌가?" 하고 생각하십니까? 하나님은 공의하십니다. 하나님께서는 당신의 아들을 대속의 제물로 내어 주셨습니다. 예수님은 이 땅에 오셔서 온갖 능욕과 고난을 받으시면서, 당신의 몸으로 **"한 영원한 제사"**를 드려 주셨습니다.

이제는 누구든지 예수 그리스도께서 받으신 세례와 십자가의 피로 완성시켜 주신 구속의 사랑을 믿기만 하면 값없이 천국의 영생을 누리게 해 주셨습니다. 하나님 아버지께서는 오래 참고 기다리시며 죄인들에게 수많은 기회를 주셨습니다.

그런데 그들은 하나님의 무조건적인 사랑을 거부했습니다. 그들은 오직 자기 옳음과 욕망을 좇아간 가인의 후손들입니다. "아니요! 나는 내가 옳다고 생각하는 대로 믿겠습니다! 나는 착하게 살아서 얻은 땅의 소산(所産)을 많이 들고 하나님께 나아가서 보상을 받겠습니다." 이런 주장을 하는 자들은 **"다른 복음"**을 믿는 자들입니다. 그들은 가인의 노선을 좇게 되어 있습니다.

그들은 일등주의자(一等主義者)들입니다. 헌금의 일등, 기도의 일등, 구제의 일등, 전도의 일등, 희생의 일등 등등, 온갖 분야의 일등(一等)들이 서로를 칭찬하며 경쟁적으로 자기의 의를 자랑하는 세계가 거듭나지 못한 기독교인들의 종교입니다.

그곳은 베데스다 연못이 출렁거릴 때에 일등으로 들어가면 무슨 병에 걸렸든지 낫는다는 신화(神話)를 맹신하는 자들이 모여 있는 곳입니다. 그런 거짓말은 사단 마귀가 지어낸 신화에 불과합니다. 예수님은 충혈된 눈으로 연못의 물을 응시하며 물이 출렁거리기만 기다리던 사람들에게는 눈길을 주시지 않았습니다.

예수님은 한쪽 구석에 누워서 하늘만 쳐다보며 하나님의 은혜를 간절히 구했던 38 년 된 병자를 만나 주셨습니다. 그는 모든 분야에서 꼴찌였습니다. 그는 자기가 얼마나 부족한 자인지를 깊이 자각하는 자였습니다. “하나님, 저는 꼴찌입니다. 저는 아무것도 내세울 것이 없습니다. 하나님, 저를 불쌍히 여겨 주세요.” 이렇게 고백하는 꼴찌들이 **“죄 사함으로 말미암는 구원”**(눅 1:77)을 받고 성령을 선물로 받아서 하나님의 자녀가 됩니다.

일등주의자들은 하나님의 사랑을 거부하고 하나님의 구원의 뜻을 끝까지 거스릅니다. 하나님께서는 그런 자들에게 진노의 일곱 대접을 부으시는데, 하나님의 처분은 공의하고 합당합니다. 천국의 문이 닫힌 후에, 미련한 다섯 처녀들이 와서 문을 두드리며 **“주여 주여 우리에게 열어 주소서”** 하고 간청했습니다. 주님께서는 그들에게, **“진실로 너희에게 이르노니 내가 너희를 알지 못하노라 하였느니라”**(마 25:12) 하고 대답하셨습니다. 주님은 기독죄인들을 당신의 신부로 삼으신 적이 없습니다.

영원히 찬양할 하나님의 의

“또 내가 보니 불이 섞인 유리 바다 같은 것이 있고 짐승과 그의 우상과 그의 이름의 수를 이기고 벗어난 자들이 유리 바다 가에 서서 하나님의 거문고를 가지고 하나님의 종 모세의 노래, 어린 양의 노래를 불러 가로되 주 하나님 곧 전능하신 이시여 하시는 일이 크고 기이하시도다 만국의 왕이시여 주의 길이 의롭고 참되시도다”(계 15:2-3).

거듭난 의인들은 영원히 하나님의 의를 찬양합니다. **“물과 피로 임하신”**(요일 5:6) 예수님의 구원 사역으로 완성된 하나님의 의가 믿는 우리에게 입혀졌습니다.

“율법이 육신으로 말미암아 연약하여 할 수 없는 그것을 하나

님은 하시나니 곧 죄를 인하여 자기 아들을 죄 있는 육신의 모양으로 보내어 육신에 죄를 정하사 육신을 좇지 않고 그 영을 좇아 행하는 우리에게 율법의 요구를 이루어지게 하려 하심이니라"(롬 8:3-4).

우리는 연약하고 악한 육신을 입고 태어나서 평생 동안 죄를 지을 수밖에 없는 자들입니다. 그러니 어떻게 율법의 요구인 "거룩함"을 이룰 수 있겠습니까? 그러나 하나님께서 당신의 아들을 이 땅에 보내셔서 **"율법이 육신으로 말미암아 연약하여 할 수 없는 그것(거룩함)"**을 우리에게 이루어 주셨습니다.

하나님께서는 어떻게 우리에게 "거룩함"을 이루어 주셨습니까? **"자기 아들을 죄 있는 육신의 모양으로 보내어 육신에 죄를 정하사"** 우리에게 거룩함을 이루어 주셨습니다. 인류의 대표자인 세례 요한이 흠 없는 어린양으로 오신 예수님의 육신에 안수의 방법으로 세례를 베풀어서, 인류의 모든 죄를 예수님에게 정(定) 했습니다. 예수님께서 물과 피로 완성하신 하나님의 의는 아담에게 입혀 주신 가죽옷과 같이 영원하고 완전한 하나님의 선물입니다.

"너희를 떠낸 반석과 너희를 파낸 우묵한 구덩이를 생각하여 보라"(사 51:1).

우리는 하나님의 구원의 사랑을 잊지 말아야 합니다. 우리의 등에는 죄악의 큰 바위가 철썩 붙어 있었던 자들입니다. 얼마나 강력한 본드로 붙여 놓았는지, 우리는 죄악의 바윗덩이를 결코 떼어 낼 수가 없었습니다. 우리는 그 죄악의 바위를 짊어지고, 그 무게에 짓눌리면서 평생을 살아갈 수밖에 없었던 자들이었습니다. 그런데 하나님께서 기이한 방법으로, 즉 예수님께서 받으신 세례의 능력으로, 우리에게서 죄악의 바위를 떼어 내셔서 그 바위들을 예수님께 온전히 넘겼습니다.

또 우리는 허물의 구덩이에 빠져서 도저히 거기에서 빠져나올 수 없던 자들입니다. 날마다 범죄하면서 절망 가운데 하늘만 쳐다보고 살던 자들인데, 하나님께서 그 오른손을 내밀어서 우리를 허물의 구덩이에서 쑥 끌어올리시고 해방시켜 주셨습니다. 그것이 믿는 우리에게 선물로 입혀 주신 **"하나님의 의"**(롬 1:17)입니다.

예수님께서 행하신 **"의의 한 행동"**(롬 5:18)으로 인하여 믿는 우리가 의롭다 하심을 얻었습니다. 물과 피로 임하셔서 전 인류의 죄를 대속(代贖) 해 주신 예수님의 **"의의 한 행동"**으로 인하여 믿는 우리가 거룩하게 되었습니다. **"내가 주께 감사하옴은 나를 지으심이 신묘막측하심이라 주의 행사가 기이함을 내 영혼이 잘 아나이다"**(시 139:14). 하나님의 기이한 행사로 완성시킨 하나님의 의를 옷 입은 우리는 죄가 전혀 없는 의인으로 재창조되었습니다.

하나님께서 당신의 외아들을 어린양으로 이 땅에 보내셔서 기이한 행사로 우리 인류를 죄에서 해방시키셨습니다. 하늘이 땅에서 먼 것 같이 우리가 도저히 상상도 할 수 없는 방법으로, 하나님은 우리를 의롭게 새로 만들어 주셨습니다. 그러므로 우리는 우리를 거듭나게 하신 하나님의 의를 영원히 찬양합니다.

구약의 언약을 온전히 성취하신 예수님

그런데 여기 **"하나님의 종 모세의 노래, 어린 양의 노래를 불러 가로되"**라고 기록된 것을 보고, "그러면 모세와 예수님이 같은 영광을 받으시나?" 하고 의아해할 수 있습니다. 예수님께서 오셨을 때에, 유대인들은 모세를 하나님 바로 밑에 계신 분 정도로 높였습니다. 모세는 구약, 특별히 율법의 대표자입니다. 그러나 모든 율법의 요구를 완성하신 분은 예수님입니다. **"율법은 모세로 말미암아 주신 것이요 은혜와 진리는 예수 그리스도로 말미암아 온 것이라"**(요 1:17)고 말씀하셨습니다.

또한 모세는 피조물이지만 예수님은 모세를 만든 창조주입니다. 모세는 하나님의 집에서 시환으로 일했던 분이지만, 예수님은 하나님의 집을 지은 주인이시며 하나님의 아들입니다. **"또한 모세는 장래에 말할 것을 증거하기 위하여 하나님의 온집에서 사환으로 충성하였고 그리스도는 그의 집 맡은 아들로 충성하였으니 우리가 소망의 담대함과 자랑을 끝까지 견고히 잡으면 그의 집이라"**(히 3:5-6).

그러므로 **"모세의 노래"**는 모세가 하나님의 기이한 구원의 행사를 찬양한 어린양의 노래입니다.

영적으로 깨어 있어야 할 때입니다

하나님의 진노는 일곱 대접의 진노로 마치게 됩니다. 그리고 일곱 대접의 진노가 쏟아지기 직전에 울려 퍼질 일곱 번째 나팔 소리가 우리 의인들에게는 인내의 클라이맥스입니다. 그래서 우리는 마지막 나팔 소리를 듣게 될 때까지만 똘똘 뭉쳐서 서로 격려하고 위로하면서 복음을 지키고 전파하면 됩니다. **"성도들의 인내가 여기 있나니 저희는 하나님의 계명과 예수 믿음을 지키는 자니라"**(계 14:12). 아멘!

지금은 요한 계시록에 기록된 예언의 말씀들이 거의 다 이루어진 시대입니다. 현재 자연의 재난(災難)이 극대화되고 있으며, 재난이 극대화되면 반드시 환난의 시대가 옵니다. 그러므로 지금은 우리 거듭난 의인들이 졸다가도 눈을 번쩍 떠야 하는 때입니다. 지금은 우리가 믿음으로 살아야 할 때입니다.

"롯의 처를 생각하라"(눅 17:32)고 말씀하셨습니다. 그녀는 자기의 알량한 재산을 가지고 세상을 즐겨보려고 소돔 땅으로 내려갔습니다. 모든 것을 버리고 떠나라는 천사의 명령에도, 하나님의 말씀을 믿지 못하고 또 두고 가는 재물에 대한 미련을 떨칠 수가 없어서 뒤를 돌아보았다가 롯의 처는 소금 기둥으로 변했습니다.

소돔 땅에 들어간 롯의 딸들은 그곳의 청년들과 약혼을 했습니다. 롯의 예비 사위들은 그 성을 멸망시키겠다는 하나님의 말씀을 농담으로 여겼습니다. 결국 그들은 소돔 성과 함께 멸망을 당했습니다.

저는 지금 선포되는 하나님의 말씀을 농담으로 여기는 성도들이 있을까 봐 두렵습니다. 우리는 **"반드시 속히 될 일"**들을 배우면서 지금이야말로 하나님 교회와 함께 연합해서 정신을 차리고 천국 복음을 전파하는 일에 우리를 온전히 드려야 합니다. 우리가 이 땅에서 가져갈 것이 있습니까? 전혀 없습니다.

롯의 가족이 믿음의 사람 아브라함과 함께 있었으면 얼마나 복되고 영광스러운 삶을 살았을까요? 소돔 성이 멸망할 때에 겨우 목숨을 건진 롯과 그의 두 딸은 얼마나 부끄럽고 비참하게 되었습니까? 두 딸이 아비에게 술을 먹이고 동침을 해서 장차 하나님의 백성을 대적하는 암몬 족속과 모압 족속의 조상이 되었습니다.

우리는 남은 생애에 먹을 것과 입을 것이 있으면 족한 줄로 알고, 하나님의 기뻐하시는 뜻을 위해서 살다가 천년 왕국 때에 모두 분봉왕의 상급을 받게 되기를 바랍니다. 머지않아 환난의 시대가 도래하겠지만, 우리는 믿음으로 견디고 하나님 말씀에 순종하다가 일곱 번째 나팔이 울려 퍼질 때에 부활과 휴거의 영광에 들어갑니다.

그러나 지금 마음에 죄가 있는 기독죄인(基督罪人)들은 첫째 부활에 들어가지 못합니다. 의인들이 부활해서 휴거 된 후에는 다시는 구원받을 기회가 없습니다. 슬기로운 다섯 처녀가 주님과 함께 하기 위해서 공중 혼인 잔치에 들어가고 나면 구원의 문은 닫히고 다시는 열리지 않습니다.

그러므로 기독죄인들은 지금 속히 회개하고 진리의 복음을 믿어서 **"죄 사함으로 말미암는 구원"**(눅 1:77)을 받아야 합니다. 그렇지 않으면 영원히 꺼지지 않는 불 못에 떨어져서 **"거기서 슬피 울며 이를 갊이 있으리라"**(마 24:51)고 주님은 경고하십니다.

하나님의 공의한 심판

"또 내가 들으니 성전에서 큰 음성이 나서 일곱 천사에게 말하되 너희는 가서 하나님의 진노의 일곱 대접을 땅에 쏟으라 하더라

첫째가 가서 그 대접을 땅에 쏟으매 악하고 독한 헌데가 짐승의 표를 받은 사람들과 그 우상에게 경배하는 자들에게 나더라

둘째가 그 대접을 바다에 쏟으매 바다가 곧 죽은 자의 피 같이 되니 바다 가운데 모든 생물이 죽더라

세째가 그 대접을 강과 물 근원에 쏟으매 피가 되더라

내가 들으니 물을 차지한 천사가 가로되 전에도 계셨고 시방도 계신 거룩하신 이여 이렇게 심판하시니 의로우시도다

저희가 성도들과 선지자들의 피를 흘렸으므로 저희로 피를 마시게 하신 것이 합당하니이다 하더라

또 내가 들으니 제단이 말하기를 그러하다 주 하나님 곧 전능하신 이시여 심판하시는 것이 참되시고 의로우시도다 하더라

네째가 그 대접을 해에 쏟으매 해가 권세를 받아 불로 사람들을 태우니

사람들이 크게 태움에 태워진지라 이 재앙들을 행하는 권세를 가지신 하나님의 이름을 훼방하며 또 회개하여 영광을 주께 돌리지 아니하더라

또 다섯째가 그 대접을 짐승의 보좌에 쏟으니 그 나라가 곧 어두워지며 사람들이 아파서 자기 혀를 깨물고

아픈 것과 종기로 인하여 하늘의 하나님을 훼방하고 저희 행위를 회개치 아니하더라

또 여섯째가 그 대접을 큰 강 유브라데에 쏟으매 강물이 말라

서 동방에서 오는 왕들의 길이 예비되더라
또 내가 보매 개구리 같은 세 더러운 영이 용의 입과 짐승의 입과 거짓 선지자의 입에서 나오니
저희는 귀신의 영이라 이적을 행하여 온 천하 임금들에게 가서 하나님 곧 전능하신이의 큰 날에 전쟁을 위하여 그들을 모으더라
보라 내가 도적 같이 오리니 누구든지 깨어 자기 옷을 지켜 벌거벗고 다니지 아니하며 자기의 부끄러움을 보이지 아니하는 자가 복이 있도다
세 영이 히브리 음으로 아마겟돈이라 하는 곳으로 왕들을 모으더라
일곱째가 그 대접을 공기 가운데 쏟으매 큰 음성이 성전에서 보좌로부터 나서 가로되 되었다 하니
번개와 음성들과 뇌성이 있고 또 큰 지진이 있어 어찌 큰지 사람이 땅에 있어 옴으로 이같이 큰 지진이 없었더라
큰 성이 세 갈래로 갈라지고 만국의 성들도 무너지니 큰 성 바벨론이 하나님 앞에 기억하신바 되어 그의 맹렬한 진노의 포도주 잔을 받으매
각 섬도 없어지고 산악도 간데 없더라
또 중수가 한 달란트나 되는 큰 우박이 하늘로부터 사람들에게 내리매 사람들이 그 박재로 인하여 하나님을 훼방하니 그 재앙이 심히 큼이러라"(계 16:1-21).

요한 계시록 16장은 일곱 대접의 진노를 준비한 천사들이 하나님의 명을 따라서 차례대로 하나님의 진노를 집행하는 내용의 말씀입니다. 일곱 대접의 진노가 부어지는 때에, 의인들은 이 땅에 없습니다. 모든 의인들은 이미 부활해서 공중으로 올라갔습니다. 그때에는 하나님을 대적하고 하나님의 사랑을 끝까지 배척한 죄인들만 이 땅에 남아서 일곱 대접의 진노를 고스란히 받습니다.

의롭고 합당한 하나님의 심판

"내가 들으니 물을 차지한 천사가 가로되 전에도 계셨고 시방도 계신 거룩하신 이여 이렇게 심판하시니 의로우시도다

저희가 성도들과 선지자들의 피를 흘렸으므로 저희로 피를 마시게 하신 것이 합당하니이다 하더라

또 내가 들으니 제단이 말하기를 그러하다 주 하나님 곧 전능하신 이시여 심판하시는 것이 참되시고 의로우시도다 하더라"(계 16:5-7).

하나님께서 죄인들에게 일곱 대접의 진노를 부으시는 것이 합당합니다. 일곱 대접의 진노는 참되고 의롭다고 말씀합니다. 하나님의 심판은 결코 잔인하거나 부당한 보복이 아닙니다.

하나님께서는 모든 인생들을 향해서 무조건적이고 아낌없는 사랑을 베푸셨습니다. 하나님은 당신의 외아들을 아낌없이 대속의 제물로 내어 주셨습니다. 성자(聖子) 하나님은 육신을 입고 이 땅에 오셔서, 인류의 대표자인 세례 요한에게 안수의 형식으로 받으신 세례로 우리 인류의 모든 죄를 당신의 몸에 짊어지셨습니다.

그 세례로 **"세상 죄를 지고 가는 하나님의 어린양"**(요 1:29)이 되신 예수님은 십자가에 못 박혀서 우리를 대신해서 돌아가셨습니다. 예수님은 감당 못할 능욕과 곤욕을 치르시고 십자가에 못 박혀서 피를 흘리시고, 마지막에 **"다 이루었다"**(요 19:30)라고 크게 외치신 후에 돌아가셨습니다. **"물과 피로 임하신"**(요일 5:6) 예수님께서는 모든 인류가 **"죄와 상관없이"**(히 9:28) 주님의 재림을 기다리게 해 주셨습니다.

그러므로 하나님의 무조건적인 사랑을 거부한 인간들과 심지어 하나님의 백성들을 무참히 핍박하고 잡아 죽인 자들을 오래 참고 기다리신 하나님께서 일곱 대접의 진노로 처단하시는 것은 합당합니다. 그들은 하나님의 원수입니다. "은혜를 원수로 갚는다"라는 말이 있습니다. 하나님의 은혜를 원수로 갚았던 악한 자들에게 하나님께서 진노의 심판을 내리시는 것은 합당하고 의롭습니다.

차례대로 부어지는 하나님의 진노

"첫째가 가서 그 대접을 땅에 쏟으매 악하고 독한 헌데가 짐승의 표를 받은 사람들과 그 우상에게 경배하는 자들에게 나더라"(계 16:2).

첫째 대접의 심판이 부어졌더니, 사람들의 온몸에 헌데가 났습니다. 요즘에 원숭이 두창이라는 전염병이 세계적으로 유행하기 시작했는데 온몸에 물집과 종기가 생겨서 고름이 흐르는 병입니다. 옛날에는 천연두(天然痘)라는 전염병이 유행했습니다. 그 병을 앓고 나면 종기가 생겼던 곳이 파여서 얼굴이 곰보가 되었습니다. 지금도 연세 많으신 분들 중에는 곰보 얼굴이 더러 있습니다. 첫째 대접이 부어질 때 이 땅의 모든 죄인들은 피부에 헌데를 앓고 괴로워할 것입니다.

"둘째가 그 대접을 바다에 쏟으매 바다가 곧 죽은 자의 피 같이 되니 바다 가운데 모든 생물이 죽더라"(계 16:3).

진노의 둘째 대접은 바다에 부어집니다. 그러자 바다가 핏빛으로 변하고 바다의 모든 생물들이 죽어서 떠오릅니다. 그 주검들의 썩는 악취가 얼마나 심하겠습니까? 바다에는 수많은 생명들이 삽니다. 물이 핏빛으로 변하면 고래나 상어와 같이 큰 생물들에서부터 각종 물고기와 연체동물과 해조류 등의 모든 생물들이 죽습니다.

"셋째가 그 대접을 강과 물 근원에 쏟으매 피가 되더라"(계 16:4).

셋째 천사가 진노의 대접을 강과 물 근원에 부으면, 모든 강들과 샘들이 핏빛으로 변합니다. 이제 죄인들은 마실 물이 없습니다. 저들이 하나님의 백성들의 피를 흘리게 하고 괴롭혔기 때문에 그러한 심판과 재앙을 당하는 것은 합당합니다.

"넷째가 그 대접을 해에 쏟으매 해가 권세를 받아 불로 사람들을 태우니 사람들이 크게 태움에 태워진지라 이 재앙들을 행하는 권세를 가지신 하나님의 이름을 훼방하며 또 회개하여 영광을 주께 돌리지 아니하더라"(계 16:8-9).

넷째 천사가 진노의 대접을 쏟으면, 태양이 너무 뜨거워져서 이 땅의 수목(樹木)들이 태양의 열기에 고스러지고, 사람들도 그 열기에 죽습니다. 죄인들은 그런 극도의 재앙에도 자기들의 악행을 회개하지 않고 오히려 하나님을 원망하고 대적합니다. 하나님께서 그런 자들에게 재앙을 내리시는 것이 합당합니다.

"또 다섯째가 그 대접을 짐승의 보좌에 쏟으니 그 나라가 곧

어두워지며 사람들이 아파서 자기 혀를 깨물고 아픈 것과 종기로 인하여 하늘의 하나님을 훼방하고 저희 행위를 회개치 아니하더라"(계 16:10-11).

종기에서 시작된 온갖 재앙이 겹쳐지면서 이제는 사람들이 너무 아파서 자기의 혀를 깨물고 죽고자 할 지경이 됩니다. **"그 대접을 짐승의 보좌에 쏟으니 그 나라가 곧 어두워지며"**라는 말씀은 환난의 절정기에 세계를 지배했던 짐승같이 잔인한 통치자도 심판을 받는다는 뜻입니다. 바다에서 나온 짐승도 이제는 하나님의 진노와 준엄한 심판을 받을 때가 되었습니다.

여섯 번째 진노의 대접과 아마겟돈 전쟁

"또 여섯째가 그 대접을 큰 강 유브라데에 쏟으매 강물이 말라서 동방에서 오는 왕들의 길이 예비되더라"(계 16:12).

여섯 번째 천사가 진노의 대접을 부었더니, 유브라데 강이 말라 버립니다. 유브라데(Euphrates) 강은 성경의 배경인 중근동 지방에서 가장 큰 강입니다. 그런데 그 강이 말라서 동방으로부터 왕들이 올 길을 열어 줍니다. 하나님께서는 그들이 한 번 더 하나님께 도전하게끔 기회를 주십니다.

"또 내가 보매 개구리 같은 세 더러운 영이 용의 입과 짐승의 입과 거짓 선지자의 입에서 나오니"(계 16:13).

사단 마귀의 입과 세계 통치자의 입과 땅에서 올라온 짐승인 거짓 선지자의 입에서 악한 세 영(靈)이 나와서 이 땅의 왕들과 죄인들을 충동시킴으로 하나님을 대적하게 합니다. 그들은 하나님의 극심한 심판과 재앙을 당하면서도 끝내 하나님께 무릎을 꿇지 않습니다. 그들은 말라 버린 유브라데 강을 건너 아마겟돈에 모여서 대군(大軍)을 이루고 하나님의 군대와 전쟁을 치룹니다.

사단 마귀는 그렇게 하나님께 마지막 도전을 합니다. 그것은 하나님께서 유브라데 강을 말려서 허락하신 일입니다. 그들은 그만큼 징계를 받았으면 이제는 하나님께 무릎을 꿇어야 하는데, 사단 마귀와 그의 지배를 받는 자들은 결코 하나님께 굴복하지 않습니다. 그리고 끝까지 대적하려고 아마겟돈에 모입니다.

그들은 **"히브리 음으로 아마겟돈이라 하는 곳으로 왕들을"**(계 16:16) 모읍니다. 성경 원문에는 아마겟돈이라는 장소는 "하르 므깃도"(므깃도의 산)라는 뜻입니다. 므깃도는 이스라엘 땅 갈멜 산 근처의 산악 지대의 이름입니다. 여섯 번째 대접의 진노가 있은 후에, 하나님을 대적하고 끝까지 도전하고자 하는 사단의 무리들은 므깃도의 산악 지대에 모여서 하나님과의 최후의 일전을 준비합니다. 하나님께서는 끝까지 도전하는 저들이 연합해서 한 번 더 하나님을 대적하게 허락하시고, 그들 위에 일곱 번째 대접을 부어서 초토화시켜 버리십니다.

마지막 일곱 번째 진노의 대접

"일곱째가 그 대접을 공기 가운데 쏟으매 큰 음성이 성전에서 보좌로부터 나서 가로되 되었다 하니 번개와 음성들과 뇌성이 있고 또 큰 지진이 있어 어찌 큰지 사람이 땅에 있어 옴으로 이같이 큰 지진이 없었더라"(계 16:17-18).

일곱 번째 진노의 대접이 부어질 그때에, **번개와 음성들과 뇌성이 있고 또 큰 지진**이 일어나서 저들이 자랑하는 큰 성 바벨론이 세 조각으로 찢어지고 세상의 도성들도 모두 무너져 내립니다. 그야말로 온 땅이 찢어지고 무너지면서 세상은 완전히 초토화됩니다.

마지막으로 무게가 1 달란트나 되는 우박이 쏟아집니다. 1 달란트는 지금 도량형으로 계산하면 35kg 정도 됩니다. 35kg 짜리 우박들이 떨어지면 이 땅은 완전히 초토화됩니다. 이것으로 하나님의 공의한 진노의 심판이 끝납니다. **"일곱째가 그 대접을 공기 가운데 쏟으매 큰 음성이 성전에서 보좌로부터 나서 가로되 되었다 하니"**(계 16:17) 하신 말씀에서, **"되었다 하니"**(saying It is done)라는 말씀은 "하나님의 진노와 심판이 이것으로 마무리되었다"라는 뜻입니다.

그러므로 거듭난 너희는 깨어 있으라

첫째 부활이 있은 후 의인들은 공중에서 어린양의 혼인 잔치에 참여해서 기쁨을 누리고 있겠지만, 이 땅에 남겨진 모든 죄인들은 일곱 대접으로 부어지는 하나님의 진노의 심판을 받게 될 것입니다. 이런 일들이 **"반드시 속히 될 일"**입니다.

그런데 **"보라 내가 도적 같이 오리니 누구든지 깨어 자기 옷을 지켜 벌거벗고 다니지 아니하며 자기의 부끄러움을 보이지 아니하는 자가 복이 있도다"**(계 16:15)라는 말씀이 일곱 대접의 심판에 대한 말씀 가운데 끼어 있는 것을 보고 오해하면 안 됩니다. 어떤 이들은 "혹시 그러면 일곱 대접의 진노가 부어질 때에도 거듭난 의인들이 이 땅에 남아 있다는 말씀인가?" 하고 착각할 수 있습니다.

진리의 복음을 믿어서 거듭났던 의인이라도 끝까지 인내하지 못하고 믿음을 배반하여, 짐승의 우상에게 절하거나 우상의 표를 받으면, 죄인들의 무리에 속하여 일곱 대접의 진노에 들어간다는 사실을 기억해야 합니다. 따라서 이 말씀은 일곱 대접의 진노가 얼마나 끔찍하고 혹독한지를 안다면, 환난의 때에 너희 의인들은 절대로 그 짐승의 우상에게 절하거나 짐승의 표인 666 표를 받지 말라는 경고의 말씀입니다.

우리는 첫째 부활이 있은 후에, 죄인들 위에 내리는 하나님의 일곱 대접의 진노에 대한 예언의 말씀을 기억해야 합니다. 이 일들은 **"반드시 속히 될 일"**입니다. 따라서 우리 의인들은 일곱 번째 나팔이 울릴 때까지 인내하면서 믿음을 지켜야 합니다.

일곱 대접의 심판을 내리신 후에, 예수님께서는 이 땅을 새롭게 하시고 우리 의인들과 함께 이 땅에 내려오셔서 천년 왕국을 펼치십니다. 천년 왕국은 의인들이 죄 사함 받은 후에 각각 얼마나 하나님의 나라를 위해서 헌신했는지, 하나님의 마음을 얼마나 시원케 해 드렸는지에 대한 보상의 기간입니다.

"가라사대 어떤 귀인이 왕위를 받아가지고 오려고 먼 나라로 갈 때에 그 종 열을 불러 은 열 므나를 주며 이르되 내가 돌아오기까지 장사하라 하니라"(눅 19:12-13).

주님은 "한 므나"로 비유된 진리의 복음을 우리에게 맡겨서 우리 각자가 그것으로 영적인 장사를 하게 하셨습니다. 어떤 이는 그 한 므나로 복음의 장사를 해서 열 므나를 남겼고, 어떤 이는 다섯 므나를, 또 다른 이는 두 므나를 남겼습니다. 그들은 재림하신 주님이 다스리는 천년 왕국에서 분봉왕(分封王)이 되어 각각 열 고을, 다섯 고을, 두 고을을 다스릴 것입니다. 복음으로 장사를 해서 이(利)를 남긴 자들, 즉 구원의 열매를 많이 거둔 자들에게 주님은 천 년 동안 보상을 하십니다.

그런데 진리의 복음을 믿어서 값없이 죄 사함을 받고 하나님의 자녀가 된 후에, 복음의 장사를 하지 않고 자기의 욕망만을 채운 자들은, 주님께서 다시 오셨을 때에 주님께 드릴 것이 아무것도 없습니다. 그들은 **"누구든지 공력이 불타면 해를 받으리니 그러나 자기는 구원을 얻되 불 가운데서 얻은 것 같으리라"(고전 3:15)** 하신 말씀대로 겨우 구원은 얻겠지만, 불 가운데서 얻은 것 같이 아무 상급도 없는 부끄러운 구원을 받을 것입니다.

주님은 의인들이 주님과 함께 통치하는 천년 왕국에서 사단 마귀가 농간을 치지 못하도록, 그를 쇠사슬로 결박하여 무저갱(無底坑)에 가두어 두었습니다. 천년 왕국의 끝에 하나님께서 그놈을 다시 한번 풀어 줍니다. 옛 뱀인 사단 마귀는 잠시 풀려나서 천년 왕국에 남아 있던 죄인들, 특별히 곡(Gog)과 마곡(Magog)의 백성들을 충동질해서 다시 한번 하나님께 도전합니다.

그때 예수 그리스도는 입에서 나오는 날선 검으로 그들을 완전히 궤멸시키시고 크고 흰 보좌를 베풀어서 최후의 심판을 하십니다. 그때에 죄인들의 둘째 부활이 있습니다. 주님께서 모든 죄인들에게 영원히 죽지 아니할 부활의 몸을 입혀서 각기 행한 대로 그들을 심판하신 후에, 그들을 불과 유황으로 타는 못에 떨어지게 하십니다.

그 후에 예수님께서 첫째 부활에 참여했던 우리 의인들과 함께 위로부터 내려오는 새 예루살렘 성, 즉 영원한 천국 도성으로 들어가십니다. 거기서 우리는 성삼위(聖三位) 하나님과 함께 영생의 복락을 누릴 것입니다. 하나님 말씀은 한 점 한 획도 떨어지지 않고 기록된 그대로 다 이루어질 것입니다.

우리는 거듭나지 못한 모든 죄인들에게 임할 일곱 대접의 진노에 대해서 상고했습니다. 마지막 때가 가까워진 이때에, 우리는 우리를 거듭나게 한 진리의 복음이 얼마나 소중한지를 다시 한번 마음에 새겨야 합니다.

또한 우리는 일곱 번째 나팔이 울릴 때까지 마음을 다해서 하나님께서 기뻐하시는 일, 즉 영혼들을 구원하는 일에 자기의 삶을 충성스럽게 드리는 자들이 되어야 합니다.

아멘!

큰 음녀, 큰 성 바벨론의 멸망

"또 일곱 대접을 가진 일곱 천사 중 하나가 와서 내게 말하여 가로되 이리 오라 많은 물위에 앉은 큰 음녀의 받을 심판을 네게 보이리라

땅의 임금들도 그로 더불어 음행하였고 땅에 거하는 자들도 그 음행의 포도주에 취하였다 하고

곧 성령으로 나를 데리고 광야로 가니라 내가 보니 여자가 붉은 빛 짐승을 탔는데 그 짐승의 몸에 참람된 이름들이 가득하고 일곱 머리와 열 뿔이 있으며

그 여자는 자주 빛과 붉은 빛 옷을 입고 금과 보석과 진주로 꾸미고 손에 금잔을 가졌는데 가증한 물건과 그의 음행의 더러운 것들이 가득하더라

그 이마에 이름이 기록되었으니 비밀이라, 큰 바벨론이라, 땅의 음녀들과 가증한 것들의 어미라 하였더라

또 내가 보매 이 여자가 성도들의 피와 예수의 증인들의 피에 취한지라 내가 그 여자를 보고 기이히 여기고 크게 기이히 여기니

천사가 가로되 왜 기이히 여기느냐 내가 여자와 그의 탄바 일곱 머리와 열 뿔 가진 짐승의 비밀을 네게 이르리라

네가 본 짐승은 전에 있었다가 시방 없으나 장차 무저갱으로부터 올라와 멸망으로 들어갈 자니 땅에 거하는 자들로서 창세 이후로 생명책에 녹명되지 못한 자들이 이전에 있었다가 시방 없으나 장차 나올 짐승을 보고 기이히 여기리라

지혜 있는 뜻이 여기 있으니 그 일곱 머리는 여자가 앉은 일곱 산이요

또 일곱 왕이라 다섯은 망하였고 하나는 있고 다른 이는 아직 이르지 아니하였으나 이르면 반드시 잠간 동안 계속하리라

전에 있었다가 시방 없어진 짐승은 여덟째 왕이니 일곱 중에 속한 자라 저가 멸망으로 들어가리라

네가 보던 열 뿔은 열 왕이니 아직 나라를 얻지 못하였으나 다만 짐승으로 더불어 임금처럼 권세를 일시 동안 받으리라

저희가 한 뜻을 가지고 자기의 능력과 권세를 짐승에게 주더라

저희가 어린 양으로 더불어 싸우려니와 어린 양은 만주의 주시요 만왕의 왕이시므로 저희를 이기실 터이요 또 그와 함께 있는 자들 곧 부르심을 입고 빼내심을 얻고 진실한 자들은 이기리로다

또 천사가 내게 말하되 네가 본바 음녀의 앉은 물은 백성과 무리와 열국과 방언들이니라

네가 본바 이 열 뿔과 짐승이 음녀를 미워하여 망하게 하고 벌거벗게 하고 그 살을 먹고 불로 아주 사르리라

하나님이 자기 뜻대로 할 마음을 저희에게 주사 한 뜻을 이루게 하시고 저희 나라를 그 짐승에게 주게 하시되 하나님 말씀이 응하기까지 하심이니라

또 네가 본바 여자는 땅의 임금들을 다스리는 큰 성이라 하더라"(계 17:1-18).

요한 계시록의 17 장, 18 장, 그리고 19 장은 의인들이 부활하고 휴거 된 후에 전개될 일들에 대해서 소상하게 기록하고 있습니다. 환난과 심판의 때에 하나님을 대적한 두 짐승과 또 그들에게 동조하고 복종한 죄인들을 하나님께서 공의하게 심판하십니다.

진노의 일곱 대접 중에서 여섯 번째 대접이 부어지고 나서 큰 전쟁이 일어납니다. 땅에서 올라온 짐승이 아마겟돈 즉 히브리어로 하르 므깃도(므깃도의 산)로 자기의 추종 세력을 모두 모아서 하나님께 도전합니다. 그들이 최후의 발악을 합니다. 그러나 만왕의 왕이요 만주의 주 되신 예수님께서 친히 사령관이 되셔서 이끄시는 강력한 하늘 군대에 의해서 대적자들은 단번에 궤멸됩니다. 그들은 예수님의 입에서 나오는 예리한 검에 의해 몰살당합니다.

요한 계시록 17 장~19 장의 메시지는 간결합니다. 그것은 "너희가 하나님보다 더 사랑한 이 세상은 반드시 멸망한다. 그러니 너희들은 세상을 사랑하다가 세상과 함께 멸망하지 말라"라는 교훈의 말씀입니다. 세상을 사랑하는 자는 세상과 함께 멸망합니다. 그러므로 하나님을 경외하는 자들은 멸망의 세상에서 속히 나와서 구원을 받고 하나님의 교회 안에 거해야 합니다.

앞으로 재난과 환난의 시대가 덮쳐 옵니다. 세상이 혼란에 빠져서 바다에서 나온 짐승이 포악한 독재자로 세상을 지배하는 극도의 환난이 덮어 옵니다. 그 환난의 절정에 일곱 번째 나팔이 불려지면, 끝까지 인내하며 믿음을 지킨 의인들은 홀연히 부활해서 공중으로 끌어올려 갑니다. 그러나 끝까지 하나님의 구원의 사랑을 거부한 죄인들은 이 땅에 남아서 감당할 수 없는 일곱 대접의 심판을 받고 이 세상과 함께 멸망합니다.

큰 음녀인 세상의 멸망

"또 일곱 대접을 가진 일곱 천사 중 하나가 와서 내게 말하여 가로되 이리 오라 많은 물위에 앉은 큰 음녀의 받을 심판을 네게 보이리라"(계 17:1).

"많은 물 위에 앉은 큰 음녀"는 세상을 지칭합니다. 하나님은 당신을 떠나서 사단 마귀를 숭배했던 이 세상을 반드시 심판하십니다.

성경은 **"큰 음녀"**를 **"큰 성 바벨론"(계 18:2)**이라고도 부릅니다. 성경 시대에는 바벨론이 세계 최대의 도시였습니다. 지금도 그렇지만, 대도시는 인간의 욕망과 환락이 꽃을 피우는 곳입니다. 그곳에는 화려하고 웅대한 건물들이 있고, 먹거리와 즐길 거리들이 모여 있습니다. 권력층이 모여서 지배 세력을 형성하고 폭력과 수탈이 제도화되어 있는 곳이 대도시입니다. 그곳은 음란과 마약과 폭력이라는 어두움이 두껍게 덮고 있습니다.

세상에 속한 사람들은 돈을 사랑하고 **"육신의 정욕과 안목의 정욕과 이생의 자랑"(요일 2:16)**에 혈안이 되어 있습니다. 인간의 쾌락을 추구하는 자들은 "하나님이 어디 있냐? 죽으면 끝이지!" 하며 하나님을 등지고 도시를 건설하여 거기서 만족을 누리고자 합니다.

"아브라함이 이삭을 낳고 이삭은 야곱을 낳고 야곱은 유다와 그의 형제를 낳고"(마 1:2). 의인들의 역사(歷史)는 "낳고 낳는 역사(役事)"입니다. 의인들은 진리의 복음을 전해서 하나님의 자녀들을 낳는 일을 일생 동안 지향합니다.

그러나 하나님을 등진 사람들은 도시를 건설합니다.

"가인이 여호와의 앞을 떠나 나가 에덴 동편 놋 땅에 거하였더니 아내와 동침하니 그가 잉태하여 에녹을 낳은지라 가인이 성을 쌓고 그 아들의 이름으로 성을 이름하여 에녹이라 하였더라"(창 4:16-17).

하나님을 떠난 가인(Cain)의 후손들은 도시를 건설하고 거기서 인간의 문화를 꽃피웠습니다. 에녹은 **"이랏을 낳았고 이랏은 므후야엘을 낳았고 므후야엘은 므드사엘을 낳았고 므드사엘은 라멕"**을 낳았는데, 라멕의 자식들이 전쟁과 쾌락을 지향하는 문화의 꽃을 피웁니다.

"라멕이 두 아내를 취하였으니 하나의 이름은 아다요 하나의 이름은 씰라며 아다는 야발을 낳았으니 그는 장막에 거하여 육축 치는 자의 조상이 되었고 그 아우의 이름은 유발이니 그는 수금과 퉁소를 잡는 모든 자의 조상이 되었으며 씰라는 두발가인을 낳았으니 그는 동철로 각양 날카로운 기계를 만드는 자요 두발가인의 누이는 나아마이었더라"(창 4:19-22).

큰 건물들을 짓고 인간의 재능을 계발하여 부와 쾌락을 추구하는 자들이 모여서 형성한 사회가 도시입니다. 지금도 대부분의 사람들은 대도시에서 살고자 합니다. 대도시는 물자가 풍족하고 즐길 것들이 많기 때문입니다. 대도시의 삶은 돈만 있으면 모든 것이 편리합니다. 도시의 문화는 육신적인 사람들의 마음을 사로잡습니다. 그들은 대도시의 향취와 쾌락에 절어서 그 안에서 즐기며 살기를 원합니다. 세상을 사랑하는 마음이 가득해서 영원을 사모하거나 하나님을 찾는 자들은 찾아보기 힘든 곳이 대도시입니다.

하나님은 이 세상을 반드시 멸망시킵니다. 여러분은 이 세상이 영원히 존속되고, 이 세상이 여러분에게 영원토록 편리함과 쾌락과 풍족함을 주리라고 생각하십니까? 그렇지 않습니다. 세상은 반드시 멸망하고 끔찍하게 초토화될 것입니다. 하나님은 죄악으로 가득한 큰 성 바벨론을 흔적도 없이 초토화시켜서 없애십니다.

만일 여러분이 "세상은 더 풍족하고 편리하게 발전하고 영원히 지속될 것이다"라고 생각한다면, 여러분은 하나님의 말씀을 믿지 않는 사람입니다. 요한 계시록은 큰 음녀인 이 세상은 반드시 하나님의 심판을 받고 멸망한다고 분명히 선포합니다.

"내가 이 책의 예언의 말씀을 듣는 각인에게 증거하노니 만일 누구든지 이것들 외에 더하면 하나님이 이 책에 기록된 재앙들을 그에게 더하실 터이요 만일 누구든지 이 책의 예언의 말씀에서 제하여 버리면 하나님이 이 책에 기록된 생명 나무와 및 거룩한 성에 참예함을 제하여 버리시리라"(계 22:18-19).

요한 계시록의 말씀에서 조금이라도 더하거나 빼는 자의 이름은 생명록 책에서 지워집니다. 우리는 머지않아 멸망할 세상에서 살고 있습니다. 그러므로 우리는 "아! 세상은 곧 멸망하는구나!" 하고 믿어야 합니다. 여러분은 "이 세상은 영원히 계속되고 우리에게 모든 즐거움과 편리함을 줄 것이다"라는 생각을 버려야 합니다. 세상은 반드시 멸망합니다. 그리고 그것이 그리 멀지 않았습니다. 이제는 이 세상에 쏟아졌던 여러분의 마음을 거둬야 됩니다.

머지않아 각처에서 난리와 전쟁이 터집니다

요즘 세계적인 정치학자들이나 경제학자들은 앞으로 10년 안에 세계는 극도로 어려운 상황에 들어갈 것이라고 예측합니다. 기상 이변으로 세계의 양곡 생산이 급감하고 있습니다. 세계의 경제가 침체되고 자원과 식량이 부족하게 되면 전쟁이 일어납니다. 만일 가뭄으로 식수까지도 부족해지면 큰 강을 공유하고 있는 인접 국가들 사이에 생존을 위한 전쟁을 피할 수 없게 됩니다.

인도차이나 반도의 경우에는 메콩강(the Mekong River)이라는 큰 강이 있는데, 이 강은 중국 칭하이성에서 발원하여 윈난성을 거쳐 중국 국경을 넘어갑니다. 국경을 넘은 메콩강은 미얀마, 태국, 라오스, 캄보디아, 베트남의 5 개국을 더 거쳐 남중국해로 흘러들어 갑니다. 메콩강은 이처럼 여러 나라의 생명줄입니다. 그런데 메콩강은 기후 온난화의 영향으로 수량(水量)이 점차 줄어들고 있습니다.

그러자 중국이 메콩강의 상류에 11 개의 댐을 건설하였고, 다른 나라들도 경쟁적으로 댐을 건설해서 수자원 확보에 진력하고 있습니다. 그런데 더 극심한 식수난이 오게 되면, 하류의 나라들이 상류의 댐들을 폭파하려고 전쟁을 일으키게 될 것이 자명합니다. 성경에 기록된 대로, 각처에 기근과 지진이 나고 자연 재난이 극대화되면서, 난리와 전쟁이 일어나서 온 세상은 환난으로 넘어가게 됩니다.

세계가 혼란에 빠지면, 바다에서 나온 짐승이 큰 음녀인 이 세상의 모든 자원과 문화와 권력을 장악하고 죄인들을 복종시키며 독재로 통치할 것입니다. 땅에서 올라온 짐승인 **"거짓 선지자"(계 16:13)**가 그 세계 통치자를 보좌해서 그의 우상을 세우고 모든 사람이 그것에 절하게 강요합니다. 그리고 그들은 그 짐승의 표인 666 표를 오른손이나 이마에 받도록 사람들에게 강요할 것입니다.

그런 극한 환난의 때까지 의인들은 사단의 세력에 굴복하지 않고 복음을 지키며 전파하다가, 마지막 나팔 소리에 홀연히 부활해서 휴거의 영광을 누리게 됩니다.

부활한 의인들이 공중에서 주님을 만나 공중 혼인 잔치를 열 동안에, 이 땅에는 일곱 대접의 심판이 부어집니다. 진노의 심판 끝에, 바다에서 나온 짐승이 거짓 선지자와 함께 무저갱(無底坑)으로 쫓겨납니다. 또한 세상이 주는 쾌락과 명예와 권력과 풍족함에

젖어 살던 죄인들도 이 세상과 함께 멸망을 당합니다.

요한 계시록의 17장부터 19장까지의 말씀을 읽으면, 두려운 마음이 앞설 수 있습니다. 그러나 일곱 대접의 준엄한 심판은 오직 죄인들에게만 임합니다. 그러므로 하나님을 경외하는 사람은 속히 세상에 쏟아졌던 마음을 거둬야 합니다.

큰 환난의 시대를 앞두고, 거듭난 의인들은 먹을 것과 입을 것이 있으면 족한 줄로 알고 지금부터 믿음으로 살아야 합니다. 아직 평안한 때에 우리는 진리의 복음을 전파하며 하나님께서 기뻐하시는 일에 자기를 드리면서 믿음의 길을 달려가야 합니다.

"에이, 목사님! 지금 뭐 큰 문제도 없고 평안한데 왜 그렇게 겁을 주십니까? 우리는 자기가 하고 싶은 일들을 하면서 세상을 조금만 더 즐기면서 살고 싶습니다." 이렇게 항변하고 싶은 우리 청년들, 장년들도 있을 것입니다. 아닙니다. 우리 교회의 청년과 장년들은 지금이 자다가도 깰 때인 줄 깨달아야 합니다. 이제는 영적으로 깨어서, 적은 부분이라도 복음을 섬기는 일들을 시작하기 바랍니다.

"있는 자는 받을 것이요 없는 자는 그 있는 것까지 빼앗기리라"(막 4:25)고 주님께서 말씀하셨습니다. 복음을 섬기고자 하는 마음이 전혀 없으면 겨우 복음을 붙잡고 있는 알량한 믿음마저 사단 마귀에게 빼앗깁니다. 세상을 사랑하는 자는 그 마음에 하나님을 사랑하는 마음이 없기 때문입니다.

마지막 때에는 더욱 세상을 사랑하지 말아야 합니다

"이 세상이나 세상에 있는 것들을 사랑치 말라 누구든지 세상을 사랑하면 아버지의 사랑이 그 속에 있지 아니하니 이는 세상에 있는 모든 것이 육신의 정욕과 안목의 정욕과 이생의 자랑이니 다 아버지께로 좇아온 것이 아니요 세상으로 좇아온 것이라 이 세상도, 그 정욕도 지나가되 오직 하나님의 뜻을 행하는 이는 영원히 거하느니라"(요일 2:15-17).

음행(淫行)이란 육체적으로 짓는 음란한 죄만 의미하지는 않습니다. 세상을 사랑하는 것이 영적인 음행입니다. 영적인 음행은 하나님보다 이 세상을 더 사랑하는 것입니다. 여러분이 하나님을 기쁘시게 하는 일보다 내 육신의 욕망을 좇아서 세상을 더 사랑하고 세상이 주는 쾌락과 안락함과 풍족함과 사람의 인정을 더 사랑한다면, 여러분은 세상이라는 음녀와 음행하는 자입니다. 그런 사람은 이 세상과 함께 멸망을 당합니다.

지금같이 평안할 때에는 음행하는 자들이라도 교회에 앉아서 "믿습니다" 하고 고백하겠지만, 그런 알량한 믿음으로 재난과 환난을 겪게 되면 그들은 하나님의 교회를 떠납니다. 그리고 세상의 조류(潮流)를 따라 흘러갑니다. 한때 구원을 받고 생명책에 자기의 이름이 올라 있었지만, 그들의 이름은 생명책에서 지워집니다. 그리고 바다에서 나온 짐승의 밥이 되어 신음하다가 끝내 음녀와 함께 멸망합니다.

"네가 본 짐승은 전에 있었다가 시방 없으나 장차 무저갱으로부터 올라와 멸망으로 들어갈 자니 땅에 거하는 자들로서 창세 이후로 생명책에 녹명되지 못한 자들이 이전에 있었다가 시방 없으

나 장차 나올 짐승을 보고 기이히 여기리라"(계 17:8).

그들은 바다에서 나온 짐승이 대단한 위용으로 세상을 지배하고, 또 땅에서 올라온 짐승이 놀라운 이적을 베풀며 바다에서 나온 짐승을 옹위하면, 그들에게 마음을 빼앗겨 버립니다. 그들이 "우리가 주는 표만 받아라! 그러면 먹을 것도 주고 매매하게 하고 너희들을 보호해서 잘 살게 해 줄게!" 하고 선동하면 그들의 종이 되기를 자처할 것입니다. 그런 자들은 심판책에 녹명(錄名) 된 자들입니다.

우리는 마지막 때에 하나님께서 반드시 이 세상을 초토화시켜서 없애신다는 말씀을 믿습니다. 여러분이 멸망하는 세상과 함께 멸망을 받지 않으려면, 첫째 진리의 복음을 믿어서 죄 사함을 받고 거듭나야 합니다. 그래야만 생명책에 이름을 올릴 수 있습니다. 그리고 의인으로 거듭난 후에는 복음을 전파하며 **"먼저 그의 나라와 그의 의**"(마 6:33)를 구하는 삶을 살아야 합니다. 그래야 여러분의 이름이 생명책에서 흐리지 않습니다.

마지막 때를 맞은 의인들의 삶

"사랑하는 자들아 주께는 하루가 천년 같고 천년이 하루 같은 이 한 가지를 잊지 말라 주의 약속은 어떤 이의 더디다고 생각하는 것 같이 더딘 것이 아니라 오직 너희를 대하여 오래 참으사 아무도 멸망치 않고 다 회개하기에 이르기를 원하시느니라

그러나 주의 날이 도적 같이 오리니 그날에는 하늘이 큰 소리로 떠나 가고 체질이 뜨거운 불에 풀어지고 땅과 그중에 있는 모든 일이 드러나리로다 이 모든 것이 이렇게 풀어지리니 너희가 어

떠한 사람이 되어야 마땅하뇨 거룩한 행실과 경건함으로 하나님의 날이 임하기를 바라보고 간절히 사모하라 그날에 하늘이 불에 타서 풀어지고 체질이 뜨거운 불에 녹아지려니와

우리는 그의 약속대로 의의 거하는 바 새 하늘과 새 땅을 바라보도다 그러므로 사랑하는 자들아 너희가 이것을 바라보나니 주 앞에서 점도 없고 흠도 없이 평강 가운데서 나타나기를 힘쓰라"(벧후 3:8-14).

사도 베드로가 대언(代言) 한 이 말씀은 요한 계시록의 말씀과 상통합니다. 장차 주님의 심판이 임하면 **"하늘이 큰 소리로 떠나가고 체질이 뜨거운 불에 풀어지고 땅과 그중에 있는 모든 일이"** 드러날 것입니다. 죄인들은 자기의 악행을 따라 심판을 받을 것이지만, 의인들은 **"그의 약속대로 의의 거하는 바 새 하늘과 새 땅"**을 맞이합니다. 그러므로 주님께서 더디 오시리라 생각하고 방종에 흐를 것이 아니라, **"주 앞에서 점도 없고 흠도 없이 평강 가운데서 나타나기를 힘쓰라"(벧후 3:14)**는 말씀입니다. 우리는 이 말씀에 순종해야 합니다.

주의 재림의 날이 언제인지는 우리가 알 수 없습니다. 예수님조차 **"그러나 그날과 그때는 아무도 모르나니 하늘에 있는 천사들도, 아들도 모르고 아버지만 아시느니라"(막 13:32)**고 말씀하셨으니, 그 날짜를 특정(特定) 하거나 연도를 제한하는 자들은 모두 이단입니다. 그러나 사도 베드로가 복음을 전했던 시대보다는 주의 날이 훨씬 더 가까웠습니다. 시대의 징조들도 그날이 가까웠음을 증거합니다. 기상 이변 등의 자연 재해나 사람들의 성정(性情)을 살펴보면 말세의 고통하는 때가 가까웠음을 알 수 있습니다.

"네가 이것을 알라 말세에 고통하는 때가 이르리니 사람들은

자기를 사랑하며 돈을 사랑하며 자긍하며 교만하며 훼방하며 부모를 거역하며 감사치 아니하며 거룩하지 아니하며 무정하며 원통함을 풀지 아니하며 참소하며 절제하지 못하며 사나우며 선한 것을 좋아 아니하며 배반하여 팔며 조급하며 자고하며 쾌락을 사랑하기를 하나님 사랑하는 것보다 더하며 경건의 모양은 있으나 경건의 능력은 부인하는 자니 이같은 자들에게서 네가 돌아서라"(딤후 3:1-5).

우리는 먹을 것과 입을 것이 있으면 족한 줄 알고 주의 기뻐하시는 뜻을 위해서 믿음으로 살다가 재림하시는 주님을 만나야 합니다. 우리는 세상에 아무것도 가져온 것이 없고, 아무것도 가져갈 것이 없습니다.

다만 거듭난 우리는 하늘에 보화를 쌓으며 살다가, 주님께서 재림하시는 날을 맞아서 산 채로 홀연히 변화되는 부활의 영광에 들어가기를 바랍니다. 그리고 주님의 능력으로 공중으로 들려 올라가서 주님과 함께 공중 혼인 잔치를 즐기게 되기를 바랍니다.

혹시라도 지금 여러분의 마음이 세상에 쏟아졌다면, 속히 거두어서 여러분의 남은 생애를 하나님의 나라의 확장을 위해 드리는 귀한 믿음의 성도들이 되기를 바랍니다.

아마겟돈 전쟁에서 승리하시는 예수님

"또 내가 하늘이 열린 것을 보니 보라 백마와 탄 자가 있으니 그 이름은 충신과 진실이라 그가 공의로 심판하며 싸우더라

그 눈이 불꽃 같고 그 머리에 많은 면류관이 있고 또 이름 쓴 것이 하나가 있으니 자기 밖에 아는 자가 없고

또 그가 피 뿌린 옷을 입었는데 그 이름은 하나님의 말씀이라 칭하더라

하늘에 있는 군대들이 희고 깨끗한 세마포를 입고 백마를 타고 그를 따르더라

그의 입에서 이한 검이 나오니 그것으로 만국을 치겠고 친히 저희를 철장으로 다스리며 또 친히 하나님 곧 전능하신 이의 맹렬한 진노의 포도주 틀을 밟겠고

그 옷과 그 다리에 이름 쓴 것이 있으니 만왕의 왕이요 만주의 주라 하였더라

또 내가 보니 한 천사가 해에 서서 공중에 나는 모든 새를 향하여 큰 음성으로 외쳐 가로되 와서 하나님의 큰 잔치에 모여

왕들의 고기와 장군들의 고기와 장사들의 고기와 말들과 그 탄 자들의 고기와 자유한 자들이나 종들이나 무론대소하고 모든 자의 고기를 먹으라 하더라

또 내가 보매 그 짐승과 땅의 임금들과 그 군대들이 모여 그 말 탄 자와 그의 군대로 더불어 전쟁을 일으키다가

짐승이 잡히고 그 앞에서 이적을 행하던 거짓 선지자도 함께 잡혔으니 이는 짐승의 표를 받고 그의 우상에게 경배하던 자들을 이적으로 미혹하던 자라 이 둘이 산채로 유황불 붙는 못에 던지우

고

그 나머지는 말 탄 자의 입으로 나오는 검에 죽으매 모든 새가 그 고기로 배불리우더라"(계 19:11-21).

요한 계시록 17 장~19 장은 주님께서 큰 성 바벨론으로 상징되는 이 세상을 반드시 심판하시고 멸망시킨다고 반복적으로 말씀합니다. 그렇게 반복적으로 말씀하신 이유는, 하나님의 백성인 의인들 가운데도 이 세상에 마음을 빼앗긴 자들이 많기 때문입니다. 그런 자들은 믿음의 끈을 놓고 있다가 장차 이 세상이 멸망할 때에 세상과 함께 멸망하기 쉽습니다. 그래서 주님은 그들에게 반복적으로 그리고 준엄하게 "이 세상을 사랑하지 말라"라고 경고하십니다.

진리의 복음을 믿어서 죄 사함을 받은 의인들은 이 세상이 멸망하기 전에 첫째 부활과 휴거에 참여합니다. 세상이 멸망할 때에 이 땅에 남아 있는 자들은 기독죄인(基督罪人)들을 포함해서 모두 죄인들뿐입니다. 하나님의 구원의 사랑을 거부한 모든 죄인들은 하나님의 진노의 대상입니다.

그런데 진리의 복음을 믿어서 죄 사함을 받고 거듭난 의인들 중에도 어떤 이들은 의를 행하지 못하고 세상을 사랑합니다. 그런 자들은 재난과 환난이 임하는 마지막 때에 믿음을 배반하게 됩니다. 그들은 첫째 부활에 들어가지 못하고 죄인들과 함께 일곱 대접의 진노를 당하게 됩니다. 그래서 주님께서는 그런 자들을 향해서 반복적으로 경계의 말씀을 하십니다.

재난과 환난의 때에 우리는 하나님의 교회 안에 거해야

“또 내가 들으니 하늘로서 다른 음성이 나서 가로되 내 백성아, 거기서 나와 그의 죄에 참예하지 말고 그의 받을 재앙들을 받지 말라”(계 18:4).

주님은 요한 계시록 17 장~19 장에 걸쳐서, 이 세상은 반드시 하나님의 준엄한 심판을 받고 흔적도 없이 사라진다고 경고하십니다. 하나님의 말씀을 믿는 이들은 세상에 마음을 쏟지 않습니다. 믿음의 사람들은 이 땅에 발을 딛고 살지만, 세상을 사랑하거나 세상이 주는 쾌락을 좇지 않습니다. 하나님께서는 거듭난 의인들을 세상과는 분리된 하나님의 교회에 두시고, 하나님의 뜻을 좇아 살게 하셨습니다.

교회(에클레시아, ecclesia)란 “세상에서부터 불러낸 성도들의 모임”을 의미합니다. **“고린도에 있는 하나님의 교회 곧 그리스도 예수 안에서 거룩하여지고 성도라 부르심을 입은 자들과 또 각처에서 우리의 주 곧 저희와 우리의 주 되신 예수 그리스도의 이름을 부르는 모든 자들에게”(고전 1:2)**라는 말씀에서, 우리는 하나님의 교회에 대한 성경적 정의를 발견합니다. **“하나님의 교회”**란 물과 피로 임하신 예수님께서 완성하신 진리의 복음을 믿어서 거듭난 의인들의 모임입니다. 따라서 기독죄인(基督罪人)들의 모임은 하나님의 교회가 아닙니다.

하나님은 거듭난 의인들을 당신의 자녀로 삼으시고 세상과 분리시켜서 당신의 교회로 인도하십니다. 또 그들에게 하나님과 마음을 연합한 종을 주셔서 성도들이 환난 중에도 믿음을 지키게 하십니다. **"나 여호와가 말하노라 배역한 자식들아 돌아오라 나는 너희 남편임이니라 내가 너희를 성읍에서 하나와 족속 중에서 둘을 택하여 시온으로 데려오겠고 내가 또 내 마음에 합하는 목자를 너희에게 주리니 그들이 지식과 명철로 너희를 양육하리라"**(렘 3:14-15).

따라서 거듭난 후에 하나님의 교회와 연합해서 인도와 양육을 받는 성도는 믿음이 자라나서 마지막 때에 재난과 환난이 덮어 와도 넉넉히 이깁니다. 그러나 거듭난 후에 하나님의 교회와 마음을 연합하지 않고 여전히 자기의 욕망을 좇아간 자들은 결국 실족해서 믿음을 잃어버립니다.

그런 자들은 첫째 부활에 참여하지 못하고 이 세상이 멸망할 때에 함께 멸망합니다. 그런 비참한 일이 생기지 않도록, 주님은 큰 음녀 바벨론이 얼마나 처참한 심판을 받고 멸망하는지에 대해 요한 계시록 17장~19장의 세 장에 걸쳐서 소상히 말씀하셨습니다.

아마겟돈 전쟁

요한 계시록 19장의 후반부는 아마겟돈 전쟁과 그 전쟁에서 큰 승리를 하시는 예수님에 대한 말씀입니다. 마지막 때에 사단 마귀가 일으키는 전쟁이 두 번 있습니다. 첫 번째 전쟁은 천년 왕국 전에 일어나는 아마겟돈 전쟁이고, 두 번째 전쟁은 천년 왕국이 끝나서 잠시 옥에서 풀려난 사단 마귀가 곡(Gog)과 마곡(Magog)의 백성들을 충동질하여 일으키는 최후의 전쟁입니다.

아마겟돈 전쟁은 의인들이 부활한 후에, 이 땅의 죄인들에게 일곱 대접의 진노가 부어질 때에 일어납니다. 이 전쟁은 여섯째 대접이 부어지고 나서 일어납니다. 이때에 두 짐승과 짐승의 표를 받은 자들이 하나님의 진노의 대접들에 고통을 당하다가 악에 받쳐서 죽기 살기로 하나님을 대적합니다.

"또 여섯째가 그 대접을 큰 강 유브라데에 쏟으매 강물이 말라서 동방에서 오는 왕들의 길이 예비되더라…..세 영이 히브리 음으로 아마겟돈이라 하는 곳으로 왕들을 모으더라"(계 16:12, 16).

아마겟돈은 히브리어로 "하르 므깃도"(므깃도의 산)라는 지역입니다. 하나님께서는 유브라데 강을 말려서, 두 짐승과 짐승의 표를 받은 죄인들이 전쟁을 일으키도록 길을 열어 주십니다. 그리고 일곱 번째 대접을 부으셔서 그들을 단번에 진멸하십니다.

"일곱째가 그 대접을 공기 가운데 쏟으매 큰 음성이 성전에서 보좌로부터 나서 가로되 되었다 하니"(계 16:17).

천사가 일곱 번째 대접을 부어서 사단 마귀의 하수인인 두 짐승과 그를 좇는 죄인의 무리를 진멸할 때에, 큰 성 바벨론으로 상징된 세상도 함께 무너져 내립니다.

"또 내가 하늘이 열린 것을 보니 보라 백마와 탄 자가 있으니 그 이름은 충신과 진실이라 그가 공의로 심판하며 싸우더라 그 눈이 불꽃 같고 그 머리에 많은 면류관이 있고 또 이름 쓴 것이 하나가 있으니 자기 밖에 아는 자가 없고 또 그가 피 뿌린 옷을 입었는데 그 이름은 하나님의 말씀이라 칭하더라 하늘에 있는 군대들이 희고 깨끗한 세마포를 입고 백마를 타고 그를 따르더라

그의 입에서 이한 검이 나오니 그것으로 만국을 치겠고 친히 저희를 철장으로 다스리며 또 친히 하나님 곧 전능하신 이의 맹렬한 진노의 포도주 틀을 밟겠고 그 옷과 그 다리에 이름 쓴 것이 있으니 만왕의 왕이요 만주의 주라 하였더라"(계 19:11-16).

아마겟돈 전쟁에는 만왕(萬王)의 왕이신 예수님께서 백마를 타고 친히 참전을 하십니다. 우주를 말씀으로 창조하신 전능한 하나님께서 친히 사령관이 되셔서 참전하셨으니, 대적하는 자들은 단번에 진멸될 수밖에 없습니다.

하나님의 의를 옷 입고 출전하신 예수님은 역사(歷史)의 알파와 오메가가 되셨습니다. 예수님은 첫째 인을 떼실 때에 등장했던 모습대로 마지막 심판을 행하러 등장하십니다. 예수님은 당신의 입에서 나오는 날카로운 칼, 즉 하나님의 말씀으로 대적하는 무리들을 초토화시킵니다. 예수님은 만왕의 왕이시고 만주의 주이십니다. 주님은 대적하는 모든 자들을 공의(公義)로 심판하십니다.

"또 내가 보매 천사가 무저갱 열쇠와 큰 쇠사슬을 그 손에 가지고 하늘로서 내려와서 용을 잡으니 곧 옛 뱀이요 마귀요 사단이라 잡아 일천년 동안 결박하여 무저갱에 던져 잠그고 그 위에 인봉하여 천년이 차도록 다시는 만국을 미혹하지 못하게 하였다가 그 후에는 반드시 잠간 놓이리라"(계 20:1-3).

천사가 큰 쇠사슬을 가지고 하늘로부터 내려와서 용, 즉 사단 마귀를 결박하여 무저갱에 던지고 인봉(印封) 하여 잠급니다. 주님께서 이 땅을 새롭게 하셔서 천년 왕국을 펼치시는 천 년 동안, 사단 마귀는 무저갱에 갇힙니다.

천 년이 찬 후에 주님께서 사단 마귀를 다시 한번 잠시 놓아주십니다. 그리고 사단 마귀와 그를 따르는 곡과 마곡의 백성들에게 최후의 도전을 허락하십니다. 그러나 그 최후의 전쟁에서도 사단 마귀와 그의 추종자들은 단번에 진멸을 당합니다. 그리고 예수님은 최후의 심판을 내리십니다.

알파요 오메가이신 예수 그리스도

예수님은 아마겟돈 전쟁에 흰 말을 타고 참전하십니다. 흰 말을 타신 분은 첫째 인을 떼실 때에 등장하셔서 이기고 또 이기려 하신 분입니다.

"내가 보매 어린 양이 일곱 인 중에 하나를 떼시는 그때에 내가 들으니 네 생물 중에 하나가 우뢰소리 같이 말하되 오라 하기로 내가 이에 보니 흰 말이 있는데 그 탄 자가 활을 가졌고 면류관을 받고 나가서 이기고 또 이기려고 하더라"(계 6:1-2).

"흰 말"은 예수님께서 완성하신 **"하나님의 의"**(롬 1:17)를 상징합니다. 하나님께서는 인류의 역사를 시작하기 전부터, 즉 **"창세전에"**(엡 1:4) 인류가 하나님의 의를 옷 입고 안식을 누리도록 계획하셨습니다. 그리스도 예수를 통해서 완성하신 하나님의 의를 믿는 자들은 영원한 안식을 얻도록, 하나님은 **"창세전에"** 섭리하셨습니다.

"이미 믿는 우리들은 저 안식에 들어가는도다 그 말씀하신 바와 같으니 내가 노하여 맹세한 바와 같이 저희가 내 안식에 들어오지 못하리라 하셨다 하였으나 세상을 창조할 때부터 그 일이 이루었느니라"(히 4:3).

일곱 인 중에서 첫째 인을 떼실 때에 흰 말을 탄 분이 등장하셨는데, 흰 말을 탄 그분은 역사의 마지막 장에 다시 등장하십니다. 흰 말의 역사(歷史)는 역사의 시작인 알파요, 역사의 종점인 오메가까지 전개되는 하나님의 은총의 역사(役事)입니다.

예수님은 역사의 시작이고 마지막이십니다. 요한 계시록에 **"알파와 오메가"**(계 1:8, 21:6, 22:13)로 자주 소개된 예수님은 역사의 주인이시며 주역(主役)이십니다. 예수님으로 인해서 우주와 인류가 존재하게 되었고, 그분의 은혜로 믿는 자들은 하나님의 의를 옷 입고 하나님의 자녀가 되었습니다.

요한 계시록은 마지막 때에 반드시 속히 될 일들을 기록하고 있습니다. 먼저 자연 재난이 극대화되면 환난이 덮어 옵니다. 환난이 전개되면서 사단의 사주를 받는 두 짐승이 세계의 통치자로 등장합니다. 바다에서 나온 짐승은 땅에서 올라온 짐승의 조력을 받아 자기의 우상을 세우고 모든 사람들이 자기의 우상에게 절하도록 강요합니다. 또 모든 사람이 그 짐승의 표인 666 표를 오른손이나 이마에 받지 않으면, 매매도 못하게 합니다.

그런 극한 환난의 때에 마지막 나팔, 즉 일곱 번째 나팔이 울려 퍼지면, 예수님께서 공중에 재림하십니다. 그 순간에 거듭난 의인들은 모두 부활하여 공중으로 끌려 올라갑니다. 그것이 성도들의 첫째 부활과 휴거입니다.

이제 이 땅에는 하나님의 구원의 사랑을 거부한 죄인들만 남게 됩니다. **"미련한 다섯 처녀"**로 비유된 거듭나지 못한 기독죄인(基督罪人)들도 이 땅에 남아서 진노의 일곱 대접을 고스란히 받게 됩니다.

"또 여섯째가 그 대접을 큰 강 유브라데에 쏟으매 강물이 말라서 동방에서 오는 왕들의 길이 예비되더라 또 내가 보매 개구리 같은 세 더러운 영이 용의 입과 짐승의 입과 거짓 선지자의 입에서 나오니 저희는 귀신의 영이라 이적을 행하여 온 천하 임금들에게 가서 하나님 곧 전능하신이의 큰 날에 전쟁을 위하여 그들을 모으더라"(계 16:12-14).

죄인들 위에 일곱 천사가 준비한 일곱 대접이 차례대로 부어집니다. 여섯째 대접이 부어지고 나서, 사단 마귀와 두 짐승의 입에서 나온 악한 세 영(靈)이 죄인들을 충동하여 아마겟돈 전쟁을 일으킵니다. 그들의 도전은 우리 주님께서 부으시는 일곱째 대접으로 완전히 초토화되고 끝납니다. 그때에 **"큰 음녀 바벨론"**인 이 세상도 함께 멸망합니다.

이것이 마지막 때에 하나님께서 반드시 속히 전개하실 역사의 대강입니다. 이제 인류가 재난으로 들어가는 때가 멀지 않았습니다. 그러면 이와 같은 때에 우리 의인들은 어떤 믿음을 가져야 합니까? 우리는 하나님의 말씀을 믿고 세상과 짝하지 말아야 합니다. 혹시 세상의 쾌락과 유혹에 마음을 빼앗긴 사람이 있다면 회개하고 세상으로부터 나와서 하나님의 교회와 마음을 연합해야 합니다.

"또 내가 들으니 하늘로서 다른 음성이 나서 가로되 내 백성아, 거기서 나와 그의 죄에 참예하지 말고 그의 받을 재앙들을 받지 말라"(계 18:4).

"이 세상이나 세상에 있는 것들을 사랑치 말라 누구든지 세상을 사랑하면 아버지의 사랑이 그 속에 있지 아니하니

이는 세상에 있는 모든 것이 육신의 정욕과 안목의 정욕과 이생의 자랑이니 다 아버지께로 좇아 온 것이 아니요 세상으로 좇아 온 것이라

이 세상도, 그 정욕도 지나가되 오직 하나님의 뜻을 행하는 이는 영원히 거하느니라"(요일 2:15-17).

우리의 육신은 **"육신의 정욕과 안목의 정욕과 이생의 자랑"**을 얼마나 좋아합니까? 우리는 육신에서 올라오는 식욕이나 명예욕이나 정욕에 사로잡히기 쉽습니다. 많은 이들이 재미있는 TV 드라마, 멋진 관광지, 휴대폰, 음란한 사진이나 동영상 등에 중독되어 있습니다. 그것은 안목의 정욕에 사로잡힌 것입니다. 또 우리는 이생의 자랑, 즉 다른 사람들로부터 인정받는 것을 얼마나 중시합니까?

그러나 거듭난 의인들은 **"육신의 정욕과 안목의 정욕과 이생의 자랑"**에 마음을 빼앗길 수 없습니다. 마음을 정한 의인들은 하나님의 나라와 그의 의를 위하여 남은 때를 살고자 합니다. 신실한 의인들은 **"먹을 것과 입을 것이 있은즉 족한 줄로"(딤전 6:8)** 압니다. 혹시 세상의 유혹이 자기를 묶어서 끌고 가려고 하면, 우리 의인들은 과감히 그 줄을 끊어 버려야 합니다. 그리고 믿음의 닻을 하나님의 교회에 내리고 그 안에 머물러 있어야 합니다.

그러므로 내 사랑하는 형제들아 견고하여 흔들리지 말라

"우리가 이 소망이 있는 것은 영혼의 닻 같아서 튼튼하고 견고하여 휘장 안에 들어가나니"(히 6:19)

물과 피의 복음을 믿는 우리에게는 천국에 들어간다는 **"보배롭고 지극히 큰 약속"(벧후 1:4)**이 있습니다. 그 소망은 **"영혼의 닻"**과 같습니다. 우리가 우리의 소망의 닻을 하나님의 말씀과 하나님의 교회에 내리고 있으면, 그 닻줄은 견고해서 흔들리지 않습니다. 아무리 세상의 조류가 세차게 밀려와도 세상과 함께 떠내려가지 않습니다.

이 세상의 더러운 홍수들이 거듭난 의인들을 휩쓸고 내려가려고 계속 몰아치고 있습니다. **"지느러미와 비늘이 있는"(레 11:9)** 물고기는 탁류가 아무리 세차게 흘러 내려와도 휩쓸려 떠내려가지 않습니다. 하늘에 소망을 둔 성도들은 비늘이 있고 지느러미가 있는 물고기처럼 이 세상의 탁류를 거슬러서 상류의 맑은 물을 향해서 힘차게 거슬러 올라갑니다.

"내 백성아, 거기서 나와 그의 죄에 참예하지 말고 그의 받을 재앙들을 받지 말라"(계 18:4).

이 세상은 영원하지 않습니다. 요한 계시록의 말씀들은 머지않아서 한 점 한 획도 떨어지지 않고 그대로 다 이루어집니다. 극한 환난의 때에 세상과 함께 멸망을 받지 않으려면, 지금부터 세상과 분리된 하나님의 교회 안에 머물러 있어야 합니다.

주님은 **"롯의 처를 생각하라"**(눅 17:32)고 말씀하십니다. 롯은 가족들을 데리고 아브라함을 떠나서 소돔 땅으로 내려갔습니다. 소돔은 타락한 세상의 상징입니다. 세상이 주는 즐거움과 풍요와 쾌락에 마음을 빼앗기면 롯의 처와 같이 멸망합니다. 롯의 처는 유황불이 쏟아져 내리는 소돔 성을 보려고 뒤를 돌아보았고, 그녀는 소금 기둥이 되었습니다. 롯의 처는 세상에 대한 미련을 끝까지 버리지 못해서 멸망을 받았습니다. 또 롯의 예비 사위들은 소돔 성을 멸망시킨다는 하나님의 말씀을 농담으로 여겼다가 유황불 가운데서 멸망을 당했습니다.

아마겟돈 전쟁이 벌어졌을 때에, 우리 의인들은 휴거(携擧) 되어 공중에 있습니다. 우리는 아마겟돈 전쟁에서 승전하시는 주님을 공중에서 바라볼 것입니다. 우리는 그때에 승전하신 주님께 기쁨의 박수를 보낼 것입니다.

여러분이 요한 계시록에 기록된 **"반드시 속히 될 일"**을 믿는다면, 이제 여러분은 세상에 쏟아진 마음들을 속히 거둬야 합니다. 그래도 여러분들이 여전히 이 세상이나 이 세상에 속한 것들을 사랑한다면, 여러분들은 첫째 부활에 들어가지 못하고 이 땅에 남아서 일곱 대접의 진노를 받을 것입니다. 그리고 반드시 영원한 지옥 불에 들어갑니다.

"그러므로 내 사랑하는 형제들아 견고하며 흔들리지 말며 항상 주의 일에 더욱 힘쓰는 자들이 되라 이는 너희 수고가 주 안에서 헛되지 않은 줄을 앎이니라"(고전 15:58).

주님은 준엄하게 경고하십니다: **"내 백성아, 거기서 나와 그의 죄에 참예하지 말고 그의 받을 재앙들을 받지 말라"**(계 18:4). 이렇게 반복해서 경고하시는 것은 **"큰 음녀인 바벨론"**은 반드시 하나님의 심판을 받고 멸망하기 때문입니다.

거듭난 의인들은 나실인(Nazarites)처럼 세상과 구별된 삶을 살아야 마땅합니다. 하늘에 소망을 둔 우리는 앞으로 어떤 어려움이나 사단 마귀의 유혹이 있을지라도 흔들리지 말고 하나님의 교회와 말씀에 소망의 닻을 견고하게 내려야 합니다.

우리는 우리를 거듭나게 한 진리의 복음, 즉 **"성령과 물과 피가 합하여 하나"**(요일 5:8)인 복음을 갑옷으로 삼고 마지막 때를 대비해야 합니다. 우리가 **"먼저 그의 나라와 그의 의를 구하라"**(마 6:33)는 주님의 명령에 순종하면, 우리는 성령의 충만함을 입게 됩니다. 그러면 성령이 충만했던 집사 스데반이 돌에 맞아 죽으면서도 의연하게 하나님께 영광을 돌렸듯이, 우리도 성령님의 도우심으로 모든 환난을 능히 이기고 승리할 수 있습니다.

비록 마귀의 종들이 생명을 빼앗겠다고 우리를 위협하고, 또 우리가 실제로 순교를 당한다고 해도, 우리는 우리 안에서 **"견고한 진을 파하는 강력"**(고후 10:4)으로 역사하시는 성령님으로 인해서 모든 환난과 핍박을 넉넉히 이길 것입니다.

그리고 마지막 나팔 소리에 우리는 모두 홀연히 신령한 몸을 입고 부활할 것입니다. 여러분 모두가 끝까지 진리의 복음을 굳게 붙들고 승리하는 성도들이 되시기를 바랍니다.

의인들만 누리는 천년 왕국의 축복

"또 내가 보매 천사가 무저갱 열쇠와 큰 쇠사슬을 그 손에 가지고 하늘로서 내려와서

용을 잡으니 곧 옛 뱀이요 마귀요 사단이라 잡아 일천년 동안 결박하여

무저갱에 던져 잠그고 그 위에 인봉하여 천년이 차도록 다시는 만국을 미혹하지 못하게 하였다가 그 후에는 반드시 잠간 놓이리라

또 내가 보좌들을 보니 거기 앉은 자들이 있어 심판하는 권세를 받았더라 또 내가 보니 예수의 증거와 하나님의 말씀을 인하여 목 베임을 받은 자의 영혼들과 또 짐승과 그의 우상에게 경배하지도 아니하고 이마와 손에 그의 표를 받지도 아니한 자들이 살아서 그리스도로 더불어 천년 동안 왕노릇 하니

(그 나머지 죽은 자들은 그 천년이 차기까지 살지 못하더라) 이는 첫째 부활이라

이 첫째 부활에 참예하는 자들은 복이 있고 거룩하도다 둘째 사망이 그들을 다스리는 권세가 없고 도리어 그들이 하나님과 그리스도의 제사장이 되어 천년 동안 그리스도로 더불어 왕노릇 하리라"(계 20:1-6).

천년 왕국은 상징이 아니라 실재(實在)입니다

오늘의 본문은 천년 왕국에 관한 말씀입니다. 어떤 이들은 "천년 왕국은 그저 상징이나 비유이다"라고 주장합니다. 그렇지 않습니다. 요한 계시록의 말씀은 한 점 한 획도 땅에 떨어지지 않고 다 이루어집니다. 천년 왕국도 반드시 이 땅에 이루어집니다.

"내가 이 책의 예언의 말씀을 듣는 각인에게 증거하노니 만일 누구든지 이것들 외에 더하면 하나님이 이 책에 기록된 재앙들을 그에게 더하실 터이요 만일 누구든지 이 책의 예언의 말씀에서 제하여 버리면 하나님이 이 책에 기록된 생명 나무와 및 거룩한 성에 참예함을 제하여 버리시리라"(계 22:18-19).

장차 의인들이 예수님과 더불어 천 년 동안 왕 노릇 하는 영광의 나라가 설 것입니다. 그리고 거듭난 의인들만 천년 왕국에서 왕 노릇 합니다. 기독죄인(基督罪人)들을 포함해서, 모든 죄인들은 천년 왕국에서 왕들의 다스림을 받아야 하는 대상에 불과합니다. 천년 왕국에는 의인들이 거하는 거룩한 성이 따로 있습니다. 의인들의 도성은 죄인들이 거하는 비참한 구역과 분리된 곳에 있습니다. 따라서 기독죄인들은 속히 자기의 비참한 운명을 깨닫고 돌이켜서 진리의 복음을 믿고 죄 사함을 받아야 합니다.

"이 첫째 부활에 참예하는 자들은 복이 있고 거룩하도다 둘째 사망이 그들을 다스리는 권세가 없고 도리어 그들이 하나님과 그리스도의 제사장이 되어 천년 동안 그리스도로 더불어 왕노릇 하리라"(계 20:6).

거듭난 의인들만 첫째 부활과 휴거와 공중 혼인 잔치에 참여합니다. 그리고 일곱 대접의 진노가 부어진 후에, 예수님께서 새롭게 하신 이 땅에 천년 왕국이 펼쳐집니다. 그때에 의인들은 그 영광의 나라에서 주님과 함께 왕 노릇 합니다.

거듭나서 죄가 전혀 없는 의인들만 첫째 부활에 참여합니다. 그들만 천년 왕국의 주인이 됩니다. 물과 피로 임하신 예수님을 믿어서 흰 눈같이 죄 사함 받은 의인들, 마음에 할례를 받아서 죄가 전혀 없는 성도들만 첫째 부활과 휴거와 천년 왕국에 참여합니다.

천년 왕국은 하나님의 공의(公義) 한 상급의 기간입니다. 의인들이 거듭난 후에 하나님의 은혜에 감사해서, 하나님의 나라와 그의 의를 위해서 자기를 드린 분량대로 상을 주시는 기간이 천년 왕국입니다. 거듭난 의인들은 천년 왕국에서 분봉왕(分封王)이 되어 각각 열 고을 다스리는 권세, 다섯 고을 다스리는 권세, 두 고을 다스리는 권세를 받습니다. 첫째 부활에 참여한 의인들은 이렇게 천 년 동안 예수님과 함께 왕 노릇 합니다.

천년 왕국의 주인이 되려면 물과 피의 복음을 믿어야

기독죄인(基督罪人)들은 천년 왕국의 주인이 되지 못합니다. 그러므로 죄인들은 지금 속히 죄 사함을 받아야 합니다. 자기가 얼마나 악하고 더럽고 부족한 죄인인지를 하나님 앞에 진솔하게 토로하고, 진리의 복음을 믿어야 합니다. 십자가의 피만으로 된 반쪽짜리의 복음을 믿어 봤자 마음의 죄는 결코 씻어지지 않습니다. 반쪽짜리의 복음에는 자기의 죄가 예수님께 넘어간 증거의 말씀이 없기 때문입니다.

예수님은 **"물과 피로 임하신 자"(요일 5:6)**입니다. 예수님은 인류의 죄를 대속하기 위해 흠 없는 어린양으로 오신 하나님의 아들입니다. 예수님은 서른 살이 되셨을 때에, 인류의 대표자인 세례 요한에게 요단강 물에서 안수의 방법으로 세례를 받으셨습니다. 그 세례가 인류의 모든 죄와 허물을 당신의 등 뒤로 넘기신 능력의 사역이었습니다.

"보옵소서 내게 큰 고통을 더하신 것은 내게 평안을 주려 하심이라 주께서 나의 영혼을 사랑하사 멸망의 구덩이에서 건지셨고 나의 모든 죄는 주의 등 뒤에 던지셨나이다"(사 38:17).

이 말씀은 히스기야 왕이 죽을 병에 걸렸다가 하나님의 은총을 입어서 15 년의 수한(壽限)을 더 얻은 후에 고백한 기도입니다. 예수님께서 요단강에서 안수(按手)의 형식으로 받으신 세례를 믿는 사람은 히스기야 왕처럼, **"나의 모든 죄는 주의 등 뒤에 던지셨나이다"**라고 고백합니다.

예수님께서 받으신 세례로 우리 인류의 모든 죄는 주의 등 뒤로 넘어가서 주님의 몸에 박혔습니다. 예수님께서 받으신 세례로 우리의 평생의 죄가 주님의 육체에 전가(轉稼) 되었습니다. "전가"라는 말은 한자(漢字)로 옮길 전(轉) 자에 심을 가(稼) 자입니다. 인류의 대표자인 세례 요한이 예수님께 안수의 방법으로 세례를 베푼 그때에, 인류의 모든 죄가 예수님께 넘어가서 예수님의 육체에 굳게 심겼습니다.

"예수께서 대답하여 가라사대 이제 허락하라 우리가 이와 같이 하여 모든 의를 이루는 것이 합당하니라 하신대 이에 요한이 허락하는지라"(마 3:15).

지금부터 약 2,000 년 전에 예수님께서 요단강에서 세례를 받으셨습니다. 그때에, 예수님은 세례 요한에게 "이제 너는 내 머리에

손을 얹어라. 너는 내 머리에 손을 얹고 나는 너의 안수를 받아서 세상의 모든 죄를 다 나에게 넘겨야만 하나님의 의가 이루어진다" 라고 말씀하셨습니다. 이렇게 예수님께서 명령하신 대로, 세례 요한이 예수님의 머리에 안수의 형식으로 세례를 베풀었습니다. 예수님께서 받으신 **"그 세례"(행** 10:37)가 복음의 시작입니다.

예수님께서는 받으신 세례로 세상 죄를 담당하셨습니다. 그래서 세례를 받으신 이튿날에 세례 요한은 자기 앞을 지나시는 예수님을 가리키며, **"보라 세상 죄를 지고 가는 하나님의 어린 양이로다"(요** 1:29)라고 선포했습니다.

예수님은 받으신 세례로 세상 죄를 온전히 담당하셨기에, 주님은 반드시 피 흘려 돌아가셔야 했습니다. 예수님은 십자가에 못 박혀서 여섯 시간 동안 피를 흘리시며 절규하셨습니다. 예수님은 마지막에 **"다 이루었다"(요** 19:30)라고 크게 외치시고 숨을 거두셨습니다. 예수님께서는 받으신 세례와 십자가에서 흘리신 피로 우리의 모든 죄를 깨끗이 없애 주셨습니다.

예수님께서 받으신 세례와 십자가에서 흘리신 보혈은 구원의 진리를 구성하는 필수 요소입니다. 사도 요한은 예수님을 가리켜 **"물과 피로 임하신 자"(요일** 5:6)라고 선포했습니다. 이 말씀은 진리의 복음이 예수님께서 받으신 세례와 십자가에서 흘리신 보혈로 이루어졌다는 뜻입니다. 요단강 물에서 받으신 세례와 십자가에서 흘리신 피로 우리 인류를 죄와 상관없게 만들어 주신 분은 예수 그리스도, 하나님의 아들입니다. 물과 피로 임하신 예수님을 믿을 때에, 우리는 흰 눈처럼 죄 사함을 받고 마음에 죄가 전혀 없는 의인으로 거듭납니다.

죄인의 마음에도 성령이 임하나?

"여호와께서 말씀하시되 오라 우리가 서로 변론하자 너희 죄가 주홍 같을찌라도 눈과 같이 희어질 것이요 진홍 같이 붉을찌라도 양털 같이 되리라"(사 1:18).

이사야서의 약속대로 여러분의 마음은 흰 눈같이 죄가 없어졌습니까? 아니면 여러분은 예수님을 믿지만 마음에 죄가 있는 기독죄인(基督罪人)입니까? 사도들이 믿었던 성경대로의 복음은 **"물과 피의 복음"**입니다. 물과 피의 복음을 믿으면 죄와 전혀 상관없는 의인이 됩니다. 그리고 죄와 상관없는 의인들만이 주님께서 다시 오실 때에 첫째 부활에 참여합니다.

"이와 같이 그리스도도 많은 사람의 죄를 담당하시려고 단번에 드리신바 되셨고 구원에 이르게 하기 위하여 죄와 상관없이 자기를 바라는 자들에게 두 번째 나타나시리라"(히 9:28).

죄와 상관없게 된 의인들은 다시 오실 주님을 기다립니다. 죄와 상관이 있는 기독죄인들은 주님을 기다릴 필요가 없습니다. 미련한 다섯 처녀처럼, 기독죄인들은 주님께서 오실 날을 아무리 기다려도, 정작 그날에는 첫째 부활과 휴거에 참여하지 못합니다. 그들은 기름(성령님)이 없기 때문입니다. 죄가 있는 기독죄인들의 마음에는 성령님께서 임할 수가 없습니다. 성령님은 죄 사함을 받은 거룩한 심령에만 임하십니다.

"너희가 회개하여 각각 예수 그리스도의 이름으로 세례를 받고 죄 사함을 얻으라 그리하면 성령을 선물로 받으리니"(행 2:38).

누구든지 죄 사함을 받아야 성령님을 선물로 받습니다. 슬기로운 다섯 처녀는 죄 사함 받은 의인들이었기에 기름(성령님)을 준비해서 첫째 부활에 참여했고 휴거의 영광을 입었습니다.

그러나 기독죄인들은 미련한 다섯 처녀들입니다. 그들은 마음에 죄가 있어서 성령님(기름)이 그들의 마음에 임하실 수 없습니다. 등(교회)은 있지만 기름이 없는 그들은 첫째 부활에도 휴거에도 참여할 수 없습니다.

주님은 어떤 임금님이 자기 아들의 혼인 잔치를 베푼 비유의 말씀으로 공중 혼인 잔치에 대해 말씀하셨습니다. 대부분의 사람들이 임금님의 초청을 거절했습니다. 종들은 왕의 명령을 따라 넓은 길로 나가서 만나는 사람마다 초청했습니다. 그러자 잔치 자리는 손님들로 가득 찼습니다.

임금님이 손님들을 보러 들어왔더니, 예복을 입지 않은 한 사람이 있었습니다. 임금님이 **"친구여 어찌하여 예복을 입지 않고 여기 들어왔느냐"**라고 물었지만, 그는 아무 대답이 없었습니다. 그러자 임금님은 사환들에게, **"그 수족을 결박하여 바깥 어두움에 내어 던지라 거기서 슬피 울며 이를 갊이 있으리라"**(마 22:13)고 말씀하셨습니다.

혼인 잔치의 예복은 예수 그리스도께서 완성하신 하나님의 의를 의미합니다. **"물과 피로 임하신 자"(요일** 5:6) 예수 그리스도를 믿으면 하나님의 의를 옷 입고 천국 혼인 잔치에 들어갑니다. 그러나 자기의 의를 옷 입고 들어가려고 하는 자는 결국 지옥 불에 던져집니다.

거의 대부분의 기독교인들은 자기의 의를 옷 입고 천국 혼인 잔치에 들어가려고 합니다. 그들은 베데스다 못가의 일등주의자(一等主義者)들입니다. 그들은 연못 물이 움직일 때에 일등으로 들어가려고 경쟁하는 자들입니다. 그들은 하나님께서 믿는 자들에게 선물로 주시는 하나님의 의에 목말라하지 않습니다. 기독죄인들은 자기 의의 옷을 입고 천국 혼인 잔치에 들어가려다가 결국 지옥 불에 들어갑니다.

예수님은 그들을 외면하시고 연못에서 먼 곳에 누워 있던 38년 된 병자를 만나 주셨습니다. 자기 의의 꼴찌들이라야 값없이 주시는 구속의 은혜를 입어서 죄 사함을 받고 천국 혼인 잔치에 들어갑니다.

천년 왕국의 아름다움과 의인들에 대한 보상

일곱 번째 나팔이 불 때에 의인들은 부활과 휴거의 영광을 맞이합니다. 그리고 이 땅에 남아 있는 죄인들 위에 일곱 대접의 진노가 부어집니다. 여섯 번째 대접이 부어지고 나서, 아마겟돈 전쟁이 일어납니다. 온 세상을 장악하고 통치했던 두 짐승이 땅의 백성들을 모아서 하나님께 도전합니다. 그때 예수님께서 친히 백마를 타시고 참전하십니다. 예수님은 당신의 입에서 나오는 날카로운 검, 즉 말씀으로 대적자들을 단숨에 진멸하십니다. 그리고 마지막 일곱 번째 대접을 부어서 이 세상, 즉 큰 성 바벨론을 완전히 멸망시킵니다.

예수님은 초토화된 세상과 만물을 새롭게 하십니다. 그리고 예수님은 의인들과 함께 새롭게 된 세상에 내려오셔서 천년 왕국을 펼치십니다. 의인들은 예수님께서 다스리는 천년 왕국에서 천 년 동안 왕 노릇 합니다.

이 기간은 거듭난 의인들이 복음의 전파를 위해서 헌신한 부분에 대한 공의한 포상의 기간입니다. 죄 사함의 은혜를 받고서 기쁨과 감사로 향유 옥합을 주님께 부어 드린 여인처럼, 복음 전파를 위해서 자기의 삶을 온전히 드린 의인들은 각각 열 고을 다스리는 권세, 다섯 고을 다스리는 권세, 두 고을 다스리는 권세를 받을 것입니다.

주님은 우리가 진리의 복음을 믿어서 거듭난 후에 복음 전파를 위해 살라고 당부하셨습니다. 그런 당부의 말씀이 마태복음에서는 달란트의 비유로, 누가복음에서는 므나의 비유로 기록되어 있습니다.

하나님께서 우리들에게 주신 은혜의 복음은 동일한데, 마태복음에서는 그 은혜를 받는 자들에 초점을 두고 말씀하셨고, 누가 복음에서는 그 은혜를 주신 하나님의 관점에서 말씀하셨습니다.

달란트의 비유에서는, 하나님의 은혜의 복음을 어떤 사람은 다섯 달란트로, 어떤 이는 두 달란트로, 어떤 자는 한 달란트로 받았습니다. 사실 한 달란트도 큰 돈입니다. 한 달란트가 6000 데나리온이니까 장정 한 사람이 평생을 일해야 얻을 수 있는 돈입니다.

다섯 달란트를 받은 사람은 진리의 복음을 은혜로 받은 사람입니다. 자기는 구제불능의 죄인이라고 인정하는 사람은, 예수님께서 받으신 세례와 십자가의 피로 완성하신 구원의 은혜를 자기의 생명보다 더 귀한 선물로 받습니다. 그리고 향유 옥합을 깨뜨려서 예수님의 발에 부었던 그 여인처럼, 자기의 삶 전체를 복음의 전파를 위해서 드립니다. 그런 이는 복음의 장사를 충성스럽게 해서 다섯 달란트를 더 남깁니다.

어떤 이는 복음의 은혜를 두 달란트로 받았습니다. 둘은 진리를 상징합니다. 지식적인 사람들은, “아, 알고 보니 물과 피의 복음이 진리이구나! 구약의 속죄 제사가 흠 없는 제물과 안수와 피 흘림으로 드려졌듯이, 예수님은 성자 하나님이 성령의 능력으로 처녀 마리아의 몸에서 육신을 입고 오셨으니 흠 없는 제물이고, 또 인류의 대표자인 세례 요한에게 안수로 세례를 받아서 세상 죄를 담당하셨고, 십자가에서 피 흘려 돌아가셨으니 이게 정말 진리의 복음이네!" 하고 복음을 받아들입니다. 그런 이들은 진리의 복음을 큰 확신으로 전합니다.

그런데 한 달란트로 복음을 받은 자는, 복음의 은혜도 복음의 진실성도 그다지 마음에 두지 않고, 시큰둥하게 복음을 받은 자들입니다. 그런 사람들은 마음을 다해서 복음을 섬기지 않습니다. 그래서 결국 그 받았던 은혜마저 빼앗깁니다.

"가라사대 어떤 귀인이 왕위를 받아가지고 오려고 먼 나라로 갈 때에 그 종 열을 불러 은 열 므나를 주며 이르되 내가 돌아오기까지 장사하라 하니라"(눅 19:12-13).

누가복음에 기록된 "므나의 비유"는 하나님께서 누구에게나 동일한 복음을 주신다는 부분을 부각합니다. **"물과 피로 임하신"**(요일 5:6) 주님은 하나님의 의를 완성하시고 믿는 자들에게 동일한 구원의 축복을 주셨습니다. 하나님께서 선물로 주신 하나님의 의는 차별이 없습니다.

하나님께서 믿는 자들에게 동일한 진리의 복음을 주셨는데, 그 은혜를 받은 자들이 복음을 위해서 얼마나 자기를 드렸는가 하는 부분에는 차이가 있습니다. 어떤 이는 받은 한 므나로 열 므나를 남겨서 열 고을 다스리는 권세를 얻었고, 어떤 이는 다섯 므나를 남겨서 다섯 고을 다스리는 권세를 얻었습니다.

그런데 한 므나를 받은 후에, 아무것도 하지 않고 땅에 묻어 두었던 종은 그 있던 것마저 빼앗깁니다. 땅에 묻어 두었다는 것은 자기의 마음속에 감춰 두었다는 뜻입니다.

은행에 맡겨 이자라도 취했어야

"또 한 사람이 와서 가로되 주여 보소서 주의 한 므나가 여기 있나이다 내가 수건으로 싸두었었나이다 이는 당신이 엄한 사람인 것을 내가 무서워함이라 당신은 두지 않은 것을 취하고 심지 않은 것을 거두나이다"(눅 19:20-21).

예수님은 사람의 본심을 다 아십니다. 그래서 한 므나를 그대로 들고 온 자에게, "네가 나를 그렇게 엄한 사람으로 알았다면, 그 한 므나를 은행에 맡겨서 이자라도 챙겼어야 할 것이 아니냐?" 하고 책망하셨습니다. 그는 자기가 복음을 전하는 일을 못할 것 같았으면, 교회가 행하는 복음의 사역에 마음으로라도 함께 했어야 합니다.

옛날에 동네에서 잔치가 있으면 잔칫집은 일손이 모자랄 정도로 엄청 바쁩니다. 그렇게 바쁠 때에는 동네 사람들이 함께해서 눈이라도 꿈쩍하며 마주쳐 주는 것이 큰 도움이 됩니다. 복음의 역사도 그렇습니다. 비록 내가 직접 복음을 전하지는 못해도, 교회와 함께해서 찬양을 힘차게 부르고 함께 마음을 합하여 기도를 하면, 그것이 이자(利子)라도 취하는 일입니다.

그런데 아예 복음 전파에 마음이 없는 사람은 복음을 수건으로 싸서 마음의 골방에 감추어 둡니다. 마음 중심을 살피시는 주님께서는 그런 자를 골라내십니다. "네가 복음을 믿는다고? 네가 진정 복음을 믿었다면 네가 교회와 함께해서 교회가 하는 복음의 사역에 마음을 드리고 변리라도 취했어야 할 것 아니냐? 이 악한 놈아!" 하시고, 하나님은 종들을 시켜서 그를 묶어서 바깥 어두운 데에 내버리십니다. 예수님은 **"세상 끝에도 이러하리라 천사들이 와서 의인 중에서 악인을 갈라 내어 풀무 불에 던져 넣으리니 거기서 울며 이를 갊이 있으리라"**(마 13:49-50)고 말씀하셨습니다.

의인들은 진리의 복음을 전파해서 하나님의 나라를 확장하는 일에 자신을 얼마나 드렸는가, 즉 복음의 장사를 해서 얼마나 많은 열매를 거두었는가에 따라서 주님에게서 공의하게 상을 받습니다. 그 상급의 기간이 천년 왕국입니다. 우리가 이 땅에서 진리의 복음을 믿고 거듭난 후에 얼마나 복음을 섬기겠습니까? 기껏해야 몇십 년입니다. 그런데 주님께서는 천 년 동안 왕 노릇 하게 보상해 주십니다.

소망을 가지고 환난을 이기라

"또 내가 보좌들을 보니 거기 앉은 자들이 있어 심판하는 권세를 받았더라 또 내가 보니 예수의 증거와 하나님의 말씀을 인하여 목 베임을 받은 자의 영혼들과 또 짐승과 그의 우상에게 경배하지도 아니하고 이마와 손에 그의 표를 받지도 아니한 자들이 살아서 그리스도로 더불어 천년 동안 왕노릇 하니"(계 20:4).

누가 천 년 동안 왕 노릇을 합니까?

자기의 목숨을 잃더라도 복음을 배반하지 않고 하나님의 말씀을 지킨 자들입니다. 하나님께서는 마지막 때에 짐승의 우상에게 절한 자와 짐승의 표를 받은 자들을 생명책에서 제하십니다. 마지막 때에 극한 환난의 때에 목 베임을 당할지라도 믿음을 배반하지 않은 의인들이 첫째 부활에 참여하고 천년 왕국의 분봉왕이 됩니다.

물론 바다에서 나온 짐승이 포악하게 다스리는 때에 우리 의인들은 감당하기 어려운 일들을 겪을 것입니다. 그렇기 때문에 **"자금 이후로 주 안에서 죽는 자들은 복이 있도다"**(계 14:13)라고 말씀하셨습니다. 저도 할 수만 있으면 그런 끔찍한 일을 당하기 전에 죽었으면 좋겠습니다.

그러나 주님은 환난 중에도 복음을 전하라고 우리를 이 땅에 남겨 두십니다. 일곱째 나팔이 불리기까지는, 우리는 환난 중에도 복음을 전파할 것입니다. 주님께서 우리에게 맡겨 주신 사역은 너무 귀하기 때문에, 그때까지 우리는 인내하며 복음을 전할 것입니다.

마지막 환난의 때를 어떻게 견딜까 미리 염려하지 마십시오. 성령께서 여러분들의 믿음을 강건하게 하시고 담대하게 죽음을 맞이할 수 있게 지켜 주십니다. 성령이 충만했던 집사 스데반은 돌에 맞아 죽으면서도 의연했습니다. 그는 자기에게 돌을 던지는 자들을 위해서 기도했고 하나님의 영광을 찬양했습니다. 우리는 연약하지만 우리 안에 거하시는 성령님께서 감당 못할 은혜를 주셔서 우리가 능히 환난을 이기게 하십니다.

있는 자는 더 받아 풍성하게 되고 없는 자는 그 알량한 것마저 빼앗긴다고 주님은 말씀하셨습니다. 지금 복음을 위해서 살고자 하는 마음이 없는 자는 복음을 믿었던 알량한 마음마저 빼앗겨 버리고, 주님 오셨을 때에 땅속에 묻어 둔 한 달란트를 들고 나갔다가 그나마 빼앗기고 묶여서 바깥 어두운 데 던져집니다. 그러므로 영적으로 깨어서 교회와 연합하고 믿음의 길을 가야 합니다.

우리는 하루하루를 믿음으로 살아야 됩니다. 지금 우리가 마음을 정해서 믿음으로 복음의 장사를 하면 우리 안에 성령의 충만함을 받게 됩니다. 이제 재난과 환난이 덮어 올 마지막 때가 멀지 않았습니다. 우리가 지금 교회와 연합해서 복음 전파에 마음을 드리고 믿음으로 살면, 하나님께서 여러분들을 굳건한 믿음의 반석 위에 세우십니다. 그래서 거듭난 의인들 중에서 하나도 탈락하지 않고 첫째 부활에 다 들어가게 되기를 바랍니다.

당신의 이름은 생명책에 있습니까?

"천년이 차매 사단이 그 옥에서 놓여

나와서 땅의 사방 백성 곧 곡과 마곡을 미혹하고 모아 싸움을 붙이리니 그 수가 바다 모래 같으리라

저희가 지면에 널리 퍼져 성도들의 진과 사랑하시는 성을 두르매 하늘에서 불이 내려와 저희를 소멸하고

또 저희를 미혹하는 마귀가 불과 유황 못에 던지우니 거기는 그 짐승과 거짓 선지자도 있어 세세토록 밤낮 괴로움을 받으리라

또 내가 크고 흰 보좌와 그 위에 앉으신 자를 보니 땅과 하늘이 그 앞에서 피하여 간데 없더라

또 내가 보니 죽은 자들이 무론 대소하고 그 보좌 앞에 섰는데 책들이 펴 있고 또 다른 책이 펴졌으니 곧 생명책이라 죽은 자들이 자기 행위를 따라 책들에 기록된대로 심판을 받으니

바다가 그 가운데서 죽은 자들을 내어주고 또 사망과 음부도 그 가운데서 죽은 자들을 내어주매 각 사람이 자기의 행위대로 심판을 받고

사망과 음부도 불못에 던지우니 이것은 둘째 사망 곧 불못이라

누구든지 생명책에 기록되지 못한 자는 불못에 던지우더라"(계 20:7-15).

천년 왕국 후에, 사단 마귀가 옥에서 잠시 놓여납니다. 그는 최후의 발악을 하려고 곡(Gog)과 마곡(Magog)의 백성들을 충동하여 이끌고 전쟁을 일으킵니다. 그들의 수는 바다의 모래같이 많습니다. 그러나 하나님은 전능자이십니다. 그들은 천 년 동안 왕 노릇 하던 의인들의 거룩한 성을 둘러싸고 공격을 시도하지만, 하나님께서는 하늘에서 불을 내려서 그들을 한꺼번에 소멸시키십니다.

사단 마귀는 두 짐승이 고통받고 있는 불과 유황으로 타는 못에 던져집니다. 그리고 하나님께서는 모든 죄인들에게 최후의 심판을 행하시려고 그들을 부활시키십니다. 그것이 둘째 부활입니다.

죄인들의 부활인 둘째 부활

"바다가 그 가운데서 죽은 자들을 내어주고 또 사망과 음부도 그 가운데서 죽은 자들을 내어주매 각 사람이 자기의 행위대로 심판을 받고"(계 20:13).

일곱 번째 나팔이 울려 퍼질 때에는 첫째 부활이 있습니다. 첫째 부활은 거듭난 의인들만의 부활입니다. 거듭난 의인들의 첫째 부활과 휴거가 있고 나서, 이 땅에 남은 죄인들 위에 일곱 대접의 진노가 부어집니다. 여섯 번째 진노의 대접이 부어졌을 때에, 아마겟돈 전쟁이 일어납니다. 예수님께서 그 전쟁을 승리하신 후에, 마지막 대접의 진노로 세상을 멸망시킵니다.

그 후에 천년 왕국이 전개되어서 의인들은 예수님과 함께 천 년 동안 왕 노릇 합니다. 천 년이 찼을 때에, 잠시 옥에서 놓여난 사단 마귀가 곡과 마곡(Gog and Magog)의 백성들을 충동해서 마지막 전쟁을 일으킵니다. 그러나 사단 마귀는 전능하신 주님에게 완패합니다. 주님께서 사단 마귀를 두 짐승이 고통받고 있는 불 못에 던지고서 이제 죄인들을 심판하십니다. 주님은 모든 죄인들을 영원히 죽을 수 없는 몸으로 부활시키시는데, 그것이 둘째 부활입니다.

둘째 부활에 참여한 자들은 둘째 사망에 들어갑니다. 그들은 육신의 죽음이 아니라 영원한 죽음인 지옥 불에 들어갑니다. 예수님께서 **"크고 흰 보좌"**를 베푸시고 재판장으로 좌정(坐定) 하십니다. 주님은 하나님의 의로 모든 죄인들을 공의하게 심판하십니다. 주님은 기독죄인들을 포함한 모든 죄인들, 즉 영이 죽어 있는 자들(죽은 자)에게 영벌을 선고하시려고, 그들도 영생의 몸으로 부활시킵니다.

생명책과 심판책들

"또 내가 보니 죽은 자들이 무론 대소하고 그 보좌 앞에 섰는데 책들이 펴 있고 또 다른 책이 펴졌으니 곧 생명책이라 죽은 자들이 자기 행위를 따라 책들에 기록된 대로 심판을 받으니"(계 20:12).

"하나님은 죽은 자의 하나님이 아니요 산 자의 하나님"(막 12:27)입니다. 물과 피의 복음, 즉 진리의 원형복음을 믿어서 죄 사함을 받고 거듭난 의인들은 **"산 자들"**입니다. 반면에 **"죽은 자들"**이란 죄 사함 받지 못해서 영이 죽어 있는 자들입니다.

주님께서 최후의 심판을 베푸시려고 크고 흰 보좌에 앉으셨는데, 그 보좌 앞에 **"책들이 펴 있고 또 다른 책이 펴졌으니"** 그 한 권의 책은 **"생명책"**입니다. 영원한 심판을 받을 죽은 자들의 이름과 죄목들은 **"책들"**에 기록되어 있습니다. 그 **"책들"**을 심판책 또는 행위록(行爲錄)이라고 부르는데, 거기에는 죄인들의 이름과 그들의 악한 행위가 낱낱이 기록되어 있어서, 주님은 그 기록된 대로 공의하게 심판하십니다.

생명책은 단수(單數)인데 심판책들은 복수(複數)입니다. 거듭난 의인들은 아주 희소하지만, 죄인들은 부지기수이기 때문입니다. **"유다의 죄는 금강석 끝 철필로 기록되되 그들의 마음 판과 그들의 단 뿔에 새겨졌거늘"(렘 17:1)** 하신 말씀에서, 단 뿔이 계시하는 것이 바로 심판책입니다. 하나님께서는 죄인들의 악행을 그들의 마음 판과 심판책에 낱낱이 기록해 두셔서, 심판의 보좌 앞에 선 죄인들이 변명하지 못하고 자기의 모든 죄를 자복하게 하십니다. 심판책에 이름을 올린 죄인들은 영원한 지옥 불을 피할 수 없습니다.

구원의 불가지론(不可知論)

생명책에는 어떤 사람의 이름이 기록됩니까? 생명책에는 천국의 영생에 들어 갈 의인들의 이름만 기록됩니다. 그러면 당신의 이름은 생명책에 기록되어 있다고 확신합니까? 많은 이들이 "그걸 어떻게 아느냐? 생명책에 이름이 기록되는 것은 하나님께서 일방적으로 결정하시는 것이기 때문에, 우리는 알 수 없다"라고 주장합니다. 이런 주장을 "구원의 불가지론(不可知論)"이라고 합니다.

그런 주장에 동조하는 사람들은, "어떤 목사님은 너무나 거룩하고 헌신적인 분이 있었는데, 그가 도저히 용납할 수 없는 간음 죄를 저지르고 교회를 떠나갔습니다. 그런 일을 보면서, 나는 누가 구원을 받았는지 혹은 받지 못했는지를 우리로서는 알 수 없고 오직 하나님만 아신다고 생각한다"라고 주장합니다.

구원의 불가지론자(不可知論者)들은 "우리는 구원받았습니다. 우리는 의인입니다"라고 간증하는 사람들을 "교만하다"라고 비판합니다. 그들은 **"열매를 보아 나무를 알리라"**라는 말씀과 **"행함이 없**

는 믿음은 죽은 믿음이다"라는 말씀을 인용하면서, "우리는 착한 사마리아인처럼 선행을 많이 해야만 구원을 받는다"라는 신념을 마음속에 품고 있습니다.

기독교인들은 입술로는 "우리는 오직 믿음으로 구원을 받는다" 라고 주장하면서, 결국엔 선행과 공로로 구원의 표를 삼습니다. 그런 혼돈의 배경에는 "구원의 불가지론(不可知論)"이 자리 잡고 있습니다.

선한 행위를 구원의 기준으로 삼는다면, 과연 누가 자신이 구원을 받았다고 확신할 수 있겠습니까? 행위를 들여다보면, 누가 과연 하나님 앞에 떳떳할 수가 있습니까? 아무도 없습니다. **"율법의 행위로 그의 앞에 의롭다 하심을 얻을 육체가 없나니 율법으로는 죄를 깨달음이니라"**(롬 3:20). 율법을 잘 지켜서, 즉 율법 앞에서 거룩하게 살아서 "나는 의롭고 거룩하다"라고 자랑할 수 있는 사람은 전혀 없습니다.

그러면 예수님을 구주로 믿으면서도 죄인으로 남아 있는 것이 올바른 신앙입니까? 아닙니다. **"죄의 삯은 사망"**(롬 6:23)입니다. 죄인은 지옥에 갑니다. 예수님을 믿는 죄인들, 즉 기독죄인(基督罪人)들은 지옥에 갑니다.

"만일 우리가 그리스도 안에서 의롭게 되려 하다가 죄인으로 나타나면 그리스도께서 죄를 짓게 하는 자냐 결코 그럴 수 없느니라"(갈 2:17).

아무도 율법을 온전히 지킬 수 없기 때문에, 여러분이 율법을 지켜서 의롭게 되려고 한다면 결국 여러분은 모두 죄인으로 나타날 수밖에 없습니다. 그러나 예수님을 믿는데도 의인이 되지 못하고 죄인으로 남아 있다면, 그것은 잘못 믿는 것입니다. 누구든지

"물과 피로 임하신" 예수님께서 완성하신 **"하나님의 의"**를 믿으면 죄와 상관없는 의인이 됩니다.

"이제는 율법 외에 하나님의 한 의가 나타났으니 율법과 선지자들에게 증거를 받은 것이라 곧 예수 그리스도를 믿음으로 말미암아 모든 믿는 자에게 미치는 하나님의 의니 차별이 없느니라"(롬 3:21-22).

우리에게 요구하시는 "하나님의 일"이란?

예수님께서 보리 떡 다섯 개와 물고기 두 마리로 오병이어(五餠二魚)의 기적을 베푸셨습니다. 예수님은 굶주린 오천 명을 배불리 먹이신 후에, 그 기적을 베푸신 뜻을 그들에게 가르쳐 주려 하셨습니다.

그러나 백성들은 육신의 만족만을 구했습니다. 예수님은 **"썩는 양식을 위하여 일하지 말고 영생하도록 있는 양식을 위하여 하라 이 양식은 인자가 너희에게 주리니 인자는 아버지 하나님의 인치신 자니라"**(요 6:27) 하고 에둘러 그들을 책망하셨습니다.

그러자 어떤 이가, **"우리가 어떻게 하여야 하나님의 일을 하오리이까"**(요 6:28) 하고 물었습니다. 우리가 **"무엇을 해서"** 하나님께 합격이 되겠다는 의식이 모든 종교인의 생각입니다.

예수님은 그에게, **"하나님의 보내신 자를 믿는 것이 하나님의 일이니라"**(요 6:29)고 대답하셨습니다. 예수님을 올바로 믿는 것이 하나님의 일을 하는 것이며, 우리가 행할 수 있는 가장 선한 행위입니다. 하나님께서 보내신 자인 예수님께서 이 땅에 오셔서 인류의 죄를 다 없애 놓으신 진리의 복음을 믿는 것이 하나님 아버지의 일을 하는 것입니다.

우리는 예수님께서 이 땅에 육신을 입고 오셔서, 인류의 대표자인 세례 요한에게 세례를 받으심으로 세상 죄를 단번에 다 짊어지신 사실을 믿습니다. 예수님은 세례로 담당한 인류의 죄를 지시고, 십자가로 가셔서 다 이루었다 하시기까지 피를 흘리심으로, 모든 죄의 대가를 다 지불해 주셨습니다. **"물과 피의 복음"**이 성경대로의 복음이며, 예수님의 세례와 예수님의 십자가의 피, 이 두 가지로 이루어진 원형의 복음을 믿는 것이 아버지의 일을 하는 것입니다.

하나님께서 보내신 예수님께서 행하신 일을 믿는 것이 아버지의 일을 하는 것입니다. 참된 믿음은 행위를 수반합니다. **"영혼 없는 몸이 죽은 것 같이 행함이 없는 믿음은 죽은 것이니라"**(약 2:26). 이 말씀은, 참된 믿음은 자원함과 기쁨으로 그 믿음이 요구하는 삶을 살게 한다는 뜻입니다.

믿음에서 나오는 순종이 가장 선한 행위입니다. 우리는 진리의 복음을 믿음으로 값없이 의롭다 하심을 얻었습니다. 주님께서는 먼저 거듭난 우리에게 진리의 복음을 전파해서 모든 영혼들을 구원하라고 부탁하셨습니다. 그것이 새 계명이며 대사명(the Great Commission)입니다. 그리고 거듭난 의인들은 새 계명을 준행합니다.

온전한 믿음에는 순종의 행위가 따르게 되어 있습니다. **"행함이 없는 믿음은 죽은 믿음"**이라는 말씀이 그런 뜻입니다. 믿음의 사람들은 누가 강요하고 눈치를 주어서 새 계명을 준행하는 것이 아닙니다. 의인들은 자원함과 기쁨으로 자기가 믿는 바를 준행합니다. 하나님의 큰 은혜를 입어서 거듭난 자들은 복음을 전파해서 영혼들을 구원하는 일에 기쁨과 자원함으로 자기의 여생을 드립니다.

믿지 아니하는 악심(惡心)

"죽은 자들이 자기 행위를 따라 책들에 기록된 대로 심판을 받으니"(계 20:12) 하신 말씀에서, **"자기 행위"**는 그들이 **"믿지 아니한 것"**을 뜻합니다. 하나님 보시기에 가장 악한 행위는 믿지 않는 것입니다.

성령이 오시면 **"죄에 대하여, 의에 대하여, 심판에 대하여 세상을 책망하시리라"** 고 예수님께서 말씀하셨습니다. 그리고 **"죄에 대하여라 함은 저희가 나를 믿지 아니함이요"(요 16:9)**라고 말씀하셨습니다. 믿지 않는 행위가 가장 큰 죄입니다. 하나님의 아들이신 예수님이 물과 피로 임하셔서 우리를 죄에서 온전히 구원하셨다는 진리의 복음을 믿지 않는 죄가 가장 큰 죄이며 **"사망에 이르는 죄"(요일 5:16)**입니다. 믿지 않는 자들은 그 죄 때문에 지옥에 떨어집니다.

여러 가지 율법을 어긴 죄들도 물론 죄입니다. 그러나 율법을 어긴 죄들은 우리가 물과 피로 임하신 하나님의 아들 예수 그리스도의 복음을 믿으면 다 씻어집니다. 원형의 복음을 믿어서 거듭난 의인들에게는, 자기가 부족하고 연약해서 지은 죄가 아무 문제가 되지 않습니다. 그런 죄들은 **"사망에 이르지 아니하는 죄"(요일 5:17)**입니다. 그런 죄들은 이미 주님께서 받으신 세례로 모두 담당하셔서 십자가의 피로 완벽하게 없애 주셨습니다.

그러면 이제 다시 묻겠습니다. 어떤 이가 **생명책**에 이름을 올립니까? 율법을 잘 지키고 자선과 봉사, 구제 등 선행(善行)을 많이

한 사람의 이름이 생명책에 기록됩니까? 아닙니다. **"물과 피로 임하신 자"(요일 5:6)** 예수님을 믿어서 죄 사함을 받은 의인들의 이름이 생명록 책에 기록됩니다. "사람의 선한 행위가 쓸데없다"라는 말은 아닙니다. 선행도 귀합니다만, 선행을 많이 했다고 생명록 책에 이름이 기록되지는 않습니다.

"그걸 누가 알아! 하나님만 아시지!" 하고 주장하는 구원의 불가지론(不可知論)이 정답입니까? 아닙니다. 사도 바울은 **"또 참으로 나와 멍에를 같이 한 자 네게 구하노니 복음에 나와 함께 힘쓰던 저 부녀들을 돕고 또한 글레멘드와 그 외에 나의 동역자들을 도우라 그 이름들이 생명책에 있느니라"(빌 4:3)**고 기록했습니다.

동역자들의 이름이 생명책에 있다는 사도 바울의 단정적 선언이 구원의 불가지론(不可知論)에서 나온 말입니까? 생명책에는 죄 사함 받은 의인들의 이름이 기록됩니다. 죄인은 절대로 생명책에 녹명(錄名) 되지 못합니다. 예수님을 믿고도 마음에 죄가 있는 기독죄인(基督罪人)들의 이름은 심판책에 기록되어 있습니다.

"저희를 생명책에서 도말하사 의인과 함께 기록되게 마소서"(시 69:28).

의인들의 이름만 생명책에 기록된다고 성경은 분명히 말씀합니다. 그러므로 마음에 죄가 있는 기독죄인들은 하나님의 말씀을 깨닫고 빨리 돌이켜야 합니다. 예수님을 믿는다면서 마음에 죄가 있는 것이 겸손이며 정상인 줄 압니까?

기독죄인들이 "주여, 저는 죄인입니다. 이 죄인을 용서하여 주시옵소서" 하고 울부짖는 것은 예수님께서 행하신 고귀한 구속의 사역을 발로 짓밟는 것입니다. 그들이 겸손해서 그러는 것이 아닙니다. 그들의 고백은, "당신이 나에게 해 준 것이 뭐가 있어? 내가 당신 믿기 전에도 죄인이었는데 지금도 죄인이잖아?” 하고 예수님을 대적하는 셈입니다.

기독죄인(基督罪人)들은 믿지 않는 악한 행위 때문에 심판책에 이름을 올리고 지옥에 갑니다. **“물과 피로 임하신 자”** 예수님께서 완성하신 하나님의 의를 믿지 않는 죄가 지옥의 심판을 받아 마땅한 죄이며 악한 행실입니다. **“형제들아 너희가 삼가 혹 너희 중에 누가 믿지 아니하는 악심을 품고 살아 계신 하나님에게서 떨어질까 염려할 것이요”**(히 3:12). 하나님 앞에서는 복음을 믿지 않는 것이 가장 큰 악심(惡心)입니다.

“이기는 자는 이와 같이 흰 옷을 입을 것이요 내가 그 이름을 생명책에서 반드시 흐리지 아니하고 그 이름을 내 아버지 앞과 그 천사들 앞에서 시인하리라”(계 3:5).

사단 마귀의 핍박을 이기고 끝까지 복음의 진리를 지켜 낸 자들은 하나님의 의를 옷 입고, 그들의 이름이 생명책에서 결코 흐리지 않습니다. 진리의 복음은 **“물과 피의 복음”**입니다. **“성령과 물과 피가 합하여 하나”**(**요일** 5:8)인 성경대로의 복음을 믿어서 죄 사함을 받은 의인들의 이름은 생명책에 기록되어 있습니다.

여러분은 여러분의 이름이 생명책에 있다고 확신하십니까? 저는 제 이름이 생명책에 기록되어 있다고 확신합니다. 우리는 부족해도 물과 피로 임하신 주님께서 완성하신 구원의 사역이 완전하기 때문에, 그 완전한 복음을 믿는 우리들의 이름은 생명록 책에 선명하게 기록되어 있습니다. 그리고 우리가 믿음을 지키는 한, 절대로 우리의 이름을 생명책에서 절대 흐리지 않겠다고 주님은 약속하셨습니다.

기독죄인들이여, 속히 사망에서 벗어나십시오

"죽은 자들이 자기 행위를 따라 책들에 기록된 대로 심판을 받으니 바다가 그 가운데서 죽은 자들을 내어주고 또 사망과 음부도 그 가운데서 죽은 자들을 내어주매 각 사람이 자기의 행위대로 심판을 받고 사망과 음부도 불못에 던지우니 이것은 둘째 사망 곧 불못이라 누구든지 생명책에 기록되지 못한 자는 불못에 던지우더라"(계 20:12-15).

마음에 죄가 있는 기독죄인(基督罪人)들은 자신의 이름이 심판책에 기록되어 있다는 사실을 직시(直視) 해야 합니다. 그리고 속히 진리의 복음을 믿어서 거듭나야 합니다. 기독죄인들이 예수님을 믿는다면서도 마음에 죄가 있는 이유는, 그들이 십자가의 피만으로 구성된 반쪽짜리의 복음을 믿기 때문입니다. 그들은 자신의 모든 죄와 허물이 예수님의 육체에 넘어간 증거의 말씀을 모릅니다.

"이는 물과 피로 임하신 자니 곧 예수 그리스도시라 물로만 아니요 물과 피로 임하셨고 증거하는 이는 성령이시니 성령은 진리니라 증거하는 이가 셋이니 성령과 물과 피라 또한 이 셋이 합하여 하나이니라"(요일 5:6-8).

성령과 물과 피의 증거를 모두 가지고 있는 복음이 원형(原形)의 복음(the Original Gospel)입니다.

성령님은 "예수님은 하나님의 아들이며 흠 없는 제물로 오신 하나님의 어린양이다"라고 증거합니다.

물은 예수님께서 요단강 물에서 받으신 세례입니다. 예수님께서 요단강 물에 오셔서 요한에게 세례를 청하셨습니다. **"예수께서 대답하여 가라사대 이제 허락하라 우리가 이와 같이 하여 모든 의를**

이루는 것이 합당하니라 하신대 이에 요한이 허락하는지라"(마 3:15). 인류의 대표자인 세례 요한에게 안수의 형식으로 받으신 **"그 세례"**(행 10:37)로 인류의 모든 죄와 허물이 예수님의 육체로 넘어가 실렸습니다.

피는 예수님께서 갈보리 십자가에 못 박혀서 흘리신 보혈입니다. **"다 이루었다"**(요 19:30) 외치시며 돌아가시기까지 흘리신 피로, 예수님은 세례로 담당하신 세상 죄를 완벽하게 대속(代贖) 하셨습니다.

이 세 가지 증거가 합하여 **"하나"**입니다. 이 세 증거 중에서 어느 한 증거라도 빠진 복음은 온전한 복음이 아닙니다. 그러니 예수님의 피만으로 구성된 반쪽짜리의 복음을 믿어서 여전히 죄인으로 남아 있는 기독죄인(基督罪人)들은 속히 돌이켜야 합니다.

바리새인처럼 겸손을 떨고 착한 일을 많이 하면 생명책에 당신들의 이름이 올라갈 것 같습니까? 착한 일을 하지 말라는 말이 아닙니다. 그것도 귀한 일이지만, 먼저 진리의 복음을 믿어서 죄 사함을 받고 의인으로 거듭나야 합니다. 그러면 여러분의 이름이 심판책에서 생명책으로 옮겨집니다.

"내가 진실로 진실로 너희에게 이르노니 내 말을 듣고 또 나 보내신 이를 믿는 자는 영생을 얻었고 심판에 이르지 아니하나니 사망에서 생명으로 옮겼느니라

진실로 진실로 너희에게 이르노니 죽은 자들이 하나님의 아들의 음성을 들을 때가 오나니 곧 이때라 듣는 자는 살아나리라"(요 5:24-25).

진리의 복음을 믿어서 거듭난 후에는 하나님께서 가장 기뻐하시는 일에 자신을 드려야 합니다. 하나님의 일은 진리의 복음을 믿고 전하는 일입니다. 빵 나눠 주기, 연탄 나눠 주기, 파이프 박아 주기와 같은 육신적인 사랑을 헌신적으로 행한다고 생명책에 이름이 기록되지는 않습니다.

필요하면 그런 일도 해야 하지만, 죄인들에게 진리의 복음을 전해서 그들이 거듭나게 하고 생명책에 그들의 이름이 올라가게 하는 것이 가장 선한 일입니다. 가장 착한 일을 하기 위해서 우리는 구제나 봉사의 사역도 합니다.

예수님을 믿는다고 고백하면서도, 죄 사함을 받지 못해서 아직도 마음에 죄가 있는 기독죄인(基督罪人)들은 자신의 이름이 심판책에 기록되어 있다는 사실을 자각하시고, 속히 돌이켜서 진리의 복음을 믿고 거듭나기를 바랍니다.

여러분 모두의 이름이 생명책에 기록되기를 간절히 바랍니다.

의인들아, 천국 도성을 바라보라

"또 내가 새 하늘과 새 땅을 보니 처음 하늘과 처음 땅이 없어졌고 바다도 다시 있지 않더라

또 내가 보매 거룩한 성 새 예루살렘이 하나님께로부터 하늘에서 내려오니 그 예비한 것이 신부가 남편을 위하여 단장한 것 같더라

내가 들으니 보좌에서 큰 음성이 나서 가로되 보라 하나님의 장막이 사람들과 함께 있으매 하나님이 저희와 함께 거하시리니 저희는 하나님의 백성이 되고 하나님은 친히 저희와 함께 계셔서

모든 눈물을 그 눈에서 씻기시매 다시 사망이 없고 애통하는 것이나 곡하는 것이나 아픈 것이 다시 있지 아니하리니 처음 것들이 다 지나갔음이러라

보좌에 앉으신 이가 가라사대 보라 내가 만물을 새롭게 하노라 하시고 또 가라사대 이 말은 신실하고 참되니 기록하라 하시고

또 내게 말씀하시되 이루었도다 나는 알파와 오메가요 처음과 나중이라 내가 생명수 샘물로 목 마른 자에게 값 없이 주리니

이기는 자는 이것들을 유업으로 얻으리라 나는 저의 하나님이 되고 그는 내 아들이 되리라

그러나 두려워하는 자들과 믿지 아니하는 자들과 흉악한 자들과 살인자들과 행음자들과 술객들과 우상 숭배자들과 모든 거짓말하는 자들은 불과 유황으로 타는 못에 참예하리니 이것이 둘째 사망이라"(계 21:1-8).

요한 계시록의 21 장과 22 장에는 하나님께서 우리 인류를 향해서 세우신 계획, 즉 하나님의 섭리가 다 이루어지는 부분에 대해서 기록되어 있습니다. 알파요 오메가가 되신 예수님께서 거듭난 의인들에게 주실 궁극적인 축복은 영원한 천국 도성에 들어가게 하시는 축복입니다.

"또 내가 새 하늘과 새 땅을 보니 처음 하늘과 처음 땅이 없어졌고 바다도 다시 있지 않더라 또 내가 보매 거룩한 성 새 예루살렘이 하나님께로부터 하늘에서 내려오니 그 예비한 것이 신부가 남편을 위하여 단장한 것 같더라"(계 21:1-2).

처음 하늘과 처음 땅은 마치 종이가 뜨거운 불에 타서 없어지듯이 없어집니다. 우리가 지금 보고 있는 이 세계는 완전히 없어지고, 하나님께서 예비하신 천국 도성이 위로부터 내려옵니다. 하나님께서 당신의 자녀들을 위해서 예비하신 새 예루살렘 성, 즉 천국 도성의 아름다움에 대해서 성경의 마지막 두 장에 소상하게 기록되어 있습니다.

하나님의 섭리가 요한 계시록 21 장과 22 장의 말씀대로 완성됩니다. **"신부가 남편을 위하여 단장한 것"** 같이 아름답고 순결한 천국 도성(都城)이 위로부터 내려옵니다. 예수님은 우리 의인들과 함께 그 성에 들어갑니다. 성삼위(聖三位) 하나님, 즉 성부와 성자와 성령님과 함께 영원토록 안식과 복락을 누릴 천국 도성에는 오직 거듭난 의인들만 들어갑니다.

하나님께서 예비하신 아름다운 천국, 생명수 강이 흐르고 슬픔이나 고통이나 죽음이 없는 곳, 오직 성삼위(聖三位) 하나님과 더불어 희락과 안식과 평강을 누리며 영생하는 천국 도성에는 거듭난 의인들만 들어갑니다. 진리의 복음을 믿어서 죄 사함 받은 저와 여러분들이 우리의 남은 때에 이 복음을 끝까지 지키면 영원한 천국 도성에 넉넉히 들어갑니다.

그러나 기독죄인(基督罪人)들을 포함해서, 모든 죄인들은 결코 천국 도성에 들어가지 못합니다. 거듭나지 못한 모든 죄인들은 불과 유황으로 타는 못에 들어갑니다. 영생의 천국에 들어가는 자와 영원한 불 못에 들어갈 자가 이렇게 극명하게 갈라집니다.

"그러나 두려워하는 자들과 믿지 아니하는 자들과 흉악한 자들과 살인자들과 행음자들과 술객들과 우상 숭배자들과 모든 거짓말하는 자들은 불과 유황으로 타는 못에 참예하리니 이것이 둘째 사망이라"(계 21:8).

예수님을 믿는 자들의 목적지

우리가 예수님을 믿는 목적은 영원한 천국 도성에 들어가기 위한 것입니다. 천국 도성이 우리가 돌아갈 목적지(destination)이며 본향(本鄕)입니다.

그런데 어떤 기독교인들은 "천국에 가는 것만 너무 강조해서는 안된다. 천국 영생만을 강조하면, 기독교인들이 성화의 삶이나 사회적 봉사를 경홀히 여기게 된다. 그것은 자칫 현실 도피적인 신앙이 될 수 있다"라고 주장합니다. 그들은 **"믿음의 결국"(벧전 1:9)**은 천국의 영생이라고 확신하는 의인들을 비난합니다. 그런데 믿음의 지향점을 "천국의 영생"으로 여기는 사람들을 그들이 비난하는 이유는, 자기들이 천국 영생에 들어갈 확신이 없기 때문일 것입니다.

거듭나지 못한 기독죄인들은 "나는 예수님의 보혈의 공로를 믿어서 구원받았다"라고 입술로는 주장하지만, 성경을 읽다 보면 자기의 알량한 구원의 확신이 쉽게 무너져 내립니다. 그들의 마음에는 죄가 있기 때문입니다.

그런데 주님은, **"네가 호리라도 남김이 없이 다 갚기 전에는 결단코 거기서 나오지 못하리라 또 간음치 말라 하였다는 것을 너희가 들었으나 나는 너희에게 이르노니 여자를 보고 음욕을 품는 자마다 마음에 이미 간음하였느니라**

만일 네 오른 눈이 너로 실족케 하거든 빼어 내버리라 네 백체 중 하나가 없어지고 온 몸이 지옥에 던지우지 않는 것이 유익하며 또한 만일 네 오른손이 너로 실족케 하거든 찍어 내버리라 네 백체 중 하나가 없어지고 온 몸이 지옥에 던지우지 않는 것이 유익하니라(마 5:26-30)고 말씀하십니다.

진리의 복음이 아닌 반쪽짜리의 복음을 믿는 자들은 마음에 죄가 있을 수밖에 없습니다. 그들은 "내 마음에 비록 죄는 있지만, 내가 예수님의 보혈의 공로를 믿기 때문에, 하나님은 나를 의롭다고 불러준다"라는 칭의(稱義) 교리를 믿습니다. 그러나 아무리 별별 궤변을 늘어놓아도, "칭의 교리"를 의지하는 기독교인들의 마음에는 결론적으로 죄가 있습니다.

제가 며칠 전에 어떤 목사님과 전화로 교제를 했습니다. 제가 그분에게 "거듭난다는 것이 무엇이며, 사람이 어떻게 거듭나는지에 대해서 말씀을 해보시라"라고 했더니, 성경적으로 전혀 맞지 않는 얘기를 횡설수설하며 늘어놓았습니다. 그래서 제가 굼벵이와 매미를 예로 들면서 설명을 했더니, 그분은 저에게 버럭 화를 내면서 "왜 자꾸 예를 드느냐?"라고 반문했습니다.

그분이 영적인 말씀을 전혀 이해하지 못하니까, 제가 예를 들어서라도 깨닫게 하려던 것이었습니다. 예수님께서도 얼마나 비유를 많이 드셨어요? 물론 예수님께서는 육신적인 사람들이 구원의 비밀을 알아듣지 못하게 하려고도 비유로만 말씀하신 부분도 있습니다: **"하나님 나라의 비밀을 아는 것이 너희에게는 허락되었으나 다른 사람에게는 비유로 하나니 이는 저희로 보아도 보지 못하고 들어도 깨닫지 못하게 하려 함이니라"**(눅 8:10).

양과 염소의 비유

예수님께서 잡히시기 바로 전날에 주님은 세 가지 비유의 말씀을 제자들에게 들려주셨습니다: 첫째는 열 처녀의 비유, 둘째는 달란트의 비유, 그리고 마지막으로 양과 염소의 비유입니다.

이 모든 비유들은 마지막 때와 관련된 말씀입니다. 즉, 마태복음 25 장의 세 비유는, 누가 첫째 부활과 휴거에 참여하는가, 천년왕국에서는 어떤 상급이 주어지나, 또 천국 영생에 들어가는 자들은 누구이며 영원한 지옥 불에 들어가는 자들은 누구인가에 대한 말씀을 비유로 들려주신 것입니다.

그중에서 양과 염소의 비유가 오늘 읽은 계시록 21 장의 말씀과 짝을 이룹니다. 예수님은 마지막 때에 크고 흰 보좌를 베푸시고 재판장으로 앉으셔서, 마치 목자가 양과 염소를 나누듯이 모든 사람들을 둘로 나누십니다. 하나님 앞에서, 모든 사람들은 두 부류밖에 없습니다. 예수님은 **"물과 피의 원형복음"**을 믿고 지킨 의인들과 죄 사함을 받지 못한 죄인들이라는 두 부류로 모든 사람을 나누십니다.

예수님은 죄인과 의인을 갈라놓으시고, 먼저 양들에게, 즉 의인들에게 말씀하십니다. **"내 아버지께 복 받을 자들이여 나아와 창세로부터 너희를 위하여 예비된 나라를 상속하라 내가 주릴 때에 너희가 먹을 것을 주었고 목마를 때에 마시게 하였고 나그네 되었을 때에 영접하였고 벗었을 때에 옷을 입혔고 병들었을 때에 돌아보았고 옥에 갇혔을 때에 와서 보았느니라"**(마 25:34-36).

의인들은 주님께, "주여, 우리가 언제 주님을 그렇게 섬겼습니까?"라고 여쭈었습니다. 주님께서는 **"내가 진실로 너희에게 이르노니 너희가 여기 내 형제 중에 지극히 작은 자 하나에게 한 것이 곧 내게 한 것이니라"**(마 25:40) 하고 대답해 주셨습니다.

그와 반대로 영원한 지옥 불에 들어갈 죄인들을 향해서는, **"저주를 받은 자들아 나를 떠나 마귀와 그 사자들을 위하여 예비된 영영한 불에 들어가라 내가 주릴 때에 너희가 먹을 것을 주지 아니하였고 목마를 때에 마시게 하지 아니하였고 나그네 되었을 때에 영접하지 아니하였고 벗었을 때에 옷 입히지 아니하였고 병들었을 때와 옥에 갇혔을 때에 돌아보지 아니하였느니라"**(마 25:41-43)고 말씀하셨습니다.

그들도 "주여, 우리가 언제 그렇게 하지 않았습니까?" 하고 반문했습니다. 그러자 주님께서는, **"내가 진실로 너희에게 이르노니 이 지극히 작은 자 하나에게 하지 아니한 것이 곧 내게 하지 아니한 것이니라"**(마 25:45)고 대답하셨습니다.

"지극히 작은 자"는 심령이 가난한 자입니다. 자기의 의를 다 잃어버리고 오직 하나님의 긍휼만을 바라는 자들이 있습니다. 거듭난 의인들은 심령이 가난한 자들에게 진리의 복음을 전해 주어서 그들도 구원을 받게 합니다. 죄인들에게 **"물과 피의 복음"**을 전해 주어서 그들이 영생을 얻게 하는 일을 하나님께서 가장 기뻐하십니다.

거듭난 우리는 사람들이 영적으로 주려 죽게 되었을 때에, 그들에게 생명의 떡을 먹여 줍니다. 의인들은 죄인들에게 주님의 살(세례)과 주님의 피를 먹여서 거듭나게 해 줍니다. 죄인들이 자기의 수치가 다 드러나서 헐벗었을 때에, 진리의 복음 안에 있는 하나님의 의를 옷 입혀 주어서 그들이 수치를 가리고 당당한 의인으로 살아가게 해 줍니다.

의인들은 죄인들이 죄의 옥에 갇혔을 때, 그들에게 능력의 복음을 전해 주어서 그들이 옥에서 풀려나와 자유의 영이 되도록 인도해 줍니다. 그들이 죄의 병에 걸려서 신음할 때에, 진리의 복음으로 죄의 병을 낫게 해 줍니다. 이러한 의로운 일은 먼저 거듭난 의인들만 할 수 있습니다.

그러나 거듭나지 못한 기독죄인(基督罪人)들은 자기에게 생명의 복음이 없어서 죄인들에게 영적인 양식을 먹일 수도, 하나님의 의를 입힐 수도 없고, 그들의 죄의 병을 고쳐줄 수도, 그들을 죄에서 해방시킬 수도 없습니다. 그들은 기껏해야 밥이나 빵을 나눠 주고, 노숙자들을 돌보고, 우물을 파 주고, 학교나 병원을 지어 주는 등 육신적인 봉사를 할 뿐입니다.

베드로가 성전의 미문(美門) 곁에서 구걸하던 앉은뱅이에게, **"은과 금은 내게 없거니와 내게 있는 것으로 네게 주노니 곧 나사렛 예수 그리스도의 이름으로 걸으라"(행** 3:6)고 선포하며 그의 손을 잡아 일으켰습니다. 자기에게 진리의 복음이 있어야, 평생 죄의 자리에 눌러앉아서 결코 의의 길을 걸어갈 수 없었던 죄인들을 일으켜서 의로운 삶을 살게 할 수 있습니다.

죄 사함 받은 의인들의 마음에는 생명의 떡이 있어서 가장 작은 자들, 즉 자기가 얼마나 추악하고 부족한 줄 알고 하나님의 구원을 바라는 영혼들에게 구원의 은총을 전해 줄 수 있습니다. 주님께서 **"내 아버지께 복 받을 자들이여 나아와 창세로부터 너희를 위하여 예비된 나라를 상속하라"**(마 25:34)고 축복하신 이들은 거듭난 의인들입니다. 거듭난 의인들만 영원한 천국 도성에 들어갑니다.

새 예루살렘 성은 거룩한 곳이어서, 죄인은 절대로 그곳에 들어가지 못합니다. 그들도 예수님의 이름을 부르며, 육신적으로는 많은 선행(善行)을 했습니다. 그래서 지옥의 형벌을 내리신 주님께, "우리가 언제 그런 선행을 하지 않았습니까?" 하고 대들었습니다.

그러나 주님께서는 **"이 지극히 작은 자 하나에게 하지 아니한 것이 곧 내게 하지 아니한 것이니라"**(마 25:45)고 책망하셨습니다. 주님께서 가장 기뻐하시는 것은 자기 의의 꼴찌들에게, 즉 심령이 가난한 자들에게 진리의 복음을 전해서 영생을 얻게 하는 사역입니다. 그러니 **"진리의 사랑"(살후** 2:10)을 알지 못해서 육신적인 사랑에만 몰두했던 기독죄인들에게, 주님께서 **"저주를 받은 자들아 나를 떠나 마귀와 그 사자들을 위하여 예비된 영영한 불에 들어가라"**(마 25:41)고 판결하시는 것이 합당합니다.

본향을 사모하는 믿음

히브리서 11 장에는 믿음의 선배들이 열거되어 있는데, 믿음의 사람들 즉 아벨과 에녹과 노아를 소개한 후에, 믿음의 조상 아브라함이 등장합니다.

"믿음으로 아브라함은 부르심을 받았을 때에 순종하여 장래 기

업으로 받을 땅에 나갈쌔 갈 바를 알지 못하고 나갔으며 믿음으로 저가 외방에 있는것 같이 약속하신 땅에 우거하여 동일한 약속을 유업으로 함께 받은 이삭과 야곱으로 더불어 장막에 거하였으니 이는 하나님의 경영하시고 지으실 터가 있는 성을 바랐음이니라"(히 11:8-10).

아브라함은 이삭과 야곱과 함께 장막에 기거했습니다. 아브라함은 이 땅에 집을 짓지 않았습니다. 그는 집이 없는 나그네와 행인같이 살면서 하늘에 있는 본향(本鄕)을 사모했습니다.

우리는 천국 도성을 바라보고 사모합니다. 천국 영생을 사모하고 천국 도성을 목적지로 삼고, 이 땅에서는 나그네와 행인같이 살아가는 삶이 올바른 믿음의 삶입니다. 이 땅에서의 우리의 삶은 나그네와 행인같이 잠깐 지나가는 것입니다. 우리의 본향은 하늘에 있습니다.

사도 베드로도 **"우리는 그의 약속대로 의의 거하는 바 새 하늘과 새 땅을 바라보도다 그러므로 사랑하는 자들아 너희가 이것을 바라보나니 주 앞에서 점도 없고 흠도 없이 평강 가운데서 나타나기를 힘쓰라"(벧후 3:13-14)**고 말씀했습니다.

천국 도성은 상징이거나 공상 소설의 스토리로 꾸며낸 개념이 아닙니다. **"새 하늘과 새 땅"** 위에 내려올 새 예루살렘 성, 즉 천국 도성(都城)은 반드시 도래합니다. 천년 왕국이 끝나면, 죽은 자의 부활과 최후의 심판이 있습니다. 하나님의 공의한 심판이 마무리된 후에, 옛 하늘과 옛 땅은 종이가 뜨거운 용광로 불에 타서 없어지듯이 사라지고, 새 하늘과 새 땅이 열리며 하나님께서 예비하신 새 예루살렘 성, 즉 천국 도성이 위로부터 내려옵니다.

천국 도성의 성곽과 성문과 성내의 찬란함과 아름다움은 이루형언할 수 없습니다. 우리 의인들은 예수님의 뒤를 따라서 그 성에 들어갑니다. 거기서 우리는 성삼위(聖三位) 하나님과 영원토록 복락을 누릴 것입니다. 천국 도성은 우리의 본향입니다. 그토록 아름답고 행복한 도성에 들어가는 것이 우리 소망입니다.

"이 사람들은 다 믿음을 따라 죽었으며 약속을 받지 못하였으되 그것들을 멀리서 보고 환영하며 또 땅에서는 외국인과 나그네로라 증거하였으니 이같이 말하는 자들은 본향 찾는 것을 나타냄이라 저희가 나온바 본향을 생각하였더면 돌아갈 기회가 있었으려니와 저희가 이제는 더 나은 본향을 사모하니 곧 하늘에 있는 것이라 그러므로 하나님이 저희 하나님이라 일컬음 받으심을 부끄러워 아니하시고 저희를 위하여 한 성을 예비하셨느니라"(히 11:13-16).

하나님께서 예비하신 **"한 성"**이 천국 도성입니다. 거듭난 우리들은 반드시 그 성에 들어갑니다. 우리 의인들은 우리에게 주신 진리의 복음을 믿고 전파하면서, 천국 도성에 들어갈 날을 기다립니다. 그곳이 우리의 본향이기 때문입니다.

여러분은 하루하루를 살면서 무엇을 사모합니까? 부자 되기를 사모합니까? 아니면 세상이 주는 쾌락을 사모합니까? 여러분의 마음을 사로잡고 있는 것이 무엇입니까?

주님은 마지막 때를 사는 우리들에게 하나님께서 예비하신 도성인 새 예루살렘 성을 사모하라고 말씀하십니다. 우리는 이 땅에서 하루하루를 충성스럽게 믿음으로 살면서, 장차 우리가 들어갈 천국 도성을 바라봅니다. 의의 거하는 바 새 하늘과 새 땅이 펼쳐지면 그 위에 내려올 우리들의 영원한 본향, 새 예루살렘 성을 우리는 사모합니다.

죄인들은 반드시 지옥에 떨어집니다

"그러나 두려워하는 자들과 믿지 아니하는 자들과 흉악한 자들과 살인자들과 행음자들과 술객들과 우상 숭배자들과 모든 거짓말하는 자들은 불과 유황으로 타는 못에 참예하리니 이것이 둘째 사망이라"(계 21:8).

"불과 유황으로 타는 못"은 지옥(地獄)입니다. 지옥은 분명히 있습니다. "지옥은 없다"라고 주장하는 자들이 제법 많습니다. "하나님은 사랑의 하나님이신데 어떻게 하나님을 믿지 않았다고 사람을 지옥 불에 처넣으시겠느냐?" 하며, "지옥은 없다. 그것은 그저 사람들에게 겁을 주려고 하신 말씀이다. 사람이 죽으면 소멸되는 것이지, 지옥은 없다"라고 강변합니다. 여호와의 증인들은 "지옥은 없다"라는 교리를 신봉합니다.

과연 지옥이 없을까요? 그렇지 않습니다. 예수님께서도 **"거기는 구더기도 죽지 않고 불도 꺼지지 아니하느니라"(막 9:48)**고 분명하게 말씀하셨습니다. 예수님이 거짓말쟁이입니까? 예수님의 말씀을 믿지 않고서 말씀을 변개하는 자들이 바로 거짓말쟁이들입니다. 자기 생각으로 하나님 말씀을 변조시키는 자들은 사단 마귀의 하수인들입니다.

천국 도성은 분명히 있고 불과 유황으로 타는 못인 지옥도 분명히 있습니다. 요한 계시록의 말씀은 한 점 한 획도 떨어지지 않고 다 이루어질 것입니다. 인간이 주먹만 한 뇌를 가지고 추론해서 "지옥은 없다"라고 강변하다가는 지옥의 뜨거운 불 맛을 보게 됩니다. 지옥 불에 들어가서 끔찍한 고통을 겪고 있던 부자는 자기 집 대문 곁에서 구걸하던 거지 나사로가 낙원에서 아브라함의 품에 안겨 있는 것을 보았습니다. 그는 고통 중에, 나사로를 보내서 자기의 입술에 물을 좀 발라 달라고 아브라함에게 애원했습니다. 그러나 때는 늦었습니다.

사람이 **"물과 피의 복음"**을 믿는다고 고백했다고 모두 다 천국 도성에 들어가는 것은 아닙니다. 진리의 복음을 믿어서 거듭난 후에, 어떤 환난에도 끝까지 믿음을 지켜서 환난을 이긴 자들만 천국 도성에 들어갑니다. 그래서 예수님은 아시아의 일곱 교회에도, **"이기는 자들"**이라야 약속하신 상급을 받는다고 반복적으로 말씀하셨습니다.

천국 도성에는 의인들만 들어갑니다. 마음에 죄가 있는 기독죄인(基督罪人)들은 영원히 꺼지지 않는 불 못에 들어갑니다. 지금 당신의 마음에 죄가 있다면 속히 회개해서 진리의 복음, 즉 **"물과 피로 임하신"(요일 5:6)** 예수님께서 완성하신 원형의 복음을 믿고 거듭나야 합니다.

지옥 불에 들어갈 자들

"그러나 두려워하는 자들과 믿지 아니하는 자들과 흉악한 자들과 살인자들과 행음자들과 술객들과 우상 숭배자들과 모든 거짓말 하는 자들은 불과 유황으로 타는 못에 참예하리니 이것이 둘째 사망이라"(계 21:8).

지옥에 떨어질 선두주자는 **"두려워하는 자들"**입니다. **"두려워하는 자들"**이란 기독죄인들을 포함한 모든 죄인들입니다. 죄인들은 마음의 죄 때문에 하나님의 심판을 늘 두려워합니다. 저도 거듭나기 전에는 마음의 죄 때문에 늘 지옥에 갈 것을 두려워했습니다.

"믿지 아니하는 자들"이란 하나님의 **"진리의 사랑"**(살후 2:10)을 믿지 않는 자들입니다. 진리의 사랑을 믿지 않으면 죄인일 수밖에 없습니다. 죄 사함을 받지 못한 자들은 **"흉악한 자들과 살인자들"**이 될 수밖에 없습니다. **"술객들과 우상 숭배자들과 모든 거짓말하는 자들"**은 거짓 선지자들과 그들을 추종하는 종교인들을 의미합니다.

"이르기를 주 여호와의 말씀에 사람의 영혼을 사냥하고자 하여 방석을 모든 팔뚝에 꿰어 매고 수건을 키가 큰 자나 작은 자의 머리를 위하여 만드는 부녀들에게 화 있을찐저 너희가 어찌하여 내 백성의 영혼을 사냥하면서 자기를 위하여 영혼을 살리려하느냐 너희가 두어 웅큼 보리와 두어 조각 떡을 위하여 나를 내 백성 가운데서 욕되게 하여 거짓말을 곧이 듣는 내 백성에게 너희가 거짓말을 지어서 죽지 아니할 영혼을 죽이고 살지 못할 영혼을 살리는도다"(겔 13:18-19).

거짓 선지자는 영혼을 사냥해서 자기의 배를 채우는 자들입니다. 그들은 사단 마귀가 날조한 거짓 교리(敎理)들로 어리석은 영혼들을 속여서 자기의 먹이로 삼습니다. 칭의 교리, 성화 교리, 예정론, 점진적 구원론, 회개 기도의 교리 등은 사단 마귀가 속여 놓은 기독교 교리들이며 다 거짓말입니다. 죄인들, 즉 거듭나지 못한 자들은 모두 불과 유황으로 타는 못에 떨어집니다.

우리는 물과 피의 복음, 즉 **"성령과 물과 피가 합하여 하나"**(요일 5:8)인 진리의 복음을 믿어서 거듭났습니다. 우리 의인들은 어떤 환난이 와도 끝까지 이 복음을 지키고 또 전파할 것입니다. 그래서 심령이 가난한 자들이 구원을 받게 하고 우리와 함께 주님께서 약속하신 새 예루살렘에 넉넉하게 들어갈 것입니다.

우리는 이 땅에 사는 동안, 영원한 천국 도성을 사모합니다. 천국 도성에 소망을 두고 자기의 본향으로 삼는 자는 복이 있습니다. 천국 도성에 소망을 두는 믿음이 올바른 믿음입니다.

주 예수여 오시옵소서!

"또 내게 말하되 이 책의 예언의 말씀을 인봉하지 말라 때가 가까우니라

불의를 하는 자는 그대로 불의를 하고 더러운 자는 그대로 더럽고 의로운 자는 그대로 의를 행하고 거룩한 자는 그대로 거룩되게 하라

보라 내가 속히 오리니 내가 줄 상이 내게 있어 각 사람에게 그의 일한대로 갚아 주리라

나는 알파와 오메가요 처음과 나중이요 시작과 끝이라

그 두루마기를 빠는 자들은 복이 있으니 이는 저희가 생명 나무에 나아가며 문들을 통하여 성에 들어갈 권세를 얻으려 함이로다

개들과 술객들과 행음자들과 살인자들과 우상 숭배자들과 및 거짓말을 좋아하며 지어내는 자마다 성밖에 있으리라

나 예수는 교회들을 위하여 내 사자를 보내어 이것들을 너희에게 증거하게 하였노라 나는 다윗의 뿌리요 자손이니 곧 광명한 새벽별이라 하시더라

성령과 신부가 말씀하시기를 오라 하시는도다 듣는 자도 오라 할 것이요 목마른 자도 올 것이요 또 원하는 자는 값 없이 생명수를 받으라 하시더라

내가 이 책의 예언의 말씀을 듣는 각인에게 증거하노니 만일 누구든지 이것들 외에 더하면 하나님이 이 책에 기록된 재앙들을 그에게 더하실 터이요

만일 누구든지 이 책의 예언의 말씀에서 제하여 버리면 하나님

이 이 책에 기록된 생명 나무와 및 거룩한 성에 참예함을 제하여 버리시리라

이것들을 증거하신 이가 가라사대 내가 진실로 속히 오리라 하시거늘 아멘 주 예수여 오시옵소서

주 예수의 은혜가 모든 자들에게 있을찌어다 아멘"(계 22:10-21).

요한 계시록 말씀을 잘못 해석한 데서 많은 이단들이 나왔습니다. 거듭나지 못한 영적 소경들이 요한 계시록을 억지로 풀려다가 생긴 일들입니다. 지금도 대부분의 기독교인들은 요한 계시록을 제대로 이해하지 못합니다.

요한 계시록의 말씀은 복잡하거나 모호하지 않습니다. 거듭난 의인들은 요한 계시록의 말씀을 선명하게 깨닫고 믿습니다. 성령님께서 의인들의 눈을 밝혀 주셔서 공의하고 합당한 하나님의 섭리를 밝히 깨닫게 하십니다.

요한 계시록은 아시아의 일곱 교회로 대표된 모든 교회들에게 하신 말씀입니다. 1세기 말에 사도 요한이 밧모(Patmos) 섬에 유배되어 있을 때에, 주님께서 요한에게 장차 **"반드시 속히 될 일"**(계 1:1)을 보여 주셔서, 모든 교회의 성도들이 다가오는 재난과 환난을 이기도록 교훈하신 말씀이 요한 계시록입니다.

마지막 때에 "반드시 속히 될 일"

마지막 때는 먼저 각처에 지진과 기근이 일어나는 재난(災難)이 있습니다. 재난이 극대화되면, 사단 마귀의 조종을 받는 자, 즉 바다에서 나온 짐승이 절대 권력의 세계 통치자로 등장해서 세상을 철권(鐵拳)으로 지배합니다. 그는 땅에서 올라온 짐승인 거짓 선지자의 도움을 받습니다. 땅에서 올라온 짐승은 세계 통치자의 우상을 거룩한 곳에 세우고 만민이 그 우상에 절하게 강요합니다. 또 두 짐승은 모든 사람들이 첫 짐승의 표인 666 표를 오른손이나 이마에 받도록 강제합니다. 그들은 그 표가 없으면 아무도 매매나 배급에 참여할 수 없게 합니다.

그때가 의인들에게는 환난(患難)의 시기입니다. 우리 거듭난 의인들은 환난의 시기를 믿음으로 견뎌야 합니다. 하나님께서는 진리의 복음을 지키며 전파한 종들에게 그 환난의 때를 감하여 주시겠다고 약속하셨습니다. 극한 환난의 끝에 일곱 번째 나팔이 불려집니다. 그때에 거듭난 의인들의 부활과 휴거가 있습니다. 주님은 의인들이 그때까지 믿음으로 견디며 복음을 전파하라고 부탁하십니다.

거듭난 의인들이 부활과 휴거의 영광을 입은 후에, 이 땅에는 일곱 대접의 진노가 부어집니다. 그중 여섯 번째 대접이 부어진 후에, 아마겟돈 전쟁이 일어납니다. 그리고 마지막 대접이 부어져서 **"큰 성 바벨론"**인 이 세상은 완전히 초토화되고 멸망합니다.

그 후에 예수님은 만물을 새롭게 하셔서, 의인들과 함께 이 땅에 내려오십니다. 주님은 천년 왕국을 펼치시고 의인들과 더불어 천 년 동안 통치하십니다. **"보라 내가 속히 오리니 내가 줄 상이 내게 있어 각 사람에게 그의 일한 대로 갚아 주리라"**(계 22:12). 천년 왕국은 의인들에 대한 하나님의 보상의 기간입니다.

오직 믿음으로 값없이 죄 사함 받은 의인들 중에는, 주님의 명령을 좇아서 복음의 전파에 자기를 온전히 드리고 헌신한 자들이 있습니다. 그들은 각각 분봉왕이 되어 예수님과 함께 천년 왕국에서 왕 노릇을 합니다. 그러나 거듭난 후에 자기의 욕망만을 좇아 산 자들도 있습니다. 그런 자들은 **"구원을 얻되 불 가운데서 얻은 것"(고전 3:15)**처럼 천년 왕국에서 아무 상급이 없습니다.

천년 왕국이 끝나면, 둘째 부활이 있습니다. 기독죄인들을 포함한 모든 죄인들은 둘째 부활에 참여해서 둘째 사망(지옥)에 들어갑니다. 하나님께서는 죄인들에게 영원히 죽지 않는 몸을 입혀서 지옥의 판결을 내리십니다. 그것이 둘째 부활과 둘째 사망입니다.

그렇게 하나님께서 섭리하신 대로 모든 일을 끝내신 후에, 주님께서는 처음 하늘과 처음 땅을 없애십니다. 마치 종이가 뜨거운 용광로의 불에 타서 없어지는 것처럼 처음 하늘과 처음 땅을 완전히 사라지게 하십니다. 그리고 하나님께서 계획하신 새 하늘과 새 땅을, 즉 새로운 세상을 만드신 후에, 하나님께서 예비하신 영원한 천국 도성을 위로부터 내려오게 하십니다. 우리 의인들은 예수님을 따라서 영원한 낙원인 새 예루살렘 성에 들어가서 영생 복락을 누리게 됩니다.

천국 도성의 아름다움

거룩한 도시 새 예루살렘(the holy city, New Jerusalem)에는 성곽(城郭)이 둘려 있습니다. 성곽에는 열두 문이 있는데, 각각 하나의 큰 진주를 파서 만든 성문들입니다. 성벽은 벽옥을 기초석으로 놓고 그 위에 열두 가지 보석들로 쌓았습니다. 성곽의 높이는 **"일백사십사 규빗이니 사람의 척량 곧 천사의 척량이라"(계 21:17)**고 기록되었으니, 대략 70m 정도입니다.

성곽 안에 자리 잡은 천국 도성(都城)은 **"일만 이천 스다디온이요 장과 광과 고가 같더라"(계 21:16)** 하셨으니, 그 크기를 지금의 도량형으로 계산을 하면 한 변의 길이가 2,400Km 정도 됩니다. 서울에서 부산까지의 거리가 약 400Km 이니, 천국 도성은 가로, 세로, 높이가 서울-부산 거리의 6 배 정도 되는 정육면체의 큰 도성입니다.

"또 저가 수정 같이 맑은 생명수의 강을 내게 보이니 하나님과 및 어린 양의 보좌로부터 나서 길 가운데로 흐르더라 강 좌우에 생명 나무가 있어 열 두가지 실과를 맺히되 달마다 그 실과를 맺히고 그 나무 잎사귀들은 만국을 소성하기 위하여 있더라"(계 22:1-2).

도성 안에 들어가면, 가운데 유리같이 맑은 정금으로 된 대로(大路)가 있고 또 생명수 강이 흐릅니다. 생명수 강 좌우에는 생명나무들이 줄지어 있는데 달마다 다른 열두 가지의 과실을 맺습니다. 그곳에는 하나님께서 친히 그들의 빛이 되시기에 밤이 없고, 등이나 해와 같은 것들이 전혀 필요 없습니다.

그곳은 병이나 죽음이나 갈등이나 슬픔이나 고통이 전혀 없습니다. 천국은 우리 의인들이 하나님 아버지의 자녀가 되어서 세세토록 평강과 안식과 기쁨을 누리는 곳입니다. 우리는 맑은 생명수 강가에서 안식하며 하나님을 찬양하고 풍요함 속에서 기쁨과 모든 아름다운 것들을 누립니다. 그토록 아름답고 평화로운 천국 도성이 하나님의 구원의 사랑을 믿어서 죄 사함을 받은 의인들의 목적지(destination)이자 본향입니다. 천국에는 의인들만 들어갑니다.

영생(永生)과 영벌(永罰)의 분기점

예수님을 구주로 고백하면서도 마음에 죄가 있는 기독죄인(基督罪人)들은 천국 도성에 들어가지 못합니다. 예수님을 믿는다고 고백하고 주님의 재림을 기다렸던 열 처녀 중에서 미련한 다섯 처녀는 예수님께서 다시 오셨을 때에 첫째 부활과 휴거에 참여하지 못했습니다. 그들에게 등(교회)은 있었지만, 기름(성령)이 없었기 때문입니다.

"너희가 회개하여 각각 예수 그리스도의 이름으로 세례를 받고 죄 사함을 얻으라 그리하면 성령을 선물로 받으리니"(행 2:38)라고 기록된 대로, 성령님(기름)은 죄 사함을 받고 거듭난 의인들의 마음에만 임하십니다. 그러니 **"예수 그리스도의 이름"** 안에 계시된 **"물과 성령의 복음"**을 믿지 않아서 마음에 죄가 있는 기독죄인들에게는 결코 성령이 임하시지 않습니다.

자신이 **"물과 피의 복음"**을 믿어서 의인으로 거듭났느냐, 아니면 십자가의 피만으로 된 **"다른 복음"**(고후 11:4)을 믿어서 기독죄인으로 남아 있느냐가, 첫째 부활에 들어가느냐 아니면 둘째 부활과 둘째 사망의 대상이 되느냐를 결정합니다. 그러므로 기독죄인들은 자기의 비참한 결국을 깨닫고, 조속히 반쪽짜리의 복음을 버리고 진리의 복음을 믿어야 합니다.

"알지 못하고 맞을 일을 행한 종은 적게 맞으리라 무릇 많이 받은 자에게는 많이 찾을 것이요 많이 맡은 자에게는 많이 달라 할 것이니라"(눅 12:48).

"내 형제들아 너희는 선생 된 우리가 더 큰 심판 받을 줄을 알고 많이 선생이 되지 말라"(약 3:1).

예수님을 믿고 죄가 있는 것이 무슨 겸손인 줄 압니까? 그것은 예수님을 짓밟는 악행입니다. 그들은 "당신이 한 게 뭐가 있어? 내가 당신 믿기 전에도 죄인이었어! 그런데 그토록 오래 당신을 믿었건만, 지금도 죄인이지 않나?" 하고 예수님을 대적하는 셈입니다. 그런 자는 예수님을 짓밟는 자입니다. 그런데 성경을 가르친다는 목사들이 더 고집을 부리며 진리의 복음을 배척합니다. 그런 자들이 더 큰 심판을 받습니다.

사실은 그런 자들은 진리를 찾지 않아서 진리를 만나지 못하는 것입니다. 하나님은 공의하십니다. 하나님은 당신을 찾는 자를 반드시 만나 주십니다. 예수님은 수가(Sychar) 성의 여인을 만나시려고 일부러 사마리아 길로 가셨습니다. 주님은 영생을 사모하는 자나 심령이 가난한 자를 반드시 만나 주십니다. 많은 사람들이 자기의 의를 자랑하고 하나님의 말씀을 경홀히 여기기 때문에 진리를 만나지 못합니다. 또 어떤 이들은 진리의 복음을 전해 주어도 끝까지 자기의 고집이나 주장을 내세우며 믿음으로 받지 않기 때문에 죄 사함을 받지 못합니다.

마지막 때에 사단 마귀는 **"하나님의 계명을 지키며 예수의 증거를 가진 자들"**(계 12:17)과 영적 전쟁을 벌입니다. 진리의 복음을 믿어서 거듭난 의인들은 하나님의 계명, 즉 새 계명을 지킵니다. 거듭난 의인들은 주님께서 완성해 주신 진리의 복음으로 죄인들에게 구원의 사랑을 베풉니다. **"예수의 증거"**란 진리의 원형복음입니다. 요한 계시록을 기록한 사도 요한은 요한일서에서 예수의 증거가 무엇인지를 명확하게 말씀합니다.

"증거하는 이가 셋이니 성령과 물과 피라 또한 이 셋이 합하여 하나이니라 만일 우리가 사람들의 증거를 받을찐대 하나님의 증거

는 더욱 크도다 하나님의 증거는 이것이니 그 아들에 관하여 증거하신 것이니라 하나님의 아들을 믿는 자는 자기 안에 증거가 있고 하나님을 믿지 아니하는 자는 하나님을 거짓말 하는 자로 만드나니 이는 하나님께서 그 아들에 관하여 증거하신 증거를 믿지 아니하였음이라"(요일 5:8-10).

하나님께서 아들이신 예수님에 대해서 증거하신 세 가지 증거는 성령의 증거, 물의 증거, 피의 증거입니다.

성령님께서는 "예수님은 인류를 위한 대속의 제물이 되기 위해서 육신을 입고 오신 성자(聖子) 하나님이시다"라고 증거합니다.

"물"은 예수님께서 요단강 물에서 받으신 세례를 의미합니다. "예수님은 요단강 물에 오셔서 인류의 대표자인 세례 요한에게 안수의 형식으로 세례를 받으심으로 인류의 모든 죄를 담당하셨다"라는 진리가 물의 증거입니다.

피는 "예수님께서는 받으신 세례로 인류의 죄를 짊어지셨기 때문에, 그 죄의 대가를 지불하기 위해서 십자가에서 피를 흘리시고 대속(代贖)의 죽음을 맞아 주셨다"라고 증거합니다.

이 세 증거, 즉 성령의 증거와 물의 증거와 피의 증거가 **"합하여 하나"**(요일 5:8)입니다. 이 세 증거가 다 포함되어 있는 복음이 온전한 복음입니다. 예수님께서 사도들과 제자들에게 주신 복음은 성령의 증거와 물의 증거와 피의 증거가 다 있는 복음이었습니다. 그 세 증거 중에서 어느 하나라도 빠진 복음은 온전한 진리의 복음이 아닙니다.

그런데 예수님께서 받으신 세례의 의미와 능력을 빼 버린 반쪽짜리의 복음이 온 세상을 덮었습니다. 기독죄인들이 기독교라는 종교의 마을을 "십자가의 피만의 복음"으로 장악하게 되었습니다. 그 결과 기독죄인들은 거짓말로 날조된 모든 교리들을 좇게 되었습니다.

"개들과 술객들과 행음자들과 살인자들과 우상 숭배자들과 및 거짓말을 좋아하며 지어내는 자마다 성밖에 있으리라"(계 22:15).

"개들과 술객들"은 거짓 선지자를 의미합니다. 그들은 **"거짓말을 좋아하며 지어내는 자들"**입니다. 거듭나지 못한 영적 소경들은 진리의 복음과는 맞지 않는 거짓된 교리들을 지어내고 가르칩니다. 그들은 **"궁창 위의 물"(창 1:7)**인 하나님 말씀과 자기들의 영적 상태 사이에 너무나 큰 간격이 있는 것을 알고, 억지 논리를 주장해서라도 어떻게든 그 간격을 좁혀 보려고 소위 "기독교 교리"(Christian doctrines)들을 지어냈습니다.

예를 들어, 기독교인들이 철석같이 믿고 있는 칭의 교리(Doctrine of Justification)에 대하여 생각해 봅시다. 칭의(稱義)라는 개념은 문자 그대로 "예수님의 보혈의 공로를 믿으면, 하나님께서 의롭다고 불러 주신다"라는 주장입니다. 이 교리는 "예수님을 믿는 자는 죄는 있어도 하나님께서 의롭다고 불러 주신다"라고 믿는 것이기에, 칭의 교리를 믿는 이들은 자신을 "구원받은 죄인"이라고 고백합니다.

그런 주장은 거짓말입니다. 진리의 복음을 믿어서 그리스도 예수 안에 있는 자들에게는 결코 정죄함이 없습니다. 예수님은 **"성경대로 우리 죄를 위하여 죽으신"(고전 15:3)** 분입니다. 구약 성경에 속죄 제사에는 반드시 흠 없는 제물을 끌고 와서, 죄인이 제물의 머리에 안수해서 죄를 넘겼습니다. 그리고 그 제물의 목을 따고 피를 흘려서 죗값을 치렀습니다.

대속죄일에는 대제사장 아론이 백성들의 대표로 희생 염소

(scapegoat)의 머리에 안수하고 백성들의 1 년 치 죄를 고하면, 백성들의 모든 죄가 희생 염소에게 넘어갔습니다. 그러면 미리 정한 사람이 그 염소를 끌어다가 무인지경의 광야에 버려서 죽게 했습니다.

"이 뜻을 좇아 예수 그리스도의 몸을 단번에 드리심으로 말미암아 우리가 거룩함을 얻었노라"(히 10:10).

구약의 대속죄일에 드렸던 속죄 제사는 **"장차 오는 좋은 일의 그림자"**(히 10:1)였습니다. **"장차 오는 좋은 일"**이란 육신을 입고 오신 성자 하나님께서 자기의 몸으로 드려 주실 구원의 사역입니다. 예수님은 육신을 입고 오신 성자 하나님입니다. 하나님이 육체로 임하셨으니, 예수님은 흠 없는 합격 제물입니다.

하나님의 어린양으로 오신 예수님은 서른 살이 되자, 갈릴리의 고향 마을을 떠나 요단강으로 나아와서 인류의 대표자인 세례 요한에게 안수의 형식으로 세례를 받으셨습니다. 안수는 죄를 제물(祭物)에게 넘기는 하나님의 법입니다. **"그 세례"**(행 10:37)로 예수님은 세상의 모든 죄를 담당하셨습니다. 그래서 세례를 받으신 이튿날에 예수님은, **"보라 세상 죄를 지고 가는 하나님의 어린 양이로다"**(요 1:29)라는 증거를 받으셨습니다.

안수(按手)의 형식으로 받으신 세례로 세상 죄를 짊어지신 예수님께서는 십자가로 가셨습니다. 십자가에 못 박히신 주님은 여섯 시간 동안 절규하시며 피를 흘리시고 숨을 거두시면서, **"다 이루었다"**(요 19:30)라고 크게 외치셨습니다.

그 순간에 성전의 지성소(至聖所) 앞에 드리웠던 휘장이 위에서 아래까지 큰 폭으로 찢어져 둘이 되면서, 지성소로 들어가는 문이 활짝 열렸습니다. **"그러므로 형제들아 우리가 예수의 피를 힘입**

어 성소에 들어갈 담력을 얻었나니 그 길은 우리를 위하여 휘장 가운데로 열어 놓으신 새롭고 산 길이요 휘장은 곧 저의 육체니라"(히 10:19-20). 이제 누구든지 **"물과 피로 임하신 자"**(요일 5:6) 예수님께서 당신의 몸으로 드리신 **"한 영원한 제사"**(히 10:12)를 믿는 사람은 마음에 흰 눈같이 죄 사함을 받고 담대하게 천국에 쳐들어가서 천국을 차지하게 되었습니다.

많은 기독교인들이 영적인 체험을 했노라고 간증을 합니다. 산에서 소나무 뿌리를 뽑으면서 기도하다가 주님의 음성을 들었다거나, 꿈에서 주님을 만나는 환상을 보았다는 등의 체험을 통해서 얻은 확신은 구원의 증거가 아닙니다. 그것은 성경은 덮어놓고 거짓말을 믿는 것이기에, 광신(狂信)이며 맹신(盲信)입니다. 성경에 기록된 말씀을 믿는 것이 믿음입니다.

하나님은 우리를 이처럼 사랑하셔서, 구제불능의 우리들을 죄에서 구원하시려고 당신의 아들을 아낌없이 대속의 제물로 보내 주셨습니다. 하나님의 어린양으로 오신 예수님께서는 받으신 세례와 흘리신 십자가의 피로 우리를 모든 죄에서 온전히 구원하셨습니다.

성령과 물과 피의 증거가 합하여 하나인 복음이 온전한 진리의 복음입니다. **"물과 피의 복음"**(요일 5:6)에서 물의 증거를 확 꺾어서 버리고 십자가의 피만으로 구성된 복음은 반쪽짜리의 복음이며 유사(類似) 복음입니다. 그런 **"다른 복음"**을 믿어서는 죄 사함을 받지 못하기에 결코 정죄함이 있습니다.

믿음의 노선은 쉽게 바뀌지 않습니다

"불의를 하는 자는 그대로 불의를 하고 더러운 자는 그대로 더

럽고 의로운 자는 그대로 의를 행하고 거룩한 자는 그대로 거룩되게 하라"(계 22:11).

"불의한 자"(the unjust)나 **"더러운 자"**는 죄인을 의미합니다. 대부분의 죄인들은 끝까지 고집을 부리며, 자기들의 신앙 노선을 결사적으로 옹호합니다. 우리가 오래 인내하며 진리의 말씀을 가르쳐주고 믿으라고 간곡하게 권해도, 진리의 복음을 거부하고 우리를 이단이라고 공격하는 사람들이 많습니다.

특히 거듭나지 못한 삯꾼 목사들이 우리를 더 대적합니다. 그들은 신학교에서 배운 거짓 교리들과 유치한 지식들을 대단한 것으로 여기며 자랑합니다. 그러니 불의한 자는 계속 불의를 행하며 마음에 있는 죄를 겸손으로 포장하여 즐깁니다.

그러나 **"죄의 삯은 사망"**(롬 6:23)이라는 하나님의 말씀대로, 기독죄인(基督罪人)들은 자기가 반드시 지옥에 떨어진다는 사실을 잊지 말아야 합니다. **"더러운 자는 그대로 더럽고"**라고 말씀하셨습니다. 잔과 대접의 겉만 깨끗이 하고 마음속에는 더러운 것이 가득한 현대판 바리새인들은 **"더러운 자"**들입니다. 그들은 반드시 지옥에 떨어집니다.

"의로운 자는 그대로 의를 행하고 거룩한 자는 그대로 거룩되게 하라"(계 22:11).

의롭고 거룩한 자들은 거듭난 의인들(the righteous)입니다. 거듭나지 못한 기독죄인들은 "의인은 없다"라고 말합니다. 그들은 자기들을 "칭의(稱義) 된 죄인"이라고 주장합니다. 그러나 **"노아는 의인이요 당세에 완전한 자라"**(창 6:9)고 하신 말씀을 비롯해서, 성경에는 무수한 의인들이 있습니다. **"물과 피의 복음"**을 믿어서 죄 사함을 받은 이들이 하나님의 자녀가 된 의인들입니다.

요한 계시록의 말씀에 더하거나 빼지 말라

우리는 요한 계시록에 기록된 장차 **"반드시 속히 될 일"**들이 그대로 이루어진다고 믿습니다. 재난(災難)은 이미 시작되었습니다. 재난이 극대화되면, 인류의 역사는 환난(患難)으로 넘어갈 것입니다. 어떤 형제는 환난을 대비해서 우리는 먹을 것을 준비해야 한다고 주장합니다. 그것도 필요하면 준비해야 하겠지만, 우리는 무엇보다 환난을 이길 믿음을 준비해야 됩니다. 우리는 마지막 나팔 소리가 울려 퍼질 때까지 믿음을 지키고 복음을 전할 것입니다. 비록 순교를 당할지라도 우리는 반드시 첫째 부활에 들어갑니다.

"내가 이 책의 예언의 말씀을 듣는 각인에게 증거하노니 만일 누구든지 이것들 외에 더하면 하나님이 이 책에 기록된 재앙들을 그에게 더하실 터이요 만일 누구든지 이 책의 예언의 말씀에서 제하여 버리면 하나님이 이 책에 기록된 생명 나무와 및 거룩한 성에 참예함을 제하여 버리시리라"(계 22:18-19).

요한 계시록에 기록된 말씀에 아무것도 더하거나 빼지 말아야 합니다. 자기의 육신의 생각을 좇아서, 기록된 말씀에서 어떤 내용을 빼 버리고, 어떤 주장을 더하는 자는 반드시 이 책에 기록된 재앙들을 더하실 것이요, 생명록 책에서 그런 자의 이름은 지워집니다.

마음에 죄가 있는 기독죄인들은 지금 정신을 가다듬고 하나님의 말씀 앞에서 "내가 정말 천국에 들어갈 수 있을까?" 하고 정직하게 자문(自問) 해야 합니다. 마음에 죄가 있으면 지옥에 갑니다. 당신들의 이름은 심판책(the books of judgement)에 기록되어 있습니다.

"내가 진실로 진실로 너희에게 이르노니 내 말을 듣고 또 나 보내신 이를 믿는 자는 영생을 얻었고 심판에 이르지 아니하나니 사망에서 생명으로 옮겼느니라"(요 5:24).

기독죄인들은 예수님께서 제자들에게 주셨던 원형의 복음인 **"물과 피의 복음"**을 믿어서 지옥의 심판을 면해야 합니다. 그래서 조속히 심판책(審判冊, the books of judgement)에서 생명책(生命冊, the Book of Life)으로 자기의 이름이 옮겨지는 축복을 받기 바랍니다.

거듭난 의인들은 성령의 감동하심을 따라 요한 계시록의 말씀을 기록된 그대로 믿습니다. 의인들은 주 예수께서 공중에 재림하실 그날을 기다립니다. 거듭난 우리는 마지막 나팔 소리와 함께 첫째 부활에 들어갑니다.

"주께서 호령과 천사장의 소리와 하나님의 나팔로 친히 하늘로 좇아 강림하시리니 그리스도 안에서 죽은 자들이 먼저 일어나고 그 후에 우리 살아 남은 자도 저희와 함께 구름 속으로 끌어 올려 공중에서 주를 영접하게 하시리니 그리하여 우리가 항상 주와 함께 있으리라"(살전 4:16-17). 아멘.

그러므로 아직까지 마음에 죄 사함을 받지 못한 기독죄인(基督罪人)들은 제발 **"예수의 증거"**를 믿고 거듭나기를 바랍니다.

또 **"성령과 물과 피가 합하여 하나"**인 원형의 복음을 믿는 성도 여러분들은 날로 믿음을 굳게 해서, 재난과 환난의 시대가 덮어오더라도 넉넉히 이기는 자들이 되기를 바랍니다.

이기는 자들은 첫째 부활과 휴거의 영광에 들어갑니다. 주님의 재림의 날에, 우리 성도들 가운데는 하나라도 이 땅에 남는 자가 없이 천국 혼인 잔치에 다 들어가서, 그때부터 주님과 더불어 영원토록 복락을 누리게 되기를 바랍니다.

"주 예수여 오시옵소서"(계 22:20).

우리는 주님께서 공중에 재림하실 날을 기다리며, 오늘을 믿음으로 삽니다. 슬기로운 다섯 처녀처럼, 그날에 우리 모두 공중 혼인 잔치의 자리에서 만나기를 바랍니다.

요한 계시록의 준엄한 말씀을 깨닫고도 여전히 세상에 마음을 빼앗겨서, **"육신의 정욕과 안목의 정욕과 이생의 자랑"**을 좇는 자는 주의 날에 첫째 부활에 참여하지 못하고 이 땅에 남는 자가 될 것입니다.

우리 모두가 첫째 부활과 휴거에 참여하고, 천년 왕국에서 예수님과 함께 왕 노릇 하고, 영원한 천국 도성에서 영생 복락을 누리는 하나님의 자녀들이 되기를 간절히 바랍니다.

마라나타!

주 예수여 오시옵소서!

할렐루야!

밝히 보이는 요한계시록

2022년 11월 15일 초판 인쇄

발행처 도서출판 의제당
주소 제주특별자치도 제주시 계명길 10 (외도일동) 2층

홈페이지 www.born-again.co.kr
의제당.kr
블로그 pilgrim1952.blog.me
문의 uijedang@naver.com
전화 (064)742-8591

Author Samuel J. Kim
Editor Tim J. Kim
Cover Art / Illustrator Leah J. Kim
Eunyoung Choi

ISBN 979-11-87235-62-0 03230
가격 15,000원

[도서출판 의제당 출간서적]

창세기 복음 강해설교집

창세기에서 예수님을 만나다
1,2,3,4,5,6,7

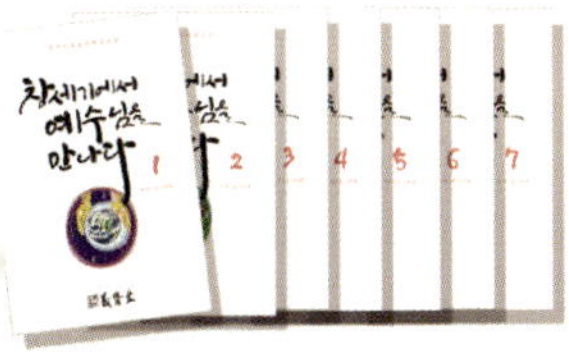

히브리서 강해설교집

복음의 원형과 영원한 속죄 1,2

요한서신서 강해설교집

1. 빛과 어두움 그리고 진리의 사랑
2. 물과 피 그리고 복음의 원형

로마서 강해설교집

1. 의인입니까 / 2. 의인입니다

마태복음 강해설교집

모든의를 이루신 예수 그리스도 1,2,3,4

요한복음 강해설교집

거듭남의 복음 (1) , (2)

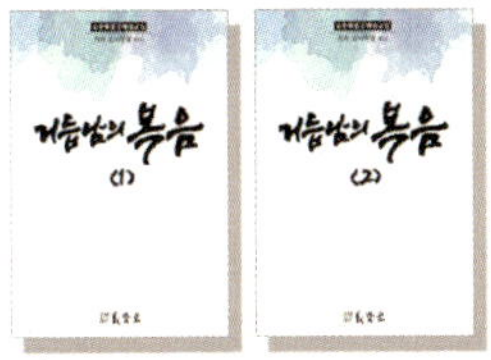

말라기서 강해설교집

레위와 세운 나의 언약

그리스도의 비밀

(한글판/영문판)

고린도전후서 강해설교집

반면교사 고린도교회

인봉된 말씀

신앙담론집 종교인과 신앙인

누가복음 강해설교집

꼴찌들의복음 (1),(2)

50일동안 성경 통독하고 거듭나기